改變世界的以色列創新

〔以色列〕阿維・尤利詩 AVI JORISCH 著

張倫明 譯

推薦序

致臺灣讀者：

很高興各位決定花時間和心力閱讀這本書。本書是在臺灣發行的相關出版品中，將以色列描繪得淋漓盡致的一本；以色列，一個小國家，大約占臺灣面積的三分之二，儘管面對重重困難，仍成為創新的、具企業家精神的、有創造力和獨創性的燈塔，經常透過「跳出框框思考」而成功地面對挑戰。

其他屬於這個「系列」的書籍還有*START-UP NATION*（第二版於二〇一七年在臺灣出版中譯本《新創企業之國：以色列經濟奇蹟的啟示》）、*SRAEL'S EDGE*、（二〇一七）、*LET THERE BE WATER*（二〇一七）以及最近出版的*ISRAELI BUSINESSES CULTURE*（二〇一九年八月）。

這五本書以其更具信服力的方式，共同提供了一個可信的以色列形象，這是許多非以色列人以及未曾與以色列聯繫的人所不瞭解的形象。

您現在拿著的這本書，《改變世界的以色列創新》（原書名*THOU SHALT INNOVATE*，直譯為「你要創新」），不僅描繪了一個實在的以色列形象——這本身就是重要的任務；不僅因為它稱以色列是一個榜樣，它還具有另一個有意義的任務，便是強調了一個不為大眾所知的面向：許多地方因為以色列的創新而有了不同，成為一個更好的地方，像是從太陽能熱水系統到滴灌、從治療嚴重疾病的藥物到在一個降雨量向來不足的國家以前所未有的規模進行海水淡化、從聖女番茄到快閃記憶體和第一個網路防火牆、從先進的汽車安全系統到實時導航系統（在一個幾乎沒有汽車工業的國家）等等。

這本書只講述以色列貢獻世界的一小部分創新，它們來自許多不同領域，但有一個共同點——為世界上的個人和政府提供利用的機會。這些發明者的動機當然不只是為了個人利益，他們有意識的選擇了可望改善世界上許多人生活的領域，藉此實踐一個重要的猶太核心理念：Tikkun Olam（讓世界更美好，可譯作「修復世界」）——個體若願以具建設性的方式生活，將造福世上的人。「Tikkun Olam」這個詞的意思是，猶太人不僅應該為自己創造一個更好的社會，而應該為全球社會、全人類的福祉負責。這種觀念如此深刻地植入了「以色列的ＤＮＡ」，以至於以色列的發明家和企業家有時甚至沒有考慮到他們的活動可能對世界各地這麼多人產生積極影響。

本書還隱含了一個微妙的啟示——做好事有很大的成功潛力。這個啟示對臺灣和以色列同樣重要。我希望這本書能激勵臺灣的年輕人參與新的發展和創新活動，讓我們的世界變得更美好。

祝福各位閱讀愉快，也祝福所有勇於創新的人們：成果豐碩。

駐台北以色列經濟文化辦事處　前代表

游亞旭Asher Yarden

前言　要有光

我還要使你作為外邦人的光，叫你施行我恩，直到極地。

——《以賽亞書》49：6

隨著我的車隆隆地行進在耶路撒冷郊外的道路上，無線電上傳來一陣紅色警戒代碼。我看向車子後座，尚在學步期的兒子正在睡覺，恐懼頓時蔓延全身。那是二〇一四年七月，當時我剛通過一個安全檢查站。幾個星期以來，人們的話題總是離不開與哈馬斯之間即將開戰這件事。以色列剛開始在加薩走廊展開針對伊斯蘭武裝分子的軍事行動。哈馬斯的共同綱領就是號召「除掉」以色列，用伊斯蘭神權政治取而代之。多年來，他們採用地下隧道從埃及偷運武器和物資。大約下午六點半，街道上安靜且綠色如茵，我在家門口停車，把兒子歐仁放到床上，接著就是等待。空襲警報如期響起，哈馬斯開始在邊境發射火箭彈。第一天晚上，這個激進組織向特拉維夫和耶路撒冷發射了一輪M75導彈，許多人一度認為這不會發生在這兩座大城市。當我帶著兒子走下四級樓梯來到防空洞時，我看到他嚇壞了。其他在以色列和加薩走廊的孩子們會感到多麼恐懼，可想而知。幾分鐘後，我們聽到兩聲巨大的聲響，知道可以安全回到樓上了。以色列的鐵穹導彈防禦系統成功地攔截了哈馬斯的火箭。

在接下來七週的時間裡，警笛聲響伴隨著這一幕重演。恐懼從未消失，但我的家人和其他以色列人一樣，從鐵穹得到慰藉。我對這項發明感到驚訝。它使以色列免於陷入席捲中東的混亂和屠殺之中，伊斯蘭國正在接管伊拉克和敘利亞的大片領土，大規模地強姦殺戮「非信徒」；阿薩德（Assad）政權正在用桶裝炸彈和化學武器屠殺自己的人民，數百萬難民則從其邊境地區湧入土耳其、約旦和黎巴嫩；在埃及，伊斯蘭武裝分子正在西奈半島發動血腥叛亂。

那種狀況令人感到壓抑。我長大以為我這一代人將會看到中東和平。讀研究所時，我學習伊斯蘭歷史和阿拉伯語，周遊並移居至開羅，希望親眼目睹持久的改變。但是當地人民飽受著貌似永無止境的暴力。

二〇一四年夏天還發生了一些事。我瞭解鐵穹並非以色列唯一拯救生命的創新。幾乎是出於偶然，我開始注意周圍的其他創新，正在培育著一個更為友善、更加溫和的世界。在每場危機之後，無論是墜落的火箭、交通事故還是隨機心臟病發作病例，緊急救援行動隊幾乎都會立即出現，他們騎著半救護車半摩托車（稱為ambucycle）的交通工具，通過智能手機上類似優步（Uber）的應用程式進行調遣。耶路撒冷的園丁指出，他使用了一種特殊的滴水灌溉工具，我很快就瞭解到全世界的農民都在用它來保護我們最重要的資源之一——水——以養活世界上日益增長的人口。我的一位親密朋友和導師被診斷出患有帕金森氏症（Parkinson's disease），他開始接受深部腦刺激治療，幫助減輕症狀。我瞭解到他使用的設備是由依瑪德和里里姆・尤尼斯（Imad and Reem Younis）所設計的，他們是一對來自拿撒勒（Nazareth）的阿拉伯夫婦。他們的創新技術通過一個GPS（全球定位）系統改變了腦部手術規則，允許外科醫生將電極裝置插入大腦的準確部位，以治療各種運動和精神紊亂症。

這些故事猶如細微的希望之光，穿透正在占據該地區的黑暗。我想與以色列這鼓舞人心的一面建立聯繫，並開始刻意發掘那些著手解決挑戰性問題的社會創新者，他們或多或少正在讓世界各地廣大人民的生活變得更加美好，受益人數之多，就算沒有幾十億，至少也是數以百萬計。

和許多其他人一樣，我雖對以色列令人難以置信的創新記錄有所瞭解，並拜讀了《新創企業之國》（*Start-Up Nation*）一書，也就是丹恩・席諾（Dan Senor）先生和所羅・辛格（Saul Singer）對以色列如何取得經濟成就的精彩描述；但我並未意識到，以色列的創新精神在多大程度上影響遠在以色列以外的地方，並解決了世界上一些最緊迫的社會問題。我很快就明白，以色列遠非「新創企業之國」這麼簡單。它發揮了超乎其國家大小比例的作用解決世界上的某些挑戰。我沒想到自己會受到感動，但我確實被感動了。在我的「奇什克斯」（kishkes意第緒語「腸道」的意思，意即「直覺」）中，我開始覺得一個不同於現狀的未來是有可能實現的。

我終於見到了尤西．瓦爾迪（Yossi Vardi），以色列高科技革命的教父之一。翌年六月，他邀請我參加他一年一度的「金納爾網」（Kinnernet）務虛會，這是個科技企業家聚會，以聚集以色列的猶太人、基督徒和穆斯林及來自約旦河西岸的巴勒斯坦人等著稱。我一時興起，接受了邀請。

走進拿撒勒的聖加布里埃爾酒店（Saint Gabriel Hotel），就像進入星際酒吧一樣。有人在踢毽子、有人在玩無人機，還有人跳到窗外大型氣墊上測試自己的速度。我想說不定還能見到《星際大戰》中的怪物哈特人賈霸（Jabba the Hutt）呢。在接下來幾天裡，我遇到了一些以色列和世界上的領軍人物，並接觸許多出自以色列的其他創新。我感到有必要更用心地去瞭解如此繁多的社會創新產生的原因，並抓住它的核心。

我開始在以色列各地旅行。我跟企業家在他們的辦公室、公園的長椅、甚至有時候是他們的家中見面。我坐在米歇爾．瑞威爾（Michel Revel）的客廳，聽他說起他創立「利比扶」（Rebif）的新奇方式——採用包皮試驗開發出的一種治療多發性硬化症的先進藥物。我與伯納德．巴—納坦（Bernard Bar-Natan）一邊嚼著披薩一邊聊著，這個人發明了急救繃帶，這是一種獨特的急救產品，能立即控制大出血並防止創傷感染。我前往以色列北部去會見阿米特・高佛爾（Amit Goffer），他創造的外骨骼設備，幫助半身癱瘓者恢復行走能力。施洛莫・納瓦爾若（Shlomo Navarro）——和他的大狗——來到他的地下室辦公室，向我解釋他是如何構思出「穀物繭」的，這是個神奇的袋子，它能分揀穀物並殺死蟲子而無需訴諸有害的殺蟲劑，在對抗世界飢餓方面發揮著重要作用。

我遇到的人越多，就越意識到這些創新者在過著一種超越戰爭恐怖的生活，這種生活充滿希望和樂觀。他們沒有被炸彈和子彈所吞噬，而是發明了一些他們希望能讓世界變得更美好的裝置。

我還藉此機會越過綠線——一九四九年以色列與阿拉伯鄰國停戰後建立的邊界。在那裡，我瞭解到巴勒斯坦領土上的初創場景。以色列和巴勒斯坦人正在處理土地爭端、水權、難民和許多令人痛苦的問題；很少有人對和平抱有幻想。但我所訪問過的許多企業家們相信，創新可以成為兩個衝突群體之間的強大橋樑。

如果你偶然留意新聞，你可能會認為以色列的日常生活無非充滿暴力——戰爭、自殺式炸彈襲擊、捅刀子傷人、撞車襲擊。這個國家確實有其混亂的一面。然而，以色列還有另一面——如果你看看世界面臨的前十大問題，一定會有來自以色列的人在尋求解方。

二十世紀二十年代初，英國作家吉爾伯特・基思・柴斯特頓（G.K. Chesterton）寫道：美國「是個擁有教會靈魂的國家」。他似乎在說，美國主義就是它自己的宗教。美國是個有著自己信條的國家，它有自己的信仰和神聖的經文——憲法和獨立宣言以及對美國夢的恆久信仰。我開始相信，以色列是個擁有猶太教靈魂的國家，擁有猶太先知的傳統，無論是有意識還是無意識地創造了一種卓越的創新文化，在很大程度上被引導著去解決世界上最棘手的問題。

猶太的神秘傳統認為，當上帝創造了宇宙，他屏住呼吸，為世界上的奇蹟騰出空間。當上帝說：「要有光」，他就打造十個發光的器皿來填補他創造的黑暗。如果這些器皿完好無損，世界該會是完美無缺的。但上帝的神力太強大了。他粉碎了器皿，驅散了它們的火花。它們之中的大多數落在以色列這塊土地上。猶太教認為，我們作為人類的目的是盡可能多地收集火花，來復原上帝的破碎器皿並且讓世界變成更美好的地方。

但我們該怎麼做呢？對於世界各地的許多猶太人來說，這意味著行善、施捨，以及拯救環境。但對於許多以色列人來說，它越來越意味著通過技術和創新來修繕世界。如果一個癱瘓的人可以重新行走，那麼也許就沒有人被迫忍受困坐輪椅之苦。如果一個飢餓的人可以有飯吃，那麼也許我們就可以解決世界上的飢餓問題。

本書將展現以色列當前在做些什麼事情讓世界變得更加美好，以及該國在全球產生的影響。它還提示以色列未來能做些什麼。如果它在應對當前形勢的同時，貢獻已經如此可觀，那麼可以想像一下，如果它並未陷入戰爭需要不斷保衛自己及其邊疆，又會是怎樣的一番景象？

以色列國並非一個故事可道盡。但不可否認，這個國家裡有非凡的創新者，他們不是被宗教、金錢或名望綁在一起，而是渴望著拯救生命，讓世界變得更美好。那些主張自由、和平與社會正義的人應該和這些人以及許多本書中沒有特別講述的其他人站在一起，共同努力修繕這個世界。在聖經裡發生過奇蹟，但是本書展示了當一個人幫助一個絕望者改變了他或她的生活時，奇蹟仍繼續發生。人皆嚮往追求當代奇蹟，這個衝動並非任何傳統的專屬權利，它同時也在地中海之濱這個只有美國紐澤西州大小的國家深深扎根。

近年市面上出版了許多關於以色列技術令人驚嘆的書籍。《新創企業之國》重塑了這個國家的形象，向讀者講述了關於這個國家經濟奇蹟的故事。以色列自然資源匱乏，人口少，敵人多，但它仍然設法創造了比加拿大、印度、日本、韓國和英國相加總和還要多的初創企業。在北美以外的地區，以色列在納斯達克上市的公司數量最多。作為國內生產總值的一部分，它在世界經濟合作與發展組織（OECD）中的風險資本水準最高。瑟斯・西格爾（Seth Siegel）在《創水記》（*Let There Be Water*）一書中，對以色列雖有一半國土是沙漠，卻成為一個水資源強國的奇蹟做了扣人心弦的描述。雅各布・卡茨（Yaakov Katz）和阿米爾・巴波特（Amir Bohbot）的《武器奇才》（*Weapons Wizards*）一書，從知情人的角度對以色列在過去七十年間創造的詹姆士・龐德（James Bond）式的武器系統做了介紹。這些書都側重於介紹以色列技術的具體領域。

雖然本書的介紹重點是農業、醫藥、水和國防技術領域的企業，但其核心與靈魂則是這些改變世界的創新及其背後的人們。這是一部關於以色列創新如何讓全球數十億人的生活變得更美好，以及以色列的聰明才智如何讓饑者有其食、病者有其醫、無家可歸者有其居的故事集。當制定政策的官員、立法人員、工程師、醫生、律師、銀行家、救難人員以及各行各業的專業人士們設法解決這些大小難題的時候，他們應當去以色列尋覓現成的答案或創造新的解決方案。

同樣重要的是，當世界各國在為其本國人民和經濟闡釋以色列的創新「秘方」時，他們應當從以色列的文化精髓去尋找指導原則。

《改變世界的以色列創新》是關於以色列人選擇希望與癒合，進而摒棄死亡與毀滅的故事。在世界不乏黑暗的一隅，這些故事是希望的光芒。

目次

第一部分

有著宗教靈魂的國家

第一章　以色列的DNA

我不為己，誰會為我？我只為己，又算何物？若非現在，更待何時？

——《塔木德》猶太聖賢教義1：14

（以色列）被賦予了一個偉大、具有歷史意義的特權，也是一項義務……那就是解決二十世紀最嚴重的問題。

——本．古里安，〈以色列的安全和她的國際地位〉，《以色列政府年鑒》，5720（1959-60）

憑著膽大妄為騙過死亡之神

以色列人素以非傳統思維著稱，而這一點集中體現在我參加尤西．瓦爾迪（Yossi Vardi）組織的金納爾網（Kinnernet）務虛會時認識的室友阿維（Avi Yaron）身上。該會在以色列北部召開，會議期間我與阿維相談甚歡。大會最後一天，我開車送他回特拉維夫，想好好地瞭解他。

車行顛簸中，他講述了他的故事，我一路聽著，驚愕不已，擔心會出事故。阿維一九九三年騎摩托車發生事故，在醫院中，醫生向他同時宣布了好消息和壞消息：好消息是車禍並未對他的身體造成太大傷害，但壞消息是他們發現了一個腦瘤。「我感到極度震驚」，他回憶道。「但是我不確定醫生是否毫無保留地對我說了實話。」[1]

醫生告訴他，在最樂觀的情況下，他將會出現一側身體癱瘓並且遭受嚴重的精神損害。阿維很難過，但是他知道他需要找到擺脫困境的方法。「我決定為自己的生命而戰」，他說。「我去了醫學圖書館，開始學習解剖學、生物學……每當我以為理解了並向前邁進一步時，我又被拉著倒退兩步。最糟糕的是身邊的人都以為我要發瘋了。」[2]

阿維改善了他的飲食，減少喝咖啡並且每天晚上只睡四個小時，因為「它（睡覺）完全是浪費我的時間」。[3] 他的腦瘤不斷長大，而他的醫生卻束手無策。問題在於腦外科醫生做手術用的工具體積太大。醫生告訴阿維，也許今後五年會有人開發出針對這種問題的技術。想到自己可能沒那麼多時日了，阿維自己想出一個解決方案，他創立了一家叫做「視感」（Visionsense）的公司，花了近十年的時間模仿昆蟲的眼睛結構，開發出一種新的手術鏡。「該技術很有效，在全球拯救了成千上萬人的生命。」阿維說道。[4]

當我們驅車翻越朱迪亞山丘之際，我突然覺得阿維是憑著膽大妄為（chutzpah）的勇氣欺騙了死神。他沒有被可怕的挑戰嚇倒，並在最終創造出了不起的創新技術，全世界的人們現在正運用它做同樣的事。

驅使他這麼做的動力，並非僅僅是個人性格這麼簡單，而是更廣泛的東西，一種毫無疑問帶有以色列色彩的東西。它讓我不禁想知道：一個這麼小的國家，究竟如何成為一個深感需要驅散黑暗並帶給世界光明的民族？

照亮列國之光

以色列的創新成功源自多種因素，其中包括它鼓勵質疑、挑戰權威以及藐視成規的宗教文化。該國欣然接受其種族、政治與宗教的多樣性，具有極其重視世俗機構的文化。諸如膽大妄為、義務兵役制度、著名大學、智慧大政府、自然資源匱乏及多元化等因素彙聚而成的民族特性，可以說明以色列這樣一個彈丸之國是如何成為科技強國的。但是以色列所做的不僅是改善人們的生活品質以及生活便利性，許多以色列企業最終還讓世界變得更加美好。

我開始詢問許多創新者，他們為什麼一定要設法解決社會問題？得到的答案千差萬別。他們常說自己的一個家庭成員激勵了自己，可能是母親、父親或配偶。但隨著我的深入挖掘，許多人會把自己的動力歸因於以色列或猶太文化的某個層面。救護摩托車（ambucycle）的發明者向聯合救護（United Hatzalah）組織的創始人伊萊・畢爾（Eli Beer）解釋，他的父親總是強調「做個正直的人和做好事」的重要性。在他最早的記憶中有一件事，就是陪父親去美國籌款，幫助蘇聯的猶太人移民到以色列，這些人在二十世紀七十年代和八十年代的大部分時間裡都不准離開蘇聯。

對於「穀物繭」（Grain Cocoon）的創造者什洛莫・納瓦羅（Shlomo Navarro）來說，「具有革命精神以及造福他人是我們的文化傳統」。他記得在自己出生地土耳其的猶太學校上學以及作為猶太復國主義青年運動的成員時，曾學過這些價值觀的重要性。急救繃帶的發明人伯納德・巴爾・納坦（Bernard Bar Natan）從他的父母那裡學到了如何做善事，他們都是大屠殺的倖存者。

我想知道這些猶太價值觀是如何更廣泛且無意識地傳播並演變成一種以色列文化的。里里姆・尤尼斯（Reem Younis）是阿爾法歐米茄（Alpha Omega，以色列最大的阿拉伯人開辦的高科技公司）的聯合創始人，她對這個概念的表達或許是最到位的。她說：「這來自我父親、我所上的學校以及與猶太人之間的交往。」「猶太文化透過滲透膜傳播了進來。」[5]

猶太人的新教徒工作倫理

自從中世紀起或可能是更早以前，猶太人一日三次背誦著一段稱為「阿類依努」（aleinu）（這是我們的義務）的禱告詞。這段禱告對我們的訓導之一就是要修繕世界，即希伯來語所說的「替坤沃拉姆」（tikkun olam）。我們認為自己是上帝的夥伴，我們共同承擔著在世界各地傳播道德和正義的責任。編纂於西元二世紀的拉比教義經典《密西拿》（*Mishna*）引用「替坤沃拉姆」（tikkun olam，修繕世界）多達十次，它要求給那些潛在的弱勢群體提供額外保護，以修繕世界。[6]以賽亞先知也號召猶太人民充當「照亮列國之光」（42：6）。

猶太「先祖倫理」（Pirkei Avot）也非常強調幫助別人的猶太使命。這是西元二世紀和三世紀的拉比們彙編的道德教義，意思是「我們父輩的篇章」。其中最著名的兩句格言是塔方拉比（Rabbi Tarfon）說的「完成這項任務雖非你義不容辭的責任，但你也不可置身事外」，和希勒爾拉比（Rabbi Hillel）所說的「我不為己，誰人為我？但我只為己，那

『我』又是什麼？」，「以及若非現在，更待何時？」

也許所有猶太教義的中心思想都是提升世俗之事並將其轉化為神聖之物。每當進食一丁點食物之前，每當一個人上洗手間的時候，抑或是在歡樂及悲哀的場合——人們都會虔誠地背誦著讚美上帝和祂各種造物的特殊祝福之詞。緊接在安息日之後，人們點燃蠟燭，讚頌宇宙之主宰，以辨神聖與世俗、光明與黑暗。

在猶太傳統中，我們人類在創造與修繕世界行動中是上帝的夥伴這一思想，是猶太教與猶太復國主義的中心主題。「毫無疑問，『替坤沃拉姆』（tikkun olam）是猶太復國主義思想體系的核心和靈魂，」耶路撒冷的拉比、前愛爾蘭首席拉比和美國猶太委員會的國際宗教間諒解事務主任大衛・羅森（David Rosen）曾經這樣說。[7]

最具影響力的猶太哲學家之一摩西・本・邁蒙（Moses ben Maimon）拉比（俗稱「邁蒙尼德」（Maimonides）或「拉姆巴姆」（Rambam））有一句名言：「從事慈善事業有八個層次：其中最高層次是做善事不留名，最低層次則是不情願地去做。」同樣地，推動這本書裡所介紹的各位以色列創新者的動機層次也各不相同，有些是為了賺錢，另一些則主要是為了做善事。

但是他們當中每個人實際上都通過對無數人的生活產生重大影響的方式做了善事。雖然以色列定「非是人人皆聖人或行善者之國」，但正如尤西・瓦爾迪在我們在前往漢普頓途中凝視著大西洋向我溫和地解釋的那樣，猶太文化孕育了「一個尋求更高層次意義的民族」。[8]

以色列的許多開國元勳們受到了這些宗教教義的啟發。其中的首要人物是大衛・本古里安（David Ben-Gurion），該國首任總理，以色列版的喬治・華盛頓（George Washington）。他在一九四八年宣布以色列建國時這樣說道：「我們向所有鄰國及其人民伸出我們的和平之手及發出睦鄰友好之邀，並呼籲他們與在自己土地上定居的獨立自主的猶太人民建立合作和互助的紐帶，以色列國願意盡其所能，為整個中東地區的發展作出共同努力」。[9]即便是刻在以色列國徽上的燭檯（menorah）——聖經上的七枝燈檯也是以色列作為照亮列國之光的象徵。

這位老人的話今天許多人聽起來可能有諷刺或挖苦的意味，尤其是在知道了戰爭期間將會發生什麼事情的情況下（今天在以色列、約旦河西岸和加薩走廊地帶，暴力依舊）。但本─古里安當時的態度是真誠的，他的話是猶太復國主義者悠久傳統願望的一部分。

一八九六年，在以色列建國五十年前，現代猶太復國主義創始人赫茨爾（Herzl）在規劃現代猶太國願景時觸及到了這種思想。他題為《猶太國》（Der Judenstaat）的論文的中心議題，涉及爭取社會變革的猶太復國主義者：「無論我們試圖（在猶太人的國家）為我們自己爭取什麼利益，」他寫道，「都將大大有益於全人類的福祉」。[10]若干年後，赫茨爾在他的烏托邦式的小說《新故鄉》（*Altneuland*），一部在某種意義上成為現代政治猶太復國主義創始文件中，呼應了這種觀點：「一旦我親眼目睹了我的國民——猶太人的救贖，我也希望為非洲人民的救贖出一份力」。[11]

自建國以來七十年的時間裡，以色列面臨了巨大挑戰：它每十年打一場戰爭，面對過外交和經濟孤立，人口大幅度增長，因為該國已經從世界各國接收了數百萬人。一直以來以色列備受責難，特別是在對待巴勒斯坦的阿拉伯人方面。但是，即便有其種種缺陷，這個年輕的國家仍繼續在政治、經濟和道德方面發揮著領導作用，影響力遠遠超越其狹小的國界。

對於許多以色列人來說，修繕世界意味著找到醫學難題的答案、拯救環境、參與社會活動。正如扎根在美國早期定居者當中的新教工作倫理現在已經在美國文化中根深蒂固那樣，以色列的開國元勳們，以及他們先輩的進取精神，深深地影響了該國的多民族社會。[12]對於本書介紹的以色列人來說，其中包括信奉猶太教、基督教和伊斯蘭教等不同信仰的醫生、科學家、農學家、植物學家和工程師——修繕世界已經成為一個明確目標：或是有意為之，或是作為充滿以色列社會創造精神的副產品。以色列改善世界之舉，是一步步逐漸累積而成，在解決世界上某些重大挑戰的求索過程中，百折不撓。

第二章　猶太人不能無動於衷

救人一命者，人視其若拯救了全世界。

——《密西拿》猶太公會4：9

胸懷博大之國

裝甲車裡的人聽到幾英里外傳來的槍聲。這是二〇一五年十二月的一個漆黑之夜，十名全副武裝的以色列突擊隊員正驅車駛向敘利亞邊境，那裡的內戰已經肆虐長達四年。司機對著手持對講機悄悄地說了些什麼並關掉引擎。士兵們在冰冷刺骨的寒風中跳下車。其中五人爬過邊界圍欄。

邊界外，一名受傷的年輕人正流著血，身上裹著污漬斑斑的羽絨被。其中一名軍官打開路障，把他拖回以色列這一側的邊境線。[1]該名男子年約二十歲，他在戈蘭高地的旅途一處受到槍擊，被擊中胃部和肝臟。一名以色列軍醫在該男子的手臂上插入吊針，突擊隊員們把他抬上擔架。他們迅速越過邊境，回到以色列的野戰醫院。

士兵們營救的男子不是以色列人，也不是猶太人。他是一名敘利亞武裝分子，很可能是該國反對派成員。甚至可能是努斯拉陣線（Jabhat Nusra）的成員，該組織是蓋達組織（Al-Qaeda）的敘利亞分支機構，曾綁架過聯合國維和人員並屠殺基督徒。但以色列士兵救了他並為他提供醫療護理。

同樣的場景經常重演，因為聖戰分子和平民都向他們的死敵以色列尋求避難。越過邊界的婦女、兒童、老人和聖戰分子得到無條件的醫療照護。自二〇一三年以來，以色列已經為兩千五百多名尋求醫療服務的敘利亞人進行治療，花掉以色列納稅人數千萬美元。[2]但以色列幫助過的不僅僅是敘利亞人。該國向世界各地派遣了援助代表團，其中包括亞美尼亞、阿根廷、吉爾吉斯斯坦、墨西哥、盧安達和土耳其等國家。以色列國家經濟委員會前主席尤金・坎德爾（Eugene Kandel）曾經說：「每當災難發生，以色列人都是第一批在現場拯救生命者之一。這個國家有實力且胸懷博大。」[3]

派遣這些援助團的理由各異：有些是務實行為，有些是出於理想主義，但所有援助行動都是出於「照亮列國」與「修繕世界」的願望，以及「如果沒有這些援助，黑暗就將盛行」的考量；以色列的許多締造者都經歷過大屠殺的恐怖。正如以色列議會的一位成員以撒・赫爾佐格（Isaac Herzog）曾說過的，曾經感受過「『世界』的沉默……猶太人不能無動於衷」。[4]

贏得朋友和影響民衆

以色列獨立後的第一個十年對這個羽翼未豐的國家來說尤其艱難。數十萬移民來到一個被敵人包圍著、缺乏自然資源且面臨糧食短缺的國家。然而正是在這個時期，以色列建立了一個政府機構來幫助世界各地的其他人。這個決定對於本國人民來說，似乎最好也不過是天真之舉，在最壞的情況下則可能有害於國人。然而，仔細解讀以色列第一任總理本—古里安和第四任總理果爾達．梅爾（Golda Meir）的演講和回憶錄可表明，該國的決定源於開明自利（self-enlightened interest）和理想主義的結合。[5]

批評人士經常指出，這個飽受圍困的國家需要良好的公共關係和國際支持。這是真話。但正如梅爾所說的那樣，以色列的外援計劃「代表了推動社會正義、重建和復興的內在驅動力，這是勞動黨—猶太復國主義—和猶太教的核心理念。這一點也是事實。這是我們自己最珍視的傳統的延續，也是我們自己最深刻的歷史本能的表現。」[6]

五十年代中期，兩位領導人都曾經為兩個事件而心煩意亂，這些事件最終說服了該國政治領導層介入國際援助。本—古里安在耶路撒冷的總理辦公室裡常常一邊踱步，一邊向各地駐外大使發出各種指示。一九五五年，以色列並未受邀參加在印度尼西亞舉行的萬隆會議（Bandung Conference），與會國包括二十九個非洲和亞洲國家。會議的目標是促進經濟合作，反對殖民主義。與會者承諾支持巴勒斯坦的事業，隻字不提以色列的困境，這使耶路撒冷的外交官蒙羞。「以色列」也被「排除在那個『俱樂部』之外」，梅爾回憶道。「我們被視如沒人要的繼子女，我得承認，這很傷人。」[7]

第二個事件是一九五六年，以色列與法國和英國為了把納賽爾・哈沙（Gamal Abdel Nasser）趕下臺並奪取他對蘇伊士運河的控制權，而一起對埃及發動攻擊之後。該次行動雖然成功，但是在美國和蘇聯的巨大壓力下，三國最終撤出。其後，世界上許多國家紛紛大力支持阿拉伯世界對這個猶太國家實施禁運，以及在聯合國提出的反以色列決議。「我們必須打破敵對的阿拉伯國家對我們的抵制，並建設通往黑人大陸上正在獲得解放的國家的橋樑，」本─古里安對他駐迦納的大使埃胡德・阿夫里埃爾（Ehud Avriel）說。「我們提供給非洲人的不僅是外交姿態。我們願意幫助他們實現社會和物質發展。」[8]以色列的政策制定者認為，在第三世界國家身上花費更多精力符合他們的利益。

當猶太復國主義領導人環顧世界尋找盟友時，非洲似乎是個天然的夥伴。那裡的許多國家也是最近才實現獨立並面臨類似的挑戰。鑒於非洲大陸上國家眾多，其中每一個都有聯合國的投票權，總體占了重要國際團體的四分之一，以色列外交部開始努力加強其與非洲國家的關係。

整個二十世紀五十年代和六十年代，以色列的專家——醫生、工程師、農業和水技術專家等等向非洲大陸提供了援助並贏得能幹和切合實際的聲譽。這一決定的部分原因與贏得國際支持有關，以色列也部分實現了這個目標。「是的，這當然是我們的動機之一，」梅爾說，她在該時期多數時間擔任外交部長。「但這遠非最重要的動機……我們有些東西想要傳授給那些比我們更年輕、更缺乏經驗的國家。」[9]

一九五八年，以色列外交官開始成功說服高級官員成立一個政府機構來協調對外援助事務。同年，以色列宣布成立最終定名為「國際合作中心」（希伯來語為「馬沙夫」MASHAV）的機構。該辦公室的重點是提供技術培訓和課程，而不僅僅是經濟援助。

該辦公室開張一年內，以色列就派出數百名技術專家到發展中世界各地，另外每年還在以色列各地的中心培訓超過一千人，講授包括農業、公共管理、醫藥、工會管理、婦女權力、創業和社區發展在內的課程。[10]一個在開始時僅是普通的援助計劃，最終發展成一個大規模行動計劃，派出以色列專家到世界各地的發展中國家去培訓那些有需要的人。在其後十五年期間，數以千計的以色列專家、政治領導人和公務員都定期前往非洲提供人道主義援助。大約三分之二的以色列援助預算在該時期都貢獻給非洲大陸。[11]但以色列也率先與印度、巴基斯坦、索馬利亞、茅利塔尼亞和印度尼西亞開展了類似的計畫。[12]

同一時期，來自世界上九十個國家的一萬五千人定期來到以色列接受培訓。根據歷史學家摩西・德克特（Moshe Decter）介紹，以色列開發出世界上最全面的技術培訓計劃之一。[13]其中一個主要原因是設在海法市的卡梅爾山培訓中心（Mount Carmel Training

Center），它是一九六一年由梅爾與瑞典外交官因加・索爾森（Inga Thorsson）及後來成為中心創始主任的以色列人米娜・本・茨維（Mina Ben-Zvi）共同創立的。該中心成為馬沙夫的一部分，多年來一直致力於通過培訓計畫，包括教學技能、營養、創業和其他形式的社會福利來增強婦女的能力。一位肯亞學生在二十世紀六十年代初對梅爾說：「如果我去美國留學，我可能會學習發展的歷史，但是在以色列這裡，我親眼目睹了發展的過程。」[14]

這些培訓計劃和援助在非洲樹立了以色列的正面形象，梅爾到非洲大陸訪問發現這個現象時感到驚奇。一九六四年，她預計從肯亞飛往奈及利亞，但是在飛機起飛之前，以色列駐拉哥斯（Lagos）大使警告她，她將會受到阿拉伯大使夫人精心策劃的大規模反以色列示威的問候。梅爾曾考慮取消旅行，但最終還是決定前往該地。當飛機降落在拉哥斯，她走下飛機時，有數百名非洲人在那裡等候著。她心想：「這會是個令人不快的場面」。[15]但出乎意料的是，她沒有見到憤怒的示威者，反而受到一大群人的歡迎，這些人要麼曾在以色列受訓，要麼曾在奈及利亞接受以色列人的訓練。他們成群結隊地歡迎梅爾，他們唱著《祝願你得享平安》（Hevenu Shalom Aleichem），這是一首猶太民歌，意思是「我們把平安帶給你」。第二天上午，梅爾會見了納姆迪・阿齊基韋（Nnamdi Azikiwe）總統，他說：「您是真正的親善大使，我們尊重並且歡迎您。」[16]

許多非洲人發現，梅爾很大程度地維護了他們的公民權利。在她訪問肯亞和奈及利亞的同年，梅爾還參加了尚比亞的獨立日慶祝儀式，其間還前往維多利亞瀑布參觀。當時該地區部分在尚比亞，另一半則位於南羅德西亞。梅爾和其他幾位以色列人連同他們的非洲同事乘坐公共汽車來到這個世界奇景。但是當他們到達邊境時，南羅德西亞警察竟然「無理地拒絕讓我車上的黑人下車，」梅爾回憶道。警察堅持「只有白人才可以」。儘管警察們使盡渾身解數想讓梅爾下車，但是她拒絕這麼做。「我無意與我的朋友們分開，」她說道。當公共汽車返回尚比亞首都路沙卡時，肯尼思・卡翁達（Kenneth Kaunda）總統親自接見了梅爾，並感謝她採取的立場。[17]

這種跡象至少在一定程度上說明了非洲領導人為什麼不擔心以色列會像殖民國家一樣，企圖榨取本國的自然資源。「以色列雖是個小國，但它可以提供像我這樣的國家很多幫助，」二十世紀六十年代坦尚尼亞總統朱力葉斯・尼耶利（Julius Nyere）這麼說。「我們能學到許多東西……來從實體和經濟層面上改變國家和土地面貌。」[18]以色列向這些國家提供農業方面的實際援助，並制定了扶貧政策。「和他們一樣，我們已經擺脫了外國統治，」梅爾回憶道。「像他們一樣，我們必須學會如何開墾土地，如提高農作物產量、如何灌溉、如何飼養家禽、如何在一起生活、如何保衛自己。」[19]甚至聯合國也承認以色列所做的貢獻。一九六四年一位聯合國官員說：「比起我所瞭解的任何其他國家，研究以色列在經濟發展領域的獨特嘗試和成就，更能為好奇的訪問者提供如何解決那些經濟欠發達地方的問題的線索。」[20]

撤離非洲

令人遺憾的是，以色列和許多非洲國家之間的善意未能持久。在一九七三年的贖罪日戰爭之後，由於來自蘇聯和阿拉伯世界的壓力，一共三十二個撒哈拉沙漠以南的非洲國家當中，除了其中四個國家外，全部中斷了他們與以色列之間的外交關係，包括在該地的技術援助計畫。[21]石油輸出國組織（OPEC）禁止各國與以色列做生意。象牙海岸總統費利克斯・烏弗埃－博瓦尼（Felix Houphouet-Boigny）當時告訴梅爾，他不得不「在他的阿拉伯兄弟和他的以色列朋友之間」做出選擇。[22]

外交關係破裂對以色列的非洲援助計劃產生重大影響。以色列採取的第一步行動是停止對任何切斷關係的非洲國家的資助。[23]該國隨後將其援助計畫轉移到拉丁美洲和亞洲。然而，馬沙夫並未停止在以色列境內為那些來自非洲斷交國家的人員提供培訓課程，亦未停止派遣醫生和技術專家到實地去。這些醫生為東道國帶來當地沒有的設備，培訓當地工作人員；當他們離開時，經常會捐出他們的醫療設備。[24]

自一九七三年發生這種轉變以來，以色列仍繼續派出一些世界上最大的醫療隊到許多自然災害現場參加救援行動，而且常常是最先到達。如同以色列向非洲派遣援助團，這些努力意在改善該國在世界各地的形象。但他們的驅動力同時也出自讓世界變得更美好這個非常真誠的願望。參與這些援助行動的人們都是理想主義和利他主義者。一九八三年，以色列設立了一個專門的國家搜索和救援部門以對國內外提供援助。該國的救援隊由醫生、工程師、後勤專家和搜救犬訓練員組成。[25]「我認為（援助團是）猶太身分的一部分，它責成我們每一個人要為世界任何地方有需要的人提供援助，」一位負責用飛機運送援助團到世界各地的空軍中隊指揮官（他拒絕透露全名）在最近一次關於軍方人道主義行動的採訪中說，「我毫不懷疑，無論何時何地需要幫助，我們都會到達。作為以色列公民和國防軍戰士，我認為自己有義務幫助每一個有需要的人。無論他是否是以色列人。我們對需要幫助的人的承諾不限於具體國家，而是普世性的。」[26]

參與過無數次以色列國際救災任務的聯合救援組織（United Hatzalah）國際運作部主任多夫・麥希爾（Dov Maisel）同意這種看法。「去災區表明了我們不僅關心自己，而且也要做正確的事情。」他繼續說道：「當我們離開時經常被問到：『你來這裡做什麼？你也不欠我們什麼。』他們意識到我們到那裡，因為我們是你的朋友，我們來幫助你。」[27]

最近幾十年來，以色列參加了世界各地無數次人道主義救濟行動，其中包括當時正在發生種族滅絕行為的科索沃和盧安達等地。[28]「在明知有救的情況下，我們就不能安坐於此，任憑孩子們死去……。」丹・恩格爾哈德（Dan Engelhard）教授說；他以前是哈大薩大學醫院（Hadassah University Hospital）兒科部的負責人，也是一九七八年以色列向柬埔寨派出第一支援外醫療隊的成員。「作為醫生，我們不能讓自己去計較一個人是猶太人還是穆斯林。所有的孩子都有生存的權利。當你救治一個孩子時，你不會在乎政治。」[29]

以色列最引人注目的人道主義行動發生在海地。以色列國防軍的首席醫務官艾利爾・巴爾（Ariel Bar）上校對此記憶猶新。二〇一〇年一月十三日，以色列國防軍正在準備應對大規模生物和化學武器攻擊。巴爾當時負責後勤支援。他當時正在監視各種電子設備，身邊圍著士兵，這時候他的私人手機突然響了起來。「醫生，海地發生了嚴重地震。我們正在派出救援隊，請你一個半小時以內趕到機場，」電話另一端的一名上校對他說了這番話。[30]巴爾匆匆趕回家，整理好一個小行李包。在他出門的路上，打電話給他六歲的女兒咕噥了一些要去世界另一端拯救生命之類的話。他及時趕到了本古里安機場，搭上該班飛機。

巴爾乘坐的飛機在沒有得到太子港降落許可或者到達後可能遇到什麼問題的資訊下就起飛了。醫務人員們不知道是否有空間來安紮他們龐大的二十六帳篷醫院，以及如何卸下他們携帶的八十噸重設備。以色列的醫療隊比所有國家都早到達災情現場，他們在十二小時內，搭建被許多醫生和政策制定者稱讚為最好的野外現場醫院。[31]在接下來的幾週，以色列外科醫生做了數百台手術，挽救無數傷員的重要器官，接生了嬰兒，並為新生兒提供護理。在一個催人淚下的時刻，一名以色列軍官捐出了他的血來挽救一名三天大的嬰兒的生命。救援人員和他們的警犬隊一同經過八天搜救，當他們發現一位被埋在廢墟深處的男子時，救援人員們欣喜若狂。正如前美國總統比爾・柯林頓（Bill Clinton）所說：「如果沒有海地的以色列醫院，我真不知道我們能怎麼辦才好。」[32]

二〇一三年，世界衛生組織（ＷＨＯ）在聯合國支持下制定了一套分類系統，將世界各地有能力應對災難的醫療隊進行評級。以色列是世界上唯一獲得最高分數的國家。[33]「世界上甚至連想要達到這個基準的國家都屈指可數」，《突發災難中外國醫療隊分類與最低標準》的資深作者伊恩・諾頓（Ian Norton）博士說。[34]

負責協調以色列人道主義援助計畫的馬沙夫自成立以來，已經在一百四十多個國家培訓了近二十七萬人。[35]以色列救援人員經常被問及他們為什麼要到世界的另一端去幫助那些他們素未謀面、或者與他們之間不存在任何關係的人。「這可能聽起來簡單得像陳腔濫調，甚至有些嘲諷意味……（但）以色列國防軍會竭盡全力拯救生命，幫助每一個人，」巴爾上校引用人們經常重複的《塔木德》中的猶太教義說道。「當我們拯救一個人（的生命）時，我們覺得我們拯救了世界。因此，我們在這個任務中多次拯救了世界。」[36]

第二部分

本地的挑戰促成全球性解決方案

第三章　救護車優步

求你憑你的公義搭救我，
救拔我，側耳聽我，拯救我。
——《詩篇》71：2

伊萊・畢爾與救護組織的救護摩托車合影（聯合救護組織提供）

改寫緊急救護規則

一九七八年六月二日，正當伊萊．畢爾（Eli Beer）和他十一歲的哥哥從幼兒園步行回家時，一輛公共汽車突然在他們身旁爆炸了。[1]爆炸是如此劇烈以至於附近的一座建築物都被震動，並震毀了臨近建築物的幾扇窗戶。一個巴勒斯坦恐怖組織安放了一枚炸彈，在耶路撒冷回歸十一周年製造混亂。[2]有六個人在爆炸中喪生，十九人受傷。畢爾和他哥哥都嚇壞了，雖然他們趕緊跑開了，[3]但那天的創傷卻深深地影響了他。[4]「我知道我會成為一名急救醫師（EMT），」他說。「我下定決心，總有一天我會把它作為我的事業、我的夢想——去幫助那些在那天我無力去幫助的人。」[5]

十年後，畢爾十五歲，他開始接受首次急救醫師課程培訓，並成為一名耶路撒冷的紅大衛盾會（Magen David Adom）——即國際紅十字會以色列分會的志願者。[6]這是有益的經歷。但他常常感到他和同事們無法即時抵達現場。

例如有一天，他聽到調度員說有個七歲的孩子吃熱狗時噎住了，需要馬上幫助。畢爾的救護車盡快穿越耶路撒冷的古老街道駛向求助人所在地。二十分鐘後他們趕到現場，發現那個男孩臉色發青，已不省人事。畢爾和他的團隊對男孩進行心肺復甦。一位當地的醫生聽見救護車的警笛聲跑了過來。他摸了孩子的脈搏，什麼動靜也沒有，那個男孩死了。畢爾意識到如果那個醫生早在幾分鐘前就知道這件事，他就能挽救一個生命。「這孩子死得很可惜，」畢爾回憶道。「必須有個更好的辦法。」[7]

在以色列這個出了名的破壞性恐怖襲擊之地，救護車通常可在二十分鐘內到達緊急事故現場。那次窒息事件發生後，畢爾試圖加速這個過程，使它更有效率。他說許多本來可以得救的人，卻遺憾地死去。[8]縮短幾分鐘的回應時間至關重要。例如，有人心臟病發作，救援人員通常只有六分鐘的時間來挽救患者的生命。[9]

他的解決方案是召集十五名急救醫師組建當地的社區急救小組，幫助他們更快到達緊急情況發生地。他們都買了呼叫器以便保持聯繫，畢爾聯繫了為他所在社區服務的救護車公司；他希望如果他的社區發生緊急情況，該公司的救護車經理能與他的小組聯繫。那經理笑了。「孩子，去上學吧，或者去開個炸豆丸子鋪也行，」他說道。「我們對你們的幫助不感興趣。」[10]

經理把畢爾趕出了辦公室，但這並不能阻止這位土生土長的耶路撒冷人。「（我有）一項驚人的以色列創新，」畢爾說，那就是「膽大妄為（chutzpah）」。[11]

第二天，這個急救技師小組買了兩台警用信號掃描器，用來收聽呼救信號。「你見鬼去吧，」畢爾回想起那經理的話時，這樣想道。「沒有你的幫助我也能救人。」[12]同一天，畢爾監聽掃描器時，聽到一通被車撞的七十歲老人的求救電話。他距離事發地點一個街區，便跑到現場。[13]當他到達時，畢爾看見一位老人躺在地上，鮮血直從他的脖子裡湧出。一位親戚告訴他那位老人在服用了「庫馬丁」（Coumadin），一種抗凝血藥物。畢爾沒有任何醫療設備，但他知道如果不迅速止血，這人將會死亡。於是，他脫下他的奇帕帽（kippa），一種猶太教的頭蓋，用力壓住傷口。血止住了，二十五分鐘後，當救護車趕到時，老人雖不省人事但還在呼吸。[14]救護人員把男子放在擔架上，畢爾注意到他前臂內側的紋身，一串藍色數字是奧斯維辛（Auschwitz）集中營倖存者的標誌。

兩天後，畢爾接到老人兒子的電話。「我以為他會告訴我要舉行葬禮，」畢爾回憶說。[15]但老人還活著，他想感謝畢爾帶他去醫院。畢爾抵達時，老人擁抱他並感謝他救了一命。在那一刻，畢爾確信他人生的使命便是成立一個即將徹底改變緊急救護的組織。

然而，實現這個使命比他想像中要困難得多。

救命「快閃族」（Flash Mob）

為了擴大他的志願者群體，畢爾不得不解決兩個問題。首先，他需要在全國建立一個受過高度訓練者的網絡。其次，他還必須建立一個系統，確保醫護人員幾乎能立即對受傷者實施救治。

在耶路撒冷哈達薩醫療中心（Hadassah Medical Center）休克與創傷部主任阿維・里夫肯德（Avi Rivkind）醫生的幫助下，[16]畢爾決定他所有哈茲塔拉（Haztalah，希伯來語救援的意思）醫療救護人員都必須接受為期六個月長達兩百小時的急救課程訓練。[17]候選人必須年滿二十一歲，有駕駛執照且無犯罪記錄。「醫護人員、醫務輔助人員和救護車司機在緊急醫療服務中扮演至關重要的角色，」里夫肯德說，他擔任畢爾組織的非正式首席醫療顧問。「他們的專業素質決定了病人的生存機會，以及他們的康復速度和程度。」[18]隨著更多的醫務人員接受了培訓，畢爾卻對他們無力幫助那些需求者的情況越來越感到沮喪。許多醫務人員都駕駛汽車，常因停車和交通堵塞耽誤了時間。

他找到了一個創新性的解決方案。二〇〇一年年末的一天，他遇上了交通堵塞，於是掏出手機開始聊天。不知不覺，就有一個騎著摩托車的交警在他旁邊停了下來，敲了一下窗戶並給他一張罰單。畢爾極為不快，但這個事件引發了一個獨特的想法：志願者應該騎摩托車，以便他們可以在車流中穿行且在任何地方停車。畢爾到家把這概念講給妻子聽。「我們應該稱之為『急救摩托』（ambucycle），」她說道。一半是救護車，一半是摩托車。

不久，畢爾開始把摩托車改裝為微型救護車。每輛摩托車都配有一個創傷護理包、一個氧氣罐、一台血糖監測儀和心臟除顫器。這些車看起來不起眼，但就像它們的創新者一樣，它們能以膽大妄為的風格完成任務。[19]急救摩托隊（和畢爾的組織）無意取代傳統的救護車和醫務輔助人員，這對於幫助那些需求者來說至關重要；但是它們能夠縮短急救醫師到場提供急救和救生支持的時間。正如畢爾所說：「我們（是）……救命快閃族（lifesaving flash mob）。」[20]

使用警用信號掃描器來瞭解緊急情況，讓畢爾的急救團體迅速壯大，先是在耶路撒冷，然後擴展到貝內貝拉克（Bnei Brak），接著是海法、特拉維夫和幾座小城市。首先參與的是猶太宗教社區。畢爾把這歸因於他們的生活方式，對男人來說主要是圍繞著學習。與律師、會計師或其他往往有固定時間表的人相反，猶太學校（Yeshiva）的學生時間安排靈活性強，可在任何時候休息。

二〇〇六年夏天是畢爾和他的同伴及全國各地類似組織的關鍵時刻。隨著與真主黨（Hezbollah）之間的戰爭打響，許多志願醫務人員前往以色列北部。當畢爾意識到有些組織比其他機構的裝備更精良時，他決定團結各個團體。他覺得這樣做，他們可以減少開支，並挽救更多生命。在戰爭最激烈的時候，他在特拉維夫以北的城市哈代拉（Hadera）的一個猶太會堂地下室會見各團體的領導人。經過幾個小時的激烈爭吵，他說服了他們當中的大多數匯聚力量。他認為，聚合各方力量可以在接到求救電話後一分鐘三十秒內，為任何傷者或病患提供照料。「如果你在某人心臟病發作後兩分鐘內趕到的話，」畢爾說道，「你就有百分之九十的機率能救活他們。」[21]

新組織的名稱叫什麼?聯合救護組織（United Hatzalah）。會議結束時，房間裡的人「感覺他們就像在一場革命的邊緣，」該組織的國際運作總監多夫・梅塞爾（Dov Maisel）說道。「這將會改變一切。」[22]

DonorsChoose.org網站董事長及泛大西洋投資集團（General Atlantic）已退休的合夥

人彼得．布魯姆（Peter Bloom）說：「伊萊（畢爾）只是通過做善事就想出了一個辦法來克服官僚性質的反感，我認為這是伊萊這種態度的力量，即『如果我做正確的事情的時間夠長的話，人們最終會明白我為什麼這麼做。』」[23]接下來是準確地找出如何使該組織更有效率的方法。戰前，梅塞爾認為該組織需要一個專門的應用程式，使用全球定位（GPS）技術來調遣醫務人員。「回想起來，如果我們想的是賺錢而非拯救生命，」梅塞爾說道，「我們本來可以成為優步的。」[24]但由於開發費用投入多達一百多萬美元，救護組織擱置了這個想法。二〇〇六的戰爭結束後，隨著各種社區團體聚集在一起，畢爾和梅塞爾決定他們必須去籌到這些錢。多虧了一位私人捐助者，二〇〇七年夏天，聯合救援組織終於有了一個翻蓋手機用的測試版應用程式。但就在他們的技術發布後，第一款蘋果手機（iPhone）問世，梅塞爾意識到一切都已經改變了。

二〇〇八年，所有急救醫師都開始下載一個標準化的GPS到他們的智慧型手機。該系統在一個事件周圍劃定範圍，並通過手機發出一系列響亮的嘟嘟聲來向距離最近的五名志願者發出警報。[25]在以色列，任何人發現了緊急情況都可以撥打免費的中心電話號碼（1221），轉接到聯合救援組織的中樞，由它發出響亮的警報。畢爾說，該小組的所有急救醫師都遵循同樣的原則：「把每一位病人……當作是你的親生父母一樣。像是去救自己的兒子一樣向他奔跑過去。」[26]

阿拉伯人救猶太人以及猶太人救阿拉伯人

但有一件事確實能阻止救護車和急救人員：暴力。以色列的主要救護組織紅大衛盾會（MDA），除非有安全護衛的陪同，不然不會進入許多阿拉伯人社區。他們遇過太多投擲石塊、燃燒彈和槍擊事件。巴勒斯坦激進分子甚至曾燒毀紅大衛盾會的救護車。[27]「紅大衛盾會存在一個問題，」耶路撒冷原居民，阿拉伯人急救醫師穆罕默德・阿斯利（Muhammad Asli）說，「救護車不會在無人陪伴的情況下進入（阿拉伯社區），因此，家庭或病人等待救治的時間很長。這種等待的時間可能會危及生命，非常可悲的是，城東地區發生過許多這樣的事件。」[28]

二〇〇六年，阿斯利的父親因心臟病發作暈倒在家。救護車花了一個多小時才到達他在東耶路撒冷的家，因為司機不想在沒有軍隊護送的情況下前往那裡。[29] 阿斯利的父親在等待中死去，而他兒子卻對此無能為力；和畢爾一樣，他決定成立一個社區現場急救人員協會，盡力挽救生命。[30]

阿斯利在父親去世後不久繼續琢磨這個想法，就在此時，他在哈大沙大學醫療中心偶然遇到了畢爾，阿斯利在這裡擔任X光技術員工作。兩人最終聊起聯合急救組織，以及不分宗教或國籍拯救生命的重要性。阿斯利被這次談話吸引住了。二〇〇七年，他和一位擔任護士的朋友穆拉德・艾力岩（Murad Alyan）打電話給他們新認識的猶太人，試探他是否有興趣在東耶路撒冷開一個新分支機構。[31]他們決定在聯合急救組織靠近耶路撒冷入口的耶肋米亞（Yirmiyahu）街七十八號總部辦公室和調度中心見面。[32]

當阿斯利走進大樓，他立即被一個聯合急救組織的志願者攔住了。

「你來這裡做什麼？」

阿斯利看著他。還沒來得及回應，那志願者又說：「你不記得我嗎？」

「不記得。」阿斯利回答說。

「嗯，我要邀請你參加我的女兒的婚禮呢。你真的不記得我了嗎？幾個月前，我女兒被送入急診室時，是你幫她診斷的。」

當志願者把他帶到會見畢爾的房間時，這回輪到阿斯利面對似曾相識的情況了。[33]畢爾不記得他了。然而，當阿斯利重新介紹自己，兩人很快就接上了他們上次的話題。「我感覺自己是這個家庭的一部分，」阿斯利回憶道。「我很樂意繼續開展這（類工作）。」[34]

四個人都對急救醫學有著共同的興趣。但當畢爾聽阿斯利說話時，他意識到這是個事關個人的問題。「請（在阿拉伯人居住的東耶路撒冷）啟動這項工作吧，」畢爾回憶他這樣說道。「（有）這麼多悲劇，這麼多的仇恨。這並非是為了救猶太人、穆斯林。也並非為了救基督徒。它是為了救人。」[35]

那次會面後不久，畢爾、阿斯利和艾力岩就開始在該市的阿拉伯居民中招募聯合急救組織志願者。如今，東耶路撒冷有四十多名志願者。[36]他們都認為如果學習急救技能，他們的家人會更安全。[37]「聯合急救組織幫了我很多忙，」阿斯利說。「他們給了我設備和我需要的任何東西。」[38]

除了東耶路撒冷，提拉（Tira）、卡夫卡那（Kafr Kana）和卡夫卡西姆（Kafr Qasim）這三個以色列境內主要居民為阿拉伯人的城市也設有聯合急救組織分支機構。[39]另外，全國各地還有大約三百名不同信仰的阿拉伯和貝都因志願人員，包括德魯茲教徒、基督教徒和穆斯林。[40]志願人員們身穿印有阿拉伯文和英文聯合急救組織標誌的識別背心。[41]今天，該組織的猶太和阿拉伯志願者前往耶路撒冷、綠線內的阿拉伯城市，甚至是通常很危險的西岸地區提供服務。「我們手拉著手開始了，」畢爾說。「阿拉伯人在救猶太人。猶太人在救阿拉伯人。一些特別的事情發生了……這是個令人難以置信的局面……他們突然間有了共同利益。」[42]

聯合急救組織協助打破了志願者中先入為主的觀念和成見。彼此通常不相往來的人包括極端正統教派和世俗猶太人、基督徒、穆斯林、貝都因和德魯茲人，現在都在一起工作。[43]當阿斯利的伯父生病時，是個來自有爭議地區、戴著奇帕帽的猶太人照料了他。畢爾也有類似的經歷。幾年前，當他父親因心臟病發作而暈倒，第一個到達現場的志願者是穆斯林。「他救了我父親，」畢爾說。「你能想像得到嗎？」[44]「拯救生命，」他補充，「對所有宗教來說都很重要。」[45]

一個瘋狂的主意

當畢爾剛開始啟動聯合急救組織的時候，許多人都說他「麥殊嘎」（meshuga，瘋了）。現在再也沒有人這麼看了。畢爾的急救醫師們非常成功。「聯合急救組織的創新每年幫助拯救了三萬五千多人的生命，這就「達耶努（Dayenu，足夠）了！）」葛森萊赫曼集團（Gerson Lehrman Group）創始人馬克．葛森說。「但在這樣做的同時，該組織也把人們聚集在一起，猶太人、基督徒、穆斯林和德魯茲人。在關注一個共同目標、拯救生命的同時，他們成了團結一致的兄弟姐妹。[46]二〇一四年，急救組織的志願者們救治了二十四萬五千名以色列人，其中包括兩萬七千名兒童。聯合急救組織出診的求救電話個案中，有四分之一被認為是有生命危險的。自該組織成立以來，急救人員已經救治了超過一百萬人。[47]「聯合急救組織首先是挽救人類生命，」艾倫．德肖維茨（Alan Dershowitz）教授說。「它成長於那些只想做善事的人們的心靈和靈魂。沒有任何獎賞比知道自己在關乎生死的事情上起到作用這一點更重要了。」[48]

畢爾每年花費約五百萬美元的預算實現了這一切，其中絕大部分透過在以色列和美國的私人捐款籌集而來。[49]在該組織中除了少數受薪員工之外，沒有人得到報酬，也沒有與急診相關的費用得到報銷。[50]他已經組成一支超過三千名在以色列的猶太人、穆斯林、基督教、德魯茲和貝都因志願者組成的強大志願者隊伍；另外在世界各地還有幾個處在若干不同發展階段的分支機構。[51]然而，並非人人都支持畢爾的工作。當幾個捐助者得知聯合急救組織歡迎阿拉伯志願者時，撤回了他們的資金。幸運的是，其他捐助者認為這種行為非常糟糕，並增加捐款以彌補這一損失。「有些人認為我這樣做是出於政治原因，」畢爾說。「但真正的猶太復國主義，是以最好的方式對待生活在以色列的每一個人。」[52]

今後十五年，畢爾構想讓以色列的每個社區都有一名急救志願者。他希望看到這個群體也在世界的其他地方發展壯大。他說：「我看到很多人都會跑去……救別人，無論他們是什麼人、無論信什麼宗教、無論是誰、無論來自哪裡。」我們只需要一個好的想法、動力和大量的膽大妄為精神。[53]

第四章　一次一滴

野地還沒有草木，田間的蔬菜還有沒長起來，因為耶和華神還沒有降雨在地上，也沒有人耕地。但有霧氣從地上騰起，滋潤遍地。

——《創世紀》2：5-6

滴灌（奈特非姆提供）

二〇一五年春天的一個清爽的下午，拉菲・墨霍達（Rafi Mehoudar）在後臺踱著步，等待著出場。這天是以色列獨立六十七周年紀念日，數千人聚集在耶路撒冷赫爾茲山國家公墓（Mount Herzl National Cemetery in Jerusalem）。氣氛十分喜慶，十位國家名人上臺點燃火炬，以表彰他們的成就。到場的人包括鐵穹反導系統（Iron Dome）的創新發明人丹尼・戈爾德（Danny Gold），膠囊內視鏡（Pillcam）的發明者加比・易丹（Gabi Idan），和社交地圖「位子」（Waze）的共同創始人之一艾胡德・沙布塔伊（Ehud Shabtai）等知名人士在內。

接下來輪到墨霍達（Mehoudar）上場了。他身著深色西裝，微笑著走上講臺，當他把目光投向人群時，看見人們都在揮舞著藍白色的以色列國旗。墨霍達曾幫助開發了現代滴灌技術，這是個滴水式農作物灌溉系統，給水方式是一次一滴，這比早期的方法效率更高，效果更好。但在他離開舞臺之前，他仔細查看了他的筆記，就好像他在回顧過去。然後，他稱讚那位被遺忘的前輩，一個沒有從他卓爾不凡的發明中收穫到金錢或名望的人。「為了紀念西姆哈・布拉斯（Simcha Blass），」他說道，「一位在五十五年前克服重重困難推廣使用滴灌技術的人。」

墨霍達點燃了火炬，人群中爆發出一片掌聲。唯一的問題是：布拉斯沒能活著聽到這番話。大約三十三年前，他在憤憤不平中離開了人世。

那是一九六五年八月十二日，載著以色列水技術專家西姆哈．布拉斯的出租車，在內蓋夫沙漠中的一個社會主義公社哈澤林基布茲（Kibbutz Hazerim）裡的一幢搖搖欲墜的建築前急剎車停了下來。[1]以色列當時建國還不到二十年，就已經歷了三場戰爭。現在，這座基布茲農場正在進行一場戰鬥，以保護世界上最重要且最有限的資源之一：水。

由於其偏遠和貧瘠的環境，該基布茲農場長期掙扎著勉強維持生計，因此，哈澤林的領導層決定嘗試一些新的東西。他們想通過創業來賺取額外收入，以幫補基布茲裡大約一百位居民。他們認為，他們正在與布拉斯進行談判的計畫正好能幫他們實現這個目標。[2]布拉斯走下車來，用手杖穩住身子，帶上齊肘的白色長手套，[3]他凝視著遠方，眼前所見，只有綿延數英里的沙子。

該地區乾旱，基布茲對此無能為力。以色列農民長期以來採用漫灌方式來澆灌農田。好幾個世紀以來，中東地區的埃及和伊拉克等地都採用這種灌溉方式，那裡的人們採用尼羅河、幼發拉底河和底格里斯河裡的水來灌溉他們的莊稼。農民們修建運河和溝渠用於灌溉，但是這些系統耗費了大量時間、精力和金錢。更糟糕的是，農學家們估計，超過百分之五十的水會在植物根部吸收之前蒸發或流失到土壤中。[4]以色列作為貧窮國家，浪費不起一滴水，可它又偏偏浪費了太多。

布拉斯已經建立了一個灌溉系統，他相信憑它可以節省大量水肥。他相信採用管道、小孔和細塑膠管，他可以製造一個直接將水送到植物根部的裝置。基布茲希望他能做到。可是以色列大多數學者、農民和政府官員對此都持懷疑態度。滴少量的水如何能讓植物生長並產出大量農作物呢？但哈澤林基布茲願意冒這個險。

布拉斯把與他的發明的有關權利簽字轉讓給了該基布茲。他獲得的回報是基於未來銷售的少量權利金，以及基布茲將採用他的發明所設立的公司當中百分之二十的股權。

他對合作條件感到滿意，離開了農場。但他的滿意未能持久。

知識之樹

布拉斯是世界上最著名的拉比之一維爾納・加翁（Vilna Gaon）的後裔，一八九七年出生於波蘭的哈西德教派（Hasidic）家庭。他從小到大都喜歡擺弄鐘錶並加入了當地的猶太復國主義青年組織。第一次世界大戰爆發時，他被徵召入伍，在波蘭軍隊中服役過兩年。在服役期間，他發明了一種測量風速和風向的氣象儀。戰後他進入波蘭工程學院學習，他在那裡開始思考如何在內燃機上使用替代能源。他的發明包括：一種採用大麥釀造的酒精替代汽油來驅動的引擎。[5]

他對工程學的激情與他對一個猶太國家的興趣相當。當他意識到以色列甚至沒有足夠的大麥來飼養牲畜，更別提用來驅動發動機時，他決定製造一台能夠大量種植小麥的機器，他做好了機器並試圖銷售出去，[6]可該機器一直沒有獲得成功。一九三〇年他離開歐洲來到了巴勒斯坦，回到猶太家園，令他頗感興奮。

他與妻子耶胡迪特（Yehudit）抵達後不久，他開始在伊舒夫（Yishuv），以色列建國前巴勒斯坦猶太社團定居點的水利計畫上工作。二十世紀三十年代初的一天，一位朋友邀請布拉斯到他在海法附近的卡爾庫爾（Karkur）的家中做客。兩個人在外面吃東西時，布拉斯注意到一些奇怪的事情。他看到了橡樹構成的籬笆。其中一棵樹比其它樹大得多，但它們都屬同一品種，且很可能是同時栽種的。他的朋友告訴他，這棵樹應該是在缺水狀態下長這麼大的。布拉斯對此頗為好奇，並在四周查看。

他對自己發現的情況感到驚訝：表層土壤完全是乾燥的，但該區域的滴水龍頭濕透了那棵高樹下面的根系。他開始挖掘，結果發現一個洋蔥狀的潮濕地帶使地面保持濕潤，幾乎沒有發生地表蒸發。[7]布拉斯後來總是說：「小水滴能養活一棵大樹，就像在『邪惡提多』（the evil Titus）腦子裡面的一隻蚊子影響了我。」[8]

在接下來的二十年裡，布拉斯經常想起那棵樹。他認為通過慢慢地將水滴落到植物的底部，可以徹底改變農民灌溉莊稼的方式。然而，因為布拉斯被提名在以色列國的誕生中扮演重要角色，他這個概念只得擱置下來等待時機。「我開始忙於其他計劃，」他回憶道。「但那養成了大樹的水滴始終不願離去。它被困在我心裡，在那裡睡覺。」[9]

從二十世紀三十年代到五十年代，布拉斯成為以色列領先的水專家之一。當他移居到巴勒斯坦時，那裡沒有多少基礎設施可言。人們常掘地取水，把水泵到地面，然後擔水到近距離的地方或通過管道輸送。隨著數百萬猶太人回到他們祖先的故鄉，以色列的開國元勳們清楚地知道，該國需要為這些移民提供許多服務。

布拉斯在一九五六年從政府部門離職後，方才能夠全身投入於滴灌技術。在二十世紀五十年代末，他開始嘗試用幾個不同的產品原型來進行試驗。他開始採用金屬管，模仿他在二十世紀三十年代的那排樹上看到的東西。[10]然而在第二次世界大戰期間，全世界都出現了橡膠短缺狀況，這就催生了一種新的物質：塑膠。幾年來，布拉斯採用各種寬度的材料進行試驗，並且發現採用塑膠管供水是一種廉價且靈活的方式。[11]

一九六〇年，布拉斯在雷霍沃特（Rehovot）有七十棵樹的果園進行了他的第一次成功實驗。他用比普通方法少三分之一的水來灌溉植物。[12]以後的試驗表明，滴灌效果遠超大漫灌溉和噴灌系統，無論是澆灌何種植物或它在什麼位置。它不僅用水少，作物產量也大大提高。

在布拉斯提出了他的想法幾十年後，滴灌不僅在以色列而且更在世界各地改變農業耕作方式。

布拉斯並不是第一個嘗試滴灌的人。中國在西元前一世紀就試驗過滴灌方式。一八六〇年，德國的研究人員曾嘗試使用地下黏土管道灌溉。第一個使用塑膠的記錄於二十世紀二十年代的澳大利亞。但布拉斯使用了一個不同的系統，它關乎一個用於減慢水流速度的長長的螺旋式微細水管通道。幾年後，他改進了他的設計，發明了一個兩件式的滴水器。[13]

在二十世紀六十年代早期的大部分時間裡，布拉斯會向任何願意聽他講話的人談論他的發明。一路走來，他會見了丹・戈德堡（Dan Goldberg），希伯來大學土壤和水科學系的教授。兩人一起進行了一些實驗。然而，大多數人並沒有把他的概念當一回事。這也許這是因為他的脾氣暴躁，或者也與其它發明一樣，改變現狀時遇到了頑強抵抗。

布拉斯決定利用他在農業部的熟人的關係，政府於是開始在一個杏樹園進行一些試驗。第一次實驗完全失敗，因為農業部的人員在土壤裡埋放塑膠管的方法不正確（樹根長到了滴水器當中，堵塞了水流）。布拉斯很幸運，一位官員成功地說服了他的同事再次進行實驗。這一次，官員們把滴水器放在樹的底部，結果果然不出所料，樹木茂盛了，用水少了，且產量更高了。[14]但是，即使得到農業部的認可，他的發明也沒有得到廣泛應用。

然而到了一九六四年，人們開始議論說一個「領養老金的人」（以色列對退休人員的稱呼）擁有某種節約用水的系統。[15]基布茲產業協會的負責人阿耶・巴希爾（Aryeh Bahir）向哈澤林基布茲的司庫尤里・韋博（Uri Werber）介紹了布拉斯的概念。[16]巴希爾瞭解到哈澤林正在尋找機會開展新的業務，且它無法僅靠農業生存。韋博回憶當時的情況，認為布拉斯很幸運，因為哈澤林的領導層想要進入一個與土地之間有很密切聯繫的行業。他們還希望婦女和老年人能發揮作用。[17]

布拉斯的初級設備是一個用微細管子纏繞著的十六毫米的管道，最初發明它的目的是幫助農民在類似沙漠的環境中工作。由於水在入口的摩擦力，滴水器產生的水流速率為每小時三至五滴水。基布茲的成員們喜歡這個節約用水及獲得更好收成的概念。他們不在乎它不流行的狀況。

布拉斯對此持懷疑態度。他對自己的發明有信心，但懷疑基布茲是否能夠製造他的滴灌設備並用這個概念來產生經濟收益。[18]可該社區的司庫韋博堅持要做。他說：「我跟隨了自己的感覺和本能，可以說是足夠幸運，甚至有些聰明。」[19]

幾個月內，布拉斯與該基布茲簽署了合約。一九六六年一月，該公司開始生產滴灌器。它的名字叫「耐特菲姆」（Netafim），即希伯來語「水滴」的意思。

淹死競爭對手

在第一個生長季節之後，該基布茲發現布拉斯是正確的；結果和他預測的一模一樣。一些成員甚至希望對這項創新進行保密，以確保哈澤林盡可能多做生意。[20]一九六六年八月，該公司第一次出售產品給布內依阿塔霍特（Bnei Atarot）定居點的葡萄種植戶。世界上第一個商用滴灌器面世了。[21]

同年，農業部官員說服四個阿哈瓦谷（Arava Valley）定居點的農莊對該產品進行試驗，將現有的灑水系統與布拉斯的技術進行對比。在一個月內，灑水灌溉蔬菜沒能生長，而滴灌蔬菜——番茄和甜椒長出了驚人的作物。這項實驗及隨後的試驗，幫助阿哈瓦定居點成為歐洲冬季水果和蔬菜的主要供應商之一。[22]

隨著布拉斯的發明在阿哈瓦得到更廣泛的認可，該地區的定居點在野外和溫室裡都採用耐特菲姆的產品種植甜瓜和西瓜、以及椰棗和花卉。[23]後來，耐特菲姆成為第一家銷售用於灌溉棉花和甘蔗的微型滴灌器的公司。[24]耐特菲姆前首席執行長歐代德・溫科勒（Oded Winkler）說：「當我們第一次引入滴灌技術時，以色列學術界的每個人都向我們解釋過為什麼它不行，以及這種方法為什麼會殺死植物。我們花了五年時間（在公司成立後）來證明這樣的立場只是理論，而非現實。」[25]

該公司在商業獲得成功，布拉斯於一九六六年申請專利來保護他的知識產權。[26]在二十世紀七十年代初，他把專利權百分之百出售給了耐特菲姆，[27]並獲得了一大筆錢，得以安享餘生。[28]

然而幾年後，他似乎對自己當初的決定感到不悅。

這位發明者與農場司庫尤里・韋博（Uri Werber）見面並告訴他：「這裡坐著的這個人打劫了我。我當時沒想對，他占了我的便宜。」

韋博頗感意外，回答說：「我所做的只不過是……比你自己對你的發明和想法更有信心而已。」[29]

他並非唯一這樣做的人。還有一位年輕的工程師新貴，他對該公司進行了革新，把它從一個由基布茲經營的小企業，變成了一個世界性的水帝國。

開拓者

由小到大，拉菲．墨霍達（Rafi Mehoudar）就是個不起眼的人。他不過是個骨瘦如柴、長著一頭黑髮的孩子，他的家族已經有十二代人生活在耶路撒冷。[30]他的老師們則認為他的智力有限。「你兒子不懂化學，」他們告訴他母親。「也許他會成為一個很好的管道工。」[31]

然而，正是墨霍達的父親，一個失敗的商人，幫助了他，這位父親知道如何引出他兒子創造性的一面。他有一套魔術道具，其中包括爆炸香煙以及會把飲料灑在任何使用者身上的杯子。

他經常會用他的魔術來逗年幼的墨霍達，讓他發笑。墨霍達十三歲時，父親給他買了一套工具，讓他建造了一個太陽能收集器和一座小型海水淡化站。[32]

高中畢業後，墨霍達像所有以色列人一樣被徵召入伍，進入了一個允許士兵在服兵役的同時從事學術研究的特殊計劃。他報讀了著名的以色列理工學院，在那裡，他開始對人類如何能夠保護水的方式產生了興趣。他不僅發明了自己的噴灌系統，還開發了一種馬桶，希望能藉此減少人們沖廁所的用水量。[33]

他退伍後，國防部的科學辦公室要求他回來兼職開發節水工具。他在那裡工作期間，開發了多款灑水器壓力調節器，[34]這也引起了業界關注。

一九七二年，耐特菲姆集團首席執行長歐代德・溫科勒（Oded Winkler）聯繫了墨霍達，邀請這位年輕的工程師加入公司的研發部。但墨霍達起初態度有些遲疑；他以為許多基布茲的成員對新觀念的態度不開放。「我開始與哈澤林合作時很有疑慮，」他回憶說。「然後，我發現（他們）完全是另一類動物。我在哈澤林遇到的人對外部的想法態度非常開放。」[35]墨霍達最終同意與耐特菲姆合作，但只是作為顧問，報酬是為他的創新技術支付權利金。

哈澤林與墨霍達達成協議後不久，溫科勒給了這位年輕的發明家一份列有十種滴灌器的清單讓他開發。其中有些為溫度變化敏感型，另一些只要按下按鈕就能工作。墨霍達用了六個月時間找到了十項要求中的九項的解決方案。然後，他向耐特菲姆提供了這些產品的藍圖和原型產品。該公司執行了他的計劃，其中許多滴灌器至今仍在銷售。

正如公司現任首席執行長冉・梅丹（Ran Maidan）所說：「西姆哈（布拉斯）發明了滴灌器，但拉菲才是真正把它開發出來的人。」[36]

我們的頭號敵人是無知

二〇五〇年，世界人口將會激增到大約九十億人。[37]專家們說，十五年後，世界上將有一半的居民可能生活在沒有足夠安全飲水的地區。[38]其結果很可能是對食品的需求激增。[39]這意味著世界將需要用更少量的水來種植更多食物。為了滿足這一需要，人類將不得不找到新的方法來利用現有的土地和水資源，而這些資源已經在承載著沉重壓力。「水不僅僅是水，」《創水記》一書的作者瑟斯·M·西格爾（Seth M. Siegel）說。「拿以色列的情況來說，它還是個鼓舞人心的例子，顯示出遠見和領導力如何改變一個國家和改造世界。」[40]

世界上可飲用的淡水不到百分之一。這一寶貴資源的絕大部分被用於農業灌溉，其中一半以上是因為效率低下而被浪費。[41]節約用水的方法之一就是改變我們灌溉農作物的方式，而最有效的方法是滴灌。以色列經濟工業部新技術計畫部主任歐代德·迪斯特爾（Oded Distel）說：「水是人類面臨的最大挑戰之一，以色列的整體做法可以成為克服全球水危機的典範。」[42]

如今，耐特菲姆在為長期營養不良的人口提供食物和種植更多農作物方面發揮著關鍵作用。該公司幫助農民、合作社和政府節約更多的水，以造福所有人。耐特菲姆已經成長為全球滴灌市場的強者，占全球市場百分之三十以上，並且在一百一十多個國家銷售其產品。該公司首席可持續發展官納第·巴拉克（Naty Barak）說：「無知是我們的頭號競爭對手。」[43]

那天晚上，當墨霍達走下赫爾茲山（Mount Herzl）的舞臺時，他搖了搖頭，表示難以置信。他和西姆哈·布拉斯（Simcha Blass）開創的事業竟然幫助養活了將近十億人。「這僅僅是個開始，」墨霍達說。[44]布拉斯也許是在憤懣不滿中離世的，但是他和墨霍達創造的技術改善了許多人的生活——一點一滴地做到了。

第五章　真鐵人

雀鳥怎樣扇翅覆雛，萬軍之耶和華也要照樣保護耶路撒冷，他必保護拯救，要越過保守。

——《以賽亞書》31：5

部署在艾什克隆（Ashkelon）附近的鐵穹反導彈系統（以色列國防軍提供）

導彈襲擊頻發，民眾苦不堪言

斯德羅特（Sderot）響起了刺耳的警報聲，這個離加薩走廊約半英里的以色列小鎮居民，都快速躲入最近的防空洞。可怕的沉寂之後，每個人都能聽到飛來的火箭彈發出低沉的颼颼聲，緊接著是震耳欲聾的隆隆巨響。窗戶被打碎了、汽車警報被震響了。那是二〇一四年七月，一枚火箭不偏不倚地跌落在我三小時前所站的位置。當電視上現場直播事件的發生過程時，我為自己此刻待在耶路撒冷的家裡而感到慶幸。自二〇〇一年以來，以色列南部幾乎每天都發生這類火箭彈襲擊，因為哈馬斯向斯德羅特和其他以色列城市發射導彈，意在殺害民眾及擾亂人們的日常生活。在北部靠近黎巴嫩邊境的地區倒是要安靜得多，但以色列官員們也擔心真主黨可能在那裡製造混亂。在過去二十年裡，該組織已經積累了數萬枚火箭彈，到了二〇〇四年，許多人已經感到戰爭無可避免。

軍方需要一個解決這些火箭彈襲擊的辦法，但軍事專家們卻感到困擾。他們擔心以色列的生活會變得難以忍受。當年晚些時候，這項任務落在以色列國防軍負責開發新武器系統的軍官丹尼·戈爾德（Danny Gold）身上。他在八月份開始向防務公司徵求意見。可幾乎沒有人在意。這位擁有電氣工程和企業管理雙重博士學位的將軍於是自己開始研究這個問題。他的希望是：開發一個能夠攔截飛行中的導彈的系統。[1]

這個想法在當時聽起來像科幻小說。在二十世紀八十年代，美國總統羅納德·雷根

（Ronald Reagan）提出了一個雄心勃勃的太空反導系統建議，稱為「戰略防禦計劃」，它被批評家們諷刺為「星際大戰」。這項技術非常複雜，後任總統們取消了對該計劃的資助。這也許是以色列軍事領導人中幾乎沒有人認為類似的系統能奏效的原因。戈爾德的同事和上級都稱他「完全是在妄想」。[2]許多巴勒斯坦和真主黨火箭長寬只有幾英尺。它們經常是飛行錯亂，且在幾秒鐘內就能打到以色列的城市。有什麼導彈防禦系統能夠阻止得了這種捉摸不定的武器呢？[3]

戈爾德的態度十分堅決。「我看到發生了什麼事情，」他說，「我對自己說，以色列有這麼多技術存在，我們必須用它來保護人的生命。」[4]

能做得到嗎？

在沙諾・萊文（Chanoch Levine）家外面的火箭爆炸聲震懾了他。那是二〇〇六年夏天，萊文和他妻子住在以色列北部的耶斯列谷（Jezreel Valley）。他們的國家捲入了與真主黨的一場惡性戰爭。該組織正以每天大約一百枚的頻率朝以色列發射導彈，萊文家附近發生了一些最嚴重的暴力事件。[5]

同一年夏天，他在美國國防部工作了兩年後，從華盛頓特區回到以色列。作為一名以色列國防技術公司拉斐爾先進防禦系統（Rafael Advanced Defense Systems）的高級工程師，他曾致力於想辦法降低簡易爆炸裝置造成的傷害。伴隨著導彈如雨點般地降落在離拉斐爾位於以色列北部辦公室不遠處的地方，奧龍．阿里奧（Oron Oriol）把萊文叫到他的辦公室。阿里奧是該公司的空對空導彈計劃負責人，他給萊文下達了新任務：想辦法如何以低成本方式有效地挫敗短程導彈威脅。萊文的首要任務是召集一支團隊並準備一份建議方案給戈爾德，讓拉斐爾公司能贏得一份合約。

「你為什麼要把這個任務交給我呢？」萊文問道。

「我手下有五個比你更合適的人。他們當中的每個人都比你更瞭解空對空導彈，」阿里奧說道。「問題是，國防部長堅持要我們在三年內做到。其他人都說要十五年才能夠完成任務。部長堅決要求我們花五萬美元去做這件事。其他人都要花一百萬美元的代價來做這件事。我需要一個來自外部的人，會以不同眼光看待事情的人。」[6]

萊文會後走出來打電話給他妻子，告訴她自己可能在接下來的五年裡都不會見到她。「我覺得難過，」他說。「我無法肯定（這項計劃）能否實現。」[7]

隨著戰爭進行下去，軍事官員們對於要有人找到阻止火箭彈的辦法的態度變得更加堅決。萊文的老闆讓他開始工作，並且給他配了一個助手和一間空辦公室。「起初，我不知如何是好，」萊文說。「我看著牆，問我自己，『我究竟要如何下手呢？』」[8]

以色列在黎巴嫩的戰爭持續了三十四天。但是戰爭造成的人員死亡和破壞是毀滅性的。一千兩百名黎巴嫩人和一百六十五名以色列人在戰爭中喪生。死亡的人大多數是平民。[9]這場衝突還迫使大約一百萬黎巴嫩人[10]以及三十至五十萬以色列人逃離家園。

大約三個月後，二〇〇六年十一月，萊文和他的團隊在特拉維夫的國防部辦公室向戈爾德彙報了他們的想法。[11]萊文從對系統的必要能力、成本、射程和齊射要求等方面的評估開始彙報。以色列軍方長期以來就認可拉斐爾的導彈技術專長，而戈爾德的團隊很喜歡萊文的想法。拉斐爾建議它與以色列航天工業公司合作建立一套雷達系統，並與一家在當時鮮為人知的公司mPrest合作創建控制系統及提供數據分析。[12]經過一個月的內部商議之後，戈爾德選擇了萊文的團隊，並給了他們微不足道的兩千萬謝克爾（約合五百萬美元）作為啟動資金。拉斐爾公司董事長伊蘭·畢漢（Ilan Biran）也配置了與這筆錢相等金額的資金，但首先要求戈爾德承諾在一兩年內從其他來源獲得更多資金。[13]

即使在二〇〇六的戰爭後，也很少有人認為有可能阻止真主黨和哈馬斯的火箭彈。起初，埃胡德·奧爾默特（Ehud Olmert）總理在他的大多數軍事顧問抨擊了這個想法之後，拒絕為該計畫提供資金。因此，拉斐爾被迫用這個計畫中約一千萬美元的資金開始構建一個複雜的導彈系統，而這些錢僅是它所需要耗費資金的一小部分。正如萊文所言：「我們得到了那筆錢這一點令我欣喜若狂。但我害怕我們不會成功。」[14]

玩具反斗城的孩童

為了構建一個有效的、低成本導彈系統，萊文得組建一支高度積極的工作團隊，以及在全球搜尋廉價耐用的部件。萊文的原始團隊非常小。「我們挑選了全國最棒的人才，」戈爾德說。「我們當中有七十歲的導彈專家和……剛從大學畢業的工程師一起工作……無任何等級之分。誰的意見正確就誰說了算。」[15]團隊成員每天二十四小時輪班工作。「審計員和批評者們就像木偶劇中的一對老傢伙一樣，坐在一旁說三道四」，戈爾德說。「可我們從來就沒真的把它當回事。」[16]

對於在這個計畫上工作的每個人來說，那是個極為困難的時期。「我們每周都瘋狂地工作著，在開發階段連周末也要工作，開發持續了幾年時間，」萊文說。「我沒有一天是在晚上十一前到家的。我忘了我的家人醒來時的樣子。漫長的三年來我從未休過一天假。但我甚至連一秒鐘也沒後悔過。」[17]

無論是戈爾德還是萊文都明白，這種導彈攔截器的成本將只能是大約耗資五十萬美元的普通導彈成本的十分之一。[18]如果不是這樣，那麼以色列所需的攔截火箭的數量將會令這個國家破產。因此，萊文在最不尋常的地方找到了削減成本的辦法。其中包括一家玩具商店。「有一天，我帶著兒子的一輛（遙控）車去上班，」他說。「我們相互傳看著它，發現它上面有些部件我們真的能用。」

萊文兒子的車放在車庫裡已經有十五年了，且仍然能夠完美運行。工程師立即去商店以八十美分一件的價格，買了更多這種零件回來。[19]他說，「我們的系統是世界上唯一裝有來自玩具反斗城（Toys R Us）的零件的導彈。」[20]

三、二、一……什麼動靜也沒有

給系統命名也花了一段時間。其中一個名叫「希科上校」（Colonel Chico）的計畫領導人，[21]回家度過了一個短暫的周末。他和妻子於是開始腦力激盪。

「我們把這種火箭稱為『塔米爾』（Tamir）吧，代表『提爾美雅赫特』（til meyaret）的意思，」即希伯來語「導彈攔截器」的縮寫。至於反導系統本身，上校則認為「金穹」這個名字（Golden Dome）好聽。接下來一周的星期日，該團隊認可了「塔米爾」這個名字，但不喜歡「金穹」這個名字，因為它聽起來太招搖了。因此他們把它改成了「鐵穹」（Iron Dome），這個名字於是就保留了下來。[22]

美學在系統設計中也發揮了作用。據原始團隊的一名工程師說：「我希望導彈發射系統看起來超級現代化和具有威脅性，因為一旦它投入使用，在一個小時之內，它顯然將會被美國有線新聞網和半島電視臺這樣媒體作特別報導。」[23]

但隨著計畫的進展，獲得資金支持成為最大挑戰。萊文和該公司資金不足，可他們幾乎還沒有成果可以用來證明他們所做的工作。所幸在二〇〇七初，國防部長阿米爾・佩雷斯（Amir Perez）答應撥給他們一千萬美元。[24]二〇〇七年年尾的幾個月裡，在與國防部和整個國防機構激烈爭論之後，奧爾默特（Olmert）向該計畫提供了支持，以色列國防軍最終給計畫劃撥了兩億美元資金。[25]這足夠讓拉斐爾製造兩套完整的發射裝置和大量導彈。

簽字儀式在特拉維夫的國防部辦公室舉行。當時的場面充滿歡快，但不是人人都興高采烈。國防部長阿米爾・佩雷斯來到萊文身旁，看起來神色緊張。他把這位拉斐爾工程師拉到一旁，直視他的眼睛。

「你們能做到嗎？」他喃喃地說道。

「我們當然能夠做到。」

「我當時連從自己嘴裡說出來的一個字都不相信，」萊文回憶說。「但是，當國防部長問你是否能做到什麼事情時，答案從來都是肯定的。」[26]

到了二〇〇九年三月，拉斐爾團隊已經製造出它認為符合國防部規格要求的導彈。[27]為了測試它，拉斐爾公司在內蓋夫沙漠地區的雷蒙天坑（Ramon Crater）架設了一個示範裝置。拉斐爾的研究人員們幾乎是自發地開始下起了賭注。他們開玩笑地把自己分成了三個自命名的陣營。反猶太者們認為鐵穹在攔截卡薩姆（Qassam）火箭彈時至少會偏離半英里。杯葛、撤資和制裁（BDS）組賭它會打偏至少一百碼。猶太復國主義者們則確信塔米爾導彈將會打到敵方火箭十碼以內的範圍內。[28]

在測試的那天，天氣是沙漠地區典型的炎熱和乾燥。拉斐爾發射了敵方火箭。然後開始倒數，等待鐵穹開始攔截。「在那些時刻，」萊文開玩笑說，「我經歷了兩次心臟病發作。」[29]五、四、三、二、一。什麼動靜都沒有。塔米爾火箭沒有升空。萊文要求他的團隊再次按下按鈕。但仍然毫無動靜。（被攔截對象）卡薩姆火箭彈完好無損地跌落在天坑裡。

萊文決定再試一次。工程師們將另一枚塔米爾導彈裝進發射筒。然後，他們又發射了一枚卡薩姆火箭彈，等了一會兒，又發射另一枚塔米爾導彈。「我的部下按下按鈕，（又）沒動靜，」萊文說。「在那一刻，我心想，我怎樣才能夠走到懸崖邊去，然後『意外地』再邁出一步？」[30]這些以色列人於是離開了天坑，感到十分沮喪。

萊文手下的工程師們在二十四小時內找出了問題所在：是一條導線出了錯。有人把它接錯了。一周後，軍方高級官員和拉斐爾的員工再次去到內蓋夫沙漠地區。三支假想勢力團隊再次下了賭注。這次倒數計時從十開始。卡薩姆火箭彈飛了出去。「我朝反猶太組的一個傢伙看過去，他臉色煞白，」萊文回憶說。「在那一刻，我如同失去幾年的生命。」萊文屏住了呼吸。突然兩枚導彈一起出現在視頻螢幕上，互相撞擊。鐵穹導彈把卡薩姆火箭彈從天空中擊落了。那群人頓時高興得歡呼雀躍。

這個一開始被人們認為是不可能完成的使命，成了保護這個國家的一種可行方式。

摧毀死亡於空中

然而，該計畫還存在幾個問題。當人們清楚知道以色列政府在鐵穹計畫上花費了數億美元時，拉斐爾的競爭對手們遊說政府對該計畫進行審計。二〇〇九年，國家審計長米哈·林登施特勞斯（Micha Lindenstrauss）發表了一份報告，指責戈爾德在沒通過必要渠道的情況下，就發起了數十億美元的計畫。[31]

雖然該報告沒有對戈爾德提出刑事或行政指控，但是它導致了許多負面新聞。[32]有數百名工程師、開發商、士兵和主管安全的官員參與了這個計畫。但大部分反對壓力是衝著戈爾德去的。儘管該系統理論上已經進入可部署狀態，但以色列的導彈發射裝置數量不足，塔米爾火箭彈的數量也不大，每枚導彈的成本約為七萬五千美元。[33]如果要靠這個計畫來拯救生命，這兩項都是必須的。但這意味著要花更多錢。

為了尋求幫助，以色列去找其長期盟友和捐助者美國來商量對策。二〇一〇年五月，巴拉克·歐巴馬（Barak Obama）總統宣布，他將從國會尋求二·〇五億美元，用在以色列周圍部署鐵穹反導系統。就在當月，美國眾議院幾乎一致批准了這筆款項。[34]歐巴馬政府在國會的支持下對以色列實施了援助，以色列外交部國會事務主任阿維夫·以斯拉

（Aviv Ezra）說，「這種挑戰不僅在於拯救生命，更是為了防止戰爭，並且為決策者們打開更廣闊的外交窗口。」[35]

到了二〇一一年三月，鐵穹系統已完全可以應對戰鬥了，其能力令人讚嘆。它能成功瞄準火箭彈、火炮和迫擊炮。它也可以擊落飛機、直升機和無人機。它能偵測和攔截四十三英里範圍內的各種導彈。它可以在各種天氣條件下運行，包括下雨、霧靄和沙塵暴天氣。[36]

該系統的計算精確度，可以計算出飛來的導彈預計擊中什麼地方，該地區是戰略性的還是人口密集區。然後，鐵穹發射一枚塔米爾導彈來擊中攔截目標。以色列經常會發射兩枚導彈，以防第一枚未能夠擊中目標。

四月初，以色列國防軍在加薩走廊周圍部署了兩套鐵穹發射系統，一套部署在阿什凱隆（Ashkelon），另一套在貝爾謝瓦（Beer Sheva），以軍司令部准許向任何朝以色列飛來的哈馬斯火箭開火。四月七日，以色列國防軍發現了它的第一個機會。哈馬斯向沿海城市阿什凱隆發射了一枚火箭。數秒後，鐵穹開火了。[37]縷縷白煙彌漫在天空。塔米爾導彈擊中了它們的目標，自萊文開始他的研究五年後，這個所謂不可能做到的計畫大獲成功。「在火箭科學上，我們稱之為奇蹟，」以色列導彈防禦組織前負責人亞伊爾·拉瑪提（Yair Ramati）說。[38]

該系統來得恰逢其時。當二〇一二年以色列與哈馬斯之間爆發戰爭時，人們注意到了鐵穹的威力。戰爭期間，離加薩走廊不遠的一個城市舉行的一場以色列婚禮影片走紅了。[39]警報響起時，客人們四散，有的朝防空洞走去，有人看著天空。影片顯示，伴隨著背景中播放魔力紅（Maroon 5）樂隊的《星期日早晨》，哈馬斯發射了十幾枚卡薩姆火箭彈。鐵穹悉數把它們攔截在空中，有如生動的煙花表演。賓客們爆發出一片歡慶。

到二〇一四年七月，鐵穹已經保護了以色列的主要城市免受哈馬斯的火箭彈襲擊。其攔截成功率達百分之九十。以色列人終於有了足夠的安全感去繼續他們的生活。其結果是，大西洋兩岸的許多人都認為，該系統有可能發揮重要作用，讓阿拉伯人和猶太人回到談判桌上，以及拯救以巴邊界兩邊的生命。「鐵穹是一項外交投資，幫助創造有利於和平的條件，」前以色列駐美國大使邁克爾・奧倫（Michael Oren）說。[40]華盛頓的政策制定者們傾向於同意這種說法。「鐵穹是以色列對所有認為可以讓這個國家屈服的人的軍事回應，」丹尼斯・羅斯（Dennis Ross）大使說。「它為以色列國防軍提供了保護，在大多數情況下，它可避免派遣地面部隊到加薩走廊這樣的地方，從而拯救了無數以色列和巴勒斯坦人的生命。」[41]

以色列的天空保護傘

儘管經過了二〇一四的戰爭，軍事專家們今天認為加薩走廊尚有數以萬計的火箭彈。

他們還認為，黎巴嫩還有數十萬枚導彈。可戈爾德並不害怕。他認為鐵穹能有效地應對這一威脅，並且成功率比以往更高。「問題在於你採購和部署多少導彈發射裝置，」他說。「鐵穹為未來做好了準備。」[42]

在以色列政界各派中，戈爾德被視為英雄，並已得到平反。二〇一二年，以色列授予他、萊文及七名拉斐爾工程師尊貴的國防獎，以表彰他們在發明鐵穹反導系統中發揮的作用。[43]在二〇一四戰爭結束時，以色列已經有九套反導系統到位，並且有更多系統計劃在未來幾年上線。自該系統正式啟用以來，它已成功攔截超過一千枚朝以色列飛來的火箭彈。「這讓我感覺很棒，」戈爾德說。[44]

以色列人對這個系統也很有感覺。全國各地的小販們都在販賣與鐵穹相關的服裝、用品和保險桿貼紙。但是，如果沒有像戈爾德和萊文這樣的人的決心和聰明才智，這一切都將不可能實現。正如戈爾德所說的的那樣：「有時候，作為唐吉訶德（Don Quixote）也是值得的。」[45]

第六章　現代的約瑟夫

最傳統的禱告是祈盼豐收——上帝賜給食物——麵包，生活的主食。穀物藺技術是給人皆有其食這一古老嚮往的答案。什洛莫．納瓦羅，創新者及穀物藺的發明人，是上帝的信使。他的故事是當代聖經。

——歐文．庫拉（Irwin Kula）拉比，私人通信

什洛莫．納瓦羅（右二）2002年在盧安達基加利展示一台穀物藺（什洛莫．納瓦羅提供）

保護莊稼的更好手段

聲音幾乎有些刺耳。一九九四年十一月，以色列食品儲藏專家什洛莫・納瓦羅（Shlomo Navarro）和他的幾位同事來到厄立特里亞（Eritrea）首都阿斯馬拉（Asmara）郊外的一個村莊裡的一個小倉庫。[1]該國剛剛結束了三十年的血腥內戰，但村民們告訴納瓦羅，他們正輸掉一場與一個更常見敵人的戰鬥——臭蟲。在最近幾個星期裡，蟲子出沒於他們的穀物倉庫，饑荒迫在眉睫。納瓦羅當場就知道他們沒有誇大其詞。當他穿過倉庫，檢查堆到天花板的玉米袋時，袋子裡嗡嗡作響的昆蟲聲音越來越大。[2]

村民們依靠當地的農業生存，多年來已經嘗試了各種方法來防止蟲子破壞他們的糧倉。許多人使用當地商店採用無標記塑膠袋包裝出售的有毒殺蟲劑。農民們將這種白色粉末撒在收割後的莊稼上，他們經常直接用手撒農藥，不戴手套，沒有意識到即使洗過手藥物仍然會殘留在皮膚上。這會導致嚴重疾病甚至致人於死。科學家們說，「一些殺蟲劑和化學物質的使用也在消耗臭氧層，而且隨著時間的推移，昆蟲會對這些化學物質產生抗藥性，令它們失去效果。」[3]

納瓦羅認為他有更好的方法來保護村子裡的莊稼。它被稱為「穀物繭」（Grain Cocoon），這是一種用於裝大米、穀物、香料和豆類的大型密封袋。這種袋子容量為五噸到三百噸之間。它是用一種叫做聚氯乙烯（PVC）的強力材料製成的，因此不易撕裂。[4]

當農民們把它封閉起來時，袋子會把蟲子和它們的卵困在裡面，剝奪他們的氧氣，讓他們窒息致死。納瓦羅說，這種穀物繭可以幫助農民拯救超過百分之九十九的莊稼。它可以在收割後的任何時間使用，一旦穀物放進裡面，蟲通常會在十天內死亡。農民們可以使用篩子或其它方法，輕易地剔除死蟲。[5]

村民們對此持懷疑態度，但他們願意試一試。納瓦羅和他的團隊成員是在路德宗世界聯盟（Lutheran World Federation）的授意下前往厄立特里亞的，這是當地村民們信任的救濟組織。和當地人喝完一杯咖啡後，這位以色列科學家向他們展示了他的設備。在存儲狀態下，它所占空間大致相當於一個小文件櫃大小。但一旦他將其展開，他解釋說，它可以容納下多達十噸糧食。村民們開始填滿穀物繭，為了迅速完成這項工作，把能找的強壯男丁都找來了。然後他們把袋子封起來並等待著。兩天後，他們打開袋子，篩過穀物。數以百計的死蟲子被困在裡面。納瓦羅說到做到，他幫助拯救了這個村子，使他們免於飢餓和饑荒。[6]

飢餓遊戲

在全球範圍內，有八．〇五億人口長期處於營養不良的狀態。[7]和這些村民一樣，發展中國家的許多農民仍然在使用麻袋來儲存貨物。昆蟲可以很容易地滲入這些袋子，常常會破壞掉農民一半以上的收成。專家們說，減少這些損失將在戰勝世界飢餓的鬥爭中發揮關鍵作用。事實上，低效存儲技術每年大約造成十三億噸糧食損失。這相當於生產出來供全人類消費的所有食品的三分之一，足以養活世界上每個挨餓的人。[8]

納瓦羅的這項發明已經在這方面發揮了有效的作用。他的穀物繭不僅保護了收成免遭蟲害以及農民免受殺蟲劑的毒害，還幫助了農村的窮人們應對自由市場不可預知的力量。通過在收成後立即儲存穀物，農民們可以等到價格上漲後再出售。在極端貧困的情況下，納瓦羅鼓勵村莊投資購置一個公用穀物繭，以便他們可以集體儲存多餘的穀物及按需使用。除非小農們能夠做出這類選擇，否則他們及其家人往往注定會陷入無盡的貧困循環之中。[9]

自從納瓦羅的盈利性企業[10]「穀物專家」（GrainPro），在二十世紀九十年代初正式推出穀物繭以來，世界上有一百個國家採用了它，將其收成從昆蟲、嚙齒動物和其它害蟲中解救下來。[11]該公司向發展中國家售出了數百萬穀物繭以及其他小型密封袋，其中包括來自阿拉伯世界（其中許多國家與以色列沒有建立外交關係）、非洲、拉丁美洲和亞洲的國家。穀物繭對農民和發展機構來說特別有吸引力，因為它們可以重複使用多年。[12]正如國際水稻研究所（IRRI）的高級科學家馬丁·古莫爾特（Martin Gummert）所說的那樣：「這種科學和技術已得到了證明且效果很好。現在的問題是……要讓人們意識到它的作用。」[13]

如今，納瓦羅已經七十多歲了，他被廣泛看作是個現代的約瑟夫——即聖經裡的那個說服法老把糧食儲存在地下，從而拯救埃及於饑荒的人物。和約瑟夫一樣，他成為穀物儲藏方面廣受歡迎的領導者也非常出人意料。他是土生土長的土耳其伊茲密爾（Izmir）人，一九六三年決定移居以色列。可他當時既沒有護照，也沒有足夠的路費。但二十三歲的納瓦羅是個理想主義者，渴望為建立一個猶太家園出力。因此，當他的四個朋友購買了從伊斯坦布爾到海法的船票之後，他要求他們幫他偷偷上船。他們同意了，他不跟家人告別就離開，因為他知道家人如果知道了這件事的話，會試圖說服他留下來。[14]

在船隻駛過地中海的四天裡，他一直躲在朋友的倉裡，中間冒頭出來吃東西，伸展一下四肢。他不知道他將如何下船，以及如何能在沒有簽證的情況下進入以色列，害怕被抓住並被送回土耳其。他的朋友們提出把他藏在洗衣籃裡偷運出去，但最終他還是決定坦白自首。當一名以色列海關官員在海法登船給乘客護照蓋印時，他告訴了他實情。那位官員離開了，去與他的上級商議，這位土耳其偷渡客和其他同船的移民們焦急地等待著。很快，那位官員回來了。他說納瓦羅可以下船。他的朋友們爆發出一陣歡呼。[15]

當時，以色列有個緊密團結的土耳其人社區，納瓦羅與兩個顯赫的家族，米茲拉希（Mizrahis）和卡斯特羅（Castros）是遠親。他一到達以色列，他們就為他提供了食物和住所，甚至幫助他找到一份工作。[16]

納瓦羅不知道如何規劃自己的人生。但他受了很深的猶太教育，一直對約瑟夫的故事著迷。在移民到以色列之前，他在一個著名的土耳其教育機構愛琴海大學（Ege University）獲得了農業工程學位。他就是在那裡學到了有關殺蟲劑的知識，瞭解到它們如何能保護農作物不受害蟲的影響，但往往會帶來可怕的後果。最終，他在以色列植物保護服務機構（IPPS）找到了一份工作。[17]

到達以色列的初期，納瓦羅在政府植物保護服務機構、研究院學習和在以色列軍隊服預備役之間來回穿梭。一九六五年，他和高中時代的女友結了婚，她也是從土耳其來到以色列的。這對夫婦有三個孩子，但一場血腥衝突中斷了這對父母的工作。[18]

納瓦羅參加了一九六七年的戰爭並且毫髮無損地生存下來。兩年後，他加入約旦河谷的一個裝甲部隊部隊，在那裡他們與巴勒斯坦武裝分子作戰，他們想奪回約旦幾年前失去的領土。武裝分子們在一個偏遠的前哨站伏擊了納瓦羅和他的小分隊。隨著戰鬥爆發，一枚迫擊炮彈爆炸，彈片把他打得千瘡百孔。爆炸力把他拋射在空中達十五英尺之高。他在恍惚中看到他的一名戰友死掉了。伴隨著迫擊炮彈和子彈的呼嘯聲，納瓦羅的同志們把他帶到安全地帶。以色列國防軍用直升飛機把納瓦羅疏散到耶路撒冷，他在那裡接受手術，醫生從他腿裡取出彈片。他獲得了服務榮譽勳章。[19]

納瓦羅在接下來的八月裡，下半身打著石膏繃帶，在醫院裡恢復身體。彈傷給他留下了輕微的跛行後遺症，他的朋友和同事們都因他走路的方式親切地稱他為「慢動作」。[20]但這給了他研究兩個課題的時間：分別是溫度控制和密閉存儲。兩個課題都成為他的農業昆蟲學博士學位的基礎，他於一九七四年從耶路撒冷希伯來大學獲得了該學科的博士學位。[21]

在他出院幾年後，納瓦羅接著到以色列農業研究組織的沃坎泥中心（Volcani Center）參加工作，這是個世界著名研究所，致力於促進農業研究和發展、水利灌溉、農作物種植蟲害控制。正是在那裡，這位土耳其出生的科學家發明了最終成為穀物繭的原型設備。

納瓦羅帶著一個簡單的問題開始了他的實驗：有可能在幾乎無損失的情況下長時間儲存大量穀物嗎？以色列和當時的許多國家一樣，正在儲存貨物以抵禦市場波動、自然災害和戰爭。納瓦羅朝著證明有可能在密封的筒倉中儲存一萬五千噸穀物的目標進發。和約瑟夫一樣，他是從挖一條深溝開始的。[22]

這項工作始於一九七九年。這一年的收成很好，但如果從歷史情況來看該國將損失超過百分之二的收成。以色列當局將大部分穀物儲存在戶外，他們需要一種更好的儲藏方法。納瓦羅當時在他的領域裡已經很有名氣，他向商務部的負責人介紹了情況。「我有一個解決方案，」他說道，「但它還從未在實驗室以外測試過。」[23]

他提出了後來被稱為「地堡倉庫」的計劃。該計劃在位於以色列南部的梅根基布茲（Kibbutz Magen）匆忙上馬。組織者們迅速修建了一條三百六十英尺長，一百六十五英尺寬，三十英尺深的壕溝。在接下來的一個月裡他們用聚氯乙烯鋪在溝裡，把穀物倒進去，再在上面鋪上覆蓋物，焊工們再用熱量把溝槽密封起來。[24]

納瓦羅自信他的計劃能奏效。但同時也感到巨大的責任感。他在監督著一個價值數百萬美元的計畫，這些穀物是國家儲備的一大部分。納瓦羅說他在接下來的十五個月裡度過了許多不眠之夜。每當一場大風暴來臨他就會醒來，從他家驅車兩個小時去檢查現場。儘管從來沒有發生過任何問題，但這並沒有阻止他一次又一次地重複做同樣的事情。[25]

試驗結束後，納瓦羅和他的同事們發現，儲存的穀物猶如被埋入地下的頭一天那樣新鮮如初。損失比率下降了十倍，只有百分之〇．二。第二年，以色列又修建了三條壕溝。[26]

探尋多年之後，納瓦羅終於找了一個安全可靠的方法，可無限期儲存糧食並防止它受到昆蟲攻擊。

斯里蘭卡實驗

首獲成功之後，納瓦羅寫了許多關於他的發明的文章。在二十世紀八十年代中期，他的一篇文章引起了國際發展專家勞倫斯．西蒙（Laurence Simon）的注意，他是設在紐約的非盈利組織「美國猶太人世界服務」機構（American Jewish World Service）的負責人。一九八五年，西蒙前往沃坎泥中心與該組織的副主任納瓦羅見面。他沒有預約，但決意要見那個人，他覺得他的發明很有前途。他敲開房門，走進他的辦公室，告訴納瓦羅他想嘗試用小型袋子來重複實驗，用於幫助發展中國家。可這位以色列科學家並不熱心。「我沒有時間去做這個計畫，」他說。但西蒙沒有放棄。第二天他又不請自來地回來了，並爭辯說猶太人應該為世界上其他人做出這一重要貢獻。這一次，納瓦羅同意了。[27]

過了不到一周時間，納瓦羅就開始認真考慮這個計畫。一天晚上，他在睡覺時夢見了那個裝置而從睡夢中途醒來，豎起腰桿，急忙下樓來到他的家庭辦公室。「我勾勒出整件事情，」他說，從拉鍊到固定帶。不久納瓦羅聯繫了西蒙，讓他知道要花幾個月時間來製造他發明的設備。西蒙聽後興高采烈。他知道有個地方最適合測試它：斯里蘭卡。[28]

斯里蘭卡是個位於印度南部的小型多民族島國，這裡居住著兩千萬佛教徒、印度教徒、基督教徒和穆斯林信徒。西蒙與斯里蘭卡最大的非政府組織薩爾烏達耶（Sarvodaya）合作過多年。因此他知道該國很貧窮，並且遭受著大規模收成後損失。該小組帶著設備原型去了，首次測試定在三個村莊，非政府組織與那裡的農民關係良好。村民們擔心他們會失去所有糧食或者損失會達到足以造成饑荒的數量。因此，納瓦羅和他的同事承諾將賠償任何超出他們通常預期的損失。經過廣泛的訓練和指導，薩爾烏達耶把穀物繭送到實地去。他們三個月後回來發現實驗成功了。蟲子都被窒息死了，穀物新鮮如初，隨時可加工成食物。[29]

從那時起，西蒙和納瓦羅就開始向世界各地的發展中國家推廣該產品。他們甚至說服了聯合國世界糧食計劃署（United Nations World Food Programme）和聯合國難民事務高級專員辦事處（the Office of the United Nations High Commissioner for Refugees）等主要救濟組織採用這項技術。

一九九二年，隨著越來越多的村莊和發展機構開始使用他們的技術，納瓦羅、西蒙和其他以色列穀物專家決定創立「穀物專家」（GrainPro）。西蒙和納瓦羅不想依賴於慈善捐款或變化無常的發展組織。他們認為，一家盈利性質的公司是製造足夠的穀物繭來幫助發展中國家的最佳途徑。「我們非常認真地對待我們的社會使命，」穀物專家公司總裁菲爾・維萊（Phil Villers）說。「但要取得成功，我們必須盈利，而且我們的確是盈利了。」[30]

與大型農藥企業抗爭

儘管穀物繭有很多好處，但是在發展中國家和發達國家，殺蟲劑的地位仍然是至高無上的。主要原因是：成本問題。每只可裝五噸以上糧食的穀物繭售價超過一千美元，這對於大多數貧困農民來說標價十分昂貴。穀物專家公司已經開發出了容量較小的密封儲物袋，成本低了許多，僅為二至三美元[31]，但即使如此，這個價格對於許多勉強維持生計的農民來說仍然很昂貴，他們不得不依賴政府和非政府組織來購買這個產品。

從表面來看，使用殺蟲劑對農民來說似乎更便宜。但里斯本大學（University of Lisbon）的昆蟲學、生態學和食品儲藏專家瑪利亞・歐緹麗亞・卡瓦略（Maria Otília Carvalho）教授認為，從長遠來看殺蟲劑實際上更昂貴。她說：「考慮到對健康的影響，潛在生命和穀物損失，更不用說環境了，使用密閉存儲具有領先優勢……它是面向未來的技術。」[32]

但是對於發展中國家來說，西蒙認為成本並不是穀物繭不能普及的唯一原因。儘管農藥有害，但它仍然很受歡迎，因為主要糧食供應商沒有真正的動力來改變他們的生產方式。從他們的角度來看，西蒙說，他們「精通」儲存和熏蒸之道。他們提供高品質、成本合理的殺蟲產品。西蒙說，他和其他穀物儲藏專家曾試圖說服像「阿徹丹尼爾斯米德蘭公司」（Archer Daniels Midland）和「大陸穀物」（Continental Grain）這樣的行業領袖採用納瓦羅的技術或其他安全密閉存儲方法，但都無果而終。正如西蒙所言：「當有些人看不到問題所在時，就很難引進新技術。」[33]

然而，與殺蟲劑相關的問題依然存在，大型糧食企業被迫改變自己的生產方式可能只是時間問題。隨著消費者對食品安全意識的提高，越來越多的人開始要求有機產品。未來幾年內，美國的有機農產品市場有望繼續以每年百分之十四的速度增長。[34]隨著人們對有機食品需求的增長，西蒙和納瓦羅希望該行業將別無選擇地採用他們的技術。換句話說，他們想讓穀物繭殺死的不僅僅是蟲子。

盧安達有了嶄新的袋子

一九九九年，在盧安達內戰結束五年後，該國農業部長特斯法伊・格瑪茲昂（Tesfai Ghirmazion）博士前往以色列會見沃坎泥中心的官員。他此行目的之一就是想更多地瞭解穀物繭。他對自己眼前所見印象深刻。「這就是我想讓盧安達擁有的技術，」納瓦羅回憶他這樣說道。[35]

三年後的二〇〇二年夏天，納瓦羅在距離盧安達首都基加利（Kigali）郊外大約一個小時車程的村子盧比利茲（Lubirizi），教十幾個人如何使用他的密閉存儲技術。在培訓班結束時，他再次會見了農業部部長。他想得到部長的許可來做個實驗。他想知道如果他們把他的一個袋子存放十多年，會有什麼結果？部長同意他做實驗，他們於是用玉米填充了一個穀物繭並密封了起來。[36]

十二年後，在該地工作的盧安達官員們打開了袋子。眼見所見令他們大吃一驚。袋子裡的玉米如初裝進去的當天那般完好。盧安達政府與納瓦羅已經一道證明了穀物繭可以長期起作用。[37]

以色列農業部沃坎泥中心前主任及農業部首席科學家迦迪・羅本斯坦（Gadi Loebenstein）這樣說：「穀物繭讓數百萬人擺脫貧困。使用相對廉價的技術，農民現在有能力長時間儲存他們的食物及養活他們的家人。」[38]

第七章　第四日

於是神造了兩個大光，大的管晝，小的管夜；又造眾星。就把這些光擺列在天空，普照在地上，管理晝夜，分別明暗；神看著是好的。

——《創世紀》1：16-18

物理學家施穆爾．薩姆波斯基（Shmuel Sambursky）（左）與大衛．本古里安（David Ben- Gurion）（中）、哈利．茲維塔波（Harry Zvi Tabor）（右）及他的塔波選擇性表面太陽能板（塔波家人提供）

利用太陽能

那是一九五五年的夏天，熾熱的陽光照在耶路撒冷標誌性的建築物忠利保險大樓（Generali Building）後面的空地上。物理學家和工程師哈利．茲維塔波（Harry Zvi Tabor）來到那裡與以色列的一些開國元勳們見面。其中包括總理本－古里安、財政部長列維．艾士科（Levi Eshkol）和時任總理辦公室主任泰迪．克勒克（Teddy Kollek）。他們個個都汗流浹背。

這並非是慶祝活動。幾年前該國擊敗了六支阿拉伯軍隊，贏得獨立戰爭。但是這個國家現在面臨著一個新挑戰：成千上萬的猶太移民正從世界各地來到這裡。經濟陷入危機，燃料匱乏，限電成為常態。當時的情況非常糟糕，以至於政府禁止人們在晚上十點到早上六點之間燒水。[1]人口越是增長，以色列破產的可能性就越大。

塔波知道這個羽翼未豐的國家需要一個廉價且可靠的能源供應來為其公民服務。但是到哪裡才能找到它呢？其他中東國家發現了大量石油。但以色列沒有。它甚至連煤都沒有，更不用說穩定的水源供應了。但是它的確有的是陽光，而且特別充足。然而通過採集光能來加熱水和生產電力非常困難。多年來，科學家們一直都在嘗試，然而並沒有創造出一種適用於大規模消費的有效設備。但是，塔波認為他有個解決辦法。他利用自己掌握的物理學和應用工程學的先進知識，發明了一種他稱之為「太陽能收集器」的裝置。唯一的問題是：該設備從未在實驗室外工作過。現在，本—古里安和其他人在一旁看著塔波把他的設備放在院子中央並打開了它。這個裝置開始將水泵入管道，隨著液體在流動，太陽能板吸收陽光並對水進行加熱。

本—古里安欣喜若狂。他隨即意識到這個太陽能收集器將會改變國家的未來，甚至可能改變世界。[2]總理興奮至極，他隨即派這位英國出生的科學家到美國亞利桑那州去參加世界上第一次太陽能大會。他堅持要塔波把他的太陽水收集器運送到大會現場去（這位物理學家原以為只帶來一張海報就夠了）。[3]該收集器成了會議的熱點，以色列這個新建立的小國，突然間很快就踏上了成為世界太陽能先驅之路。

古怪行為

塔波於一九一七年出生在一個猶太移民家庭，父母為逃離俄羅斯帝國對猶太人的大屠殺而最終來到英國。[4]他兒童時期是哈博尼姆猶太復國主義（Habonim Zionist）青年運動的成員，這是個猶太、社會主義和猶太復國主義價值觀的促進組織。

隨著年齡增長，他培養起了對物理的興趣，並於二十世紀四十年代開始在倫敦大學學習該專業。在那裡，他遇見了施穆爾．薩姆波斯基（Shmuel Sambursky），一位來自希伯來大學的物理學教授本—古里安的追隨者。施穆爾當時擔任英國托管當局的科學和工業研究委員會秘書，該組織試圖利用全球猶太人的科學知識造福於即將建立的猶太國家。[5]施穆爾常去倫敦，在一次訪問期間，他通過塔波的女友（後來的妻子）見到了這位年輕的英籍猶太人。

這兩位科學家不僅在物理學方面，而且在猶太復國主義上面都有著共同興趣。他們最初的談話是在英國殖民辦公室進行的——這座宏偉的建築是為吸引外國遊客而設計的，談話過程很長且熱情洋溢。塔波向施穆爾解釋說，巴勒斯坦有三種度量衡制度：公制、英制和奧斯曼制。「他們用奧克爾（okers）或是什麼的來度量東西，這不適合現代國家使用，」塔波解釋說。「你必須得採用單一系統。」[6]兩人都同意巴勒斯坦需要一個相當於英國國家物理實驗室的機構，來解決這個問題及其它問題。

當薩姆波斯基回到巴勒斯坦時，他把對年輕的塔波的印象轉告給了本—古里安，對方說：「噢，我們有了一位物理學家。」[7]當然他也是一位愛國人士。一九四七年，塔波被巴勒斯坦的猶太準軍事組織哈迦納（Haganah）招募到法國，在那裡利用他的工程學知識，幫助將貨船改裝成可以用來運載非法移民到以色列的船隻。因為大屠殺後猶太人在歐洲痛苦掙扎，塔波盡其所能幫助倖存者設法進入聖地。

兩年後，塔波決定是時候輪到他自己踏上這個旅程了。在新成立的猶太人國家尚沒有工作或前景的情況下，他收拾了他的財物，準備離開倫敦。「我父母對我在沒有工作的情況下就去該地感到吃驚，」他說。「他們以為我瘋了。現在回過頭來看，也許我是瘋了。」[8]但在他動身前十天，本—古里安給他發了一封電報，邀請他在一個科學辦公室的物理和工程部門擔任職位，該辦公室直接向總理報告。[9]「這個安排，」塔波說，「讓我的生活變得很輕鬆。」[10]

塔波開展的計畫之一，是他和施穆爾在倫敦所討論過的：統一以色列的度量衡制度。他回憶道：「你會看到雜貨商在磅秤上放石塊來秤東西。」[11]但是本—古里安和施穆爾為他提供了更大的用武之地。一九五〇年，他們成立了以色列國家物理實驗室，塔波成為它的第一任主任。

隨著物理實驗室到位，他開始思考研究和發展的可能性。他認為太陽能是個很好的開頭領域。[12]「在一個沒有原材料、沒有燃料的國家，太陽是順理成章的選擇，」塔波說。「但對於別人來說它並非那麼順理成章。」因為在當時，利用太陽能發電普遍被認為是一種古怪行為。[13]

簡易物理學

羅馬人是世界上最早使用太陽能的人。大約在兩千五百年前，他們使用太陽能是為了一個簡單但很重要的原因：給他們的浴室加熱。這些浴室在下午面對著太陽，並有由透明玻璃製成的大窗戶，使得陽光能夠透濾過且把熱量保持在室內。有玻璃的建築變得如此受歡迎，以至於羅馬人通過了法律，規定遮擋鄰居的陽光屬犯罪。[14]

長期以來，太陽能技術幾乎沒有取得任何進步，這種狀況一直持續到十九世紀中葉，人們——主要是在美國開始使用金屬水箱來加熱水。到了下午，這些金屬水箱裡有足夠的熱水供人們洗個熱水澡。[15]一八九一年，美國馬里蘭州巴爾的摩（Baltimore）市的發明家克拉倫斯・科普特（Clarence Kept）開發了第一個商業上可行的「高潮」（Climax）太陽能熱水系統。他把幾個圓柱形的金屬水缸放在一個玻璃罩住的箱子裡。[16]這比把金屬水箱放在外面更好，因為它能夠讓熱水的溫度保持更久。但即使在最理想的條件下，它仍然要花一整天時間來加熱水。水在夜間會很快冷卻，因為系統沒有配置任何絕緣材料。

大約二十年後，洛杉磯的威廉J・貝利（William J. Bailey）通過把白天和夜間用的太陽能熱水器分成兩個獨立的部分解決了這個問題。貝利的集熱器通過管道連接到一塊漆成黑色的金屬板上，金屬板放置在一個玻璃罩覆蓋的箱子裡，與當今的設備十分相似。水通過狹窄的管道，減少了暴露在陽光下的水量，並且加熱速度更快。然後熱水被儲存在隔熱的水箱中，水溫可保持二十四小時。[17]這個系統在當時來說非常好，但其效率仍然不高且相對昂貴。貝利開始銷售他的設備後不久，加州地方當局發現了大量的廉價天然氣，這是個強大的競爭對手，最終毀了貝利的生意。[18]

在二十世紀五十年代初期，當塔波開始尋找新設備時，他在以色列發現了幾個貝利式的仿冒品。作為物理學家，他知道唯一可以捕捉和保持可觀熱量的物質就是拋光金屬，但在市場上的設備使用的僅僅是普通金屬。塔波有了一個解決辦法。為了使金屬更有效率，他在不破壞金屬保持熱量的特性下將其變黑。

一九五五年，塔波派出他的團隊去瞭解用於塗黑金屬的各種工藝，這些工藝通常用於裝飾或防腐用途。他們幾乎是立即發現了兩種能產生預期效果的塗料。「我很走運，因為我做了水管工做不到的開發工作，」塔波說。「物理學家之所以能做到這一點，是因為它需要特殊的物理知識。簡易物理學，但終歸還是物理。」[19]

塔波和他的團隊在實驗室測試了該設備，該裝置的效率是任何在此前發明的其它裝置的兩倍。[20]這一創新產生了更多熱水，並且給了太陽能熱水器借助小型渦輪機或引擎生產大量電力的潛力。[21]塔波是在沒有增大熱水器體積的情況下達到這個效果的。它的名字叫：「塔波選擇性表面」（Tabor Selective Surface）。或者是希伯來語「杜德舍美什」（dud shemesh）。

他於一九五五年向本—古里安展示了他的裝置，並且在第二年獲得了著名的魏茨曼精確科學獎。[22]但這一切還不足以讓他的創新得到推廣。要做到這一點，他還需要些運氣。

它屬於這個國家

起初，以色列的大工廠對塔波的產品不感興趣。儘管他在那這次會議上獲得了成功，但是對於絕大多數人來說，採集太陽能來用於大規模供應仍然是個非常奇怪的想法。但是在一九六一年，一家叫做美霍米特—奧林匹亞（Meromit-Olympia）的以色列公司，聯繫以色列政府部門想獲得塔波發明的使用權。這家公司當時生產和銷售老式的低效率太陽能熱水器。[23]「它（太陽能收集器）屬政府，我是政府公務員，」塔波說。「（那）時情況不同。猶太復國主義者就是猶太復國主義者。它屬於國家，因為我為他們工作。」[24]三年後，美霍米特公司開始銷售採用了塔波的選擇表面技術的水器。

但是在接下來的十年裡，太陽能熱水器市場成長緩慢，甚至遇到很大的阻力。以色列政府並不鼓勵其公民採用塔波的發明。而國家電力公司拒絕給用戶打折。[25]可是，他們卻鼓勵用戶購買低效率電熱水器。以色列全球最大地熱公司之一的歐瑪特科技公司（Ormat Technologies）的創始人之一盧西恩．耶胡達．布朗尼基（Lucien Yehuda Bronicki）說：「電力公司實際上是持反對態度的，因為他們受到了威脅，他們認為這是自己的競爭對手，所以他們降低價格，讓人們不會去使用它。」[26]住房工人工會也反對使用塔波的設備，主要是因為覺得它很難看。整個二十世紀六十年代，該集團在全國建設了超過五萬五千套公寓。但該組織拒絕允許塔波的設備安裝在其任何一幢建築物上面，取而代之的是向他們的居民提供電熱水器。」[27]「當我發明『杜德舍美什』的時候，我只是想到效率，誰還會去想它的樣子好不好看呢？」塔波說。「有些人反對是因為覺得它樣子醜。我們讓他們洗幾天冷水澡看看。我們到時候就知道他們會說些什麼了。太陽能熱水器的設計是個折衷方案。」[28]

但是情況在一九七三年能源危機之後發生了變化，該時期內世界工業大國面臨石油供應短缺問題。在敘利亞和埃及對以色列發動後來被稱為「贖罪日戰爭」（Kippur War）的六天突然襲擊之後，美國向以色列提供武器，幫助該國保護自己。這引發阿拉伯石油輸出國組織（OPEC）對加拿大、日本、荷蘭、英國和美國的石油禁運。其結果是：全球經濟衰退及大規模通貨膨脹。

但是禁運也有其積極的一面，至少對塔波的發明來說如此。一九七六年以色列的立法機構以色列國會（Knesset）通過了一項法律，要求以色列在一九八〇年後建造的每座建築上都要有太陽能集水器。該項法律為以色列和其公民節省了數百萬謝克爾的能源成本。

如今，約有百分之九十的以色列家庭使用塔波的發明，全國各地的許多建築是完全由太陽能供電的。[29]在全球承認太陽能的重要性很久之前，以色列的哈利·茲維·塔波就領導了在全國範圍內實現其使用的國家計劃。「美國在線」前優質服務總裁阿米特·沙夫利（Amit Shafrir）說：「通過他的決心和創造力，塔波把當時的專業設備變成了標準用具，現在全國大多數家庭都安裝上了」。「杜德舍美什」「為世世代代的以色列人提供了一個負擔得起的熱水來源。」[30]

二〇一二年，以色列國會的研究中心估計，「杜德舍美什」為以色列節省了百分之八的能源消耗。[31]該中心的報告指出，其節餘電量相當於一座九百兆瓦發電站的生產能力。正如特拉維夫大學可再生能源教授亞伯拉罕・克利波斯（Abraham Kribus）所言：「如果沒有這項發明，許多產業都不會存在。」[32]

需要：猶太人發明之母

克利波斯的表述不僅在以色列符合事實，而且在其他地方也是如此。塔波的選擇性表面技術成為該領域一大批後起創新的科學基礎。「大家都知道塔波是太陽能先驅及以色列太陽能能源之父，」來自歐瑪特公司的盧西恩・耶胡達・布朗尼基（Lucien Yehuda Bronicki）說。可大多數人並不知道「他也是世界太陽能之父。」[33]

在二十世紀八十年代，以色列魯茲（Luz）公司利用塔波的選擇表面作為其模型，在美國加利福尼亞州的莫哈韋沙漠（Mojave Desert）建立了世界上第一座太陽能發電站（世界上最大的發電站之一）。魯茲證明了採用太陽能進行商業發電是可靠的。[34]「每當我開始挖掘一個太陽能新領域時……，幾乎都會碰到他，他就在開端……。要麼是哈利首先想到了，要麼是他已經非常非常接近了，」國際太陽能協會主席戴維・米爾斯（David R.

Mills）說。[35]

塔波在二〇一五末去世了，但因為其利用太陽能的獨特能力而廣泛被人們銘記在心。克利波斯說，「他不是為了賺錢，而是為了改善世界」。[36]在他九十八歲生日那天，以色列「能源和商業大會」——一個著名的以色列企業家盛會——選舉塔波為「年度能源人物」。[37]但是對許多科學家來說，他實際上是個「世紀風雲人物」，以色列生態能源諮詢公司首席執行官阿米特．莫爾（Amit Mor）說。「在以色列或世界上沒有其他人為能源獨立、可持續發展和整個能源領域作出過如此大的貢獻。」[38]已故以色列總統西蒙．佩雷斯（Shimon Peres）認可這個評價，他說：「茲維．塔波博士是以色列創新的象徵，他發明了現代太陽能集水器，並激勵著太陽能領域的世代科學家和企業家。」[39]事實上，在過去半個世紀左右的歷程中，人們對太陽能熱水技術的興趣在全球範圍內悄然蔓延。各國政府越來越多採取太陽能的激勵措施，因為隨著石化燃料變得越來越昂貴，可再生資源的價格反而在下降。世界各地的決策者們意識到，他們必須設法緩和氣候變化。隨著越來越多的乾旱、風暴、熱浪、海平面上升、冰川融化和海洋變暖，全球範圍內對塔波的創新的需求會更大。

換句話說，當本—古里安在一九五五年的那個陽光明媚的日子看到塔波的發明時，他說對了。就像一名現代的約書亞（Joshua），這位生於倫敦的以色列科學家，想到了如何讓太陽為這個猶太國家和世界其他地方停留。

第三部分

科技為善

第八章 讓跛腿的人能行走

你有福啊，宇宙之王，讓彎曲的人直立。

——猶太人晨早禱告詞

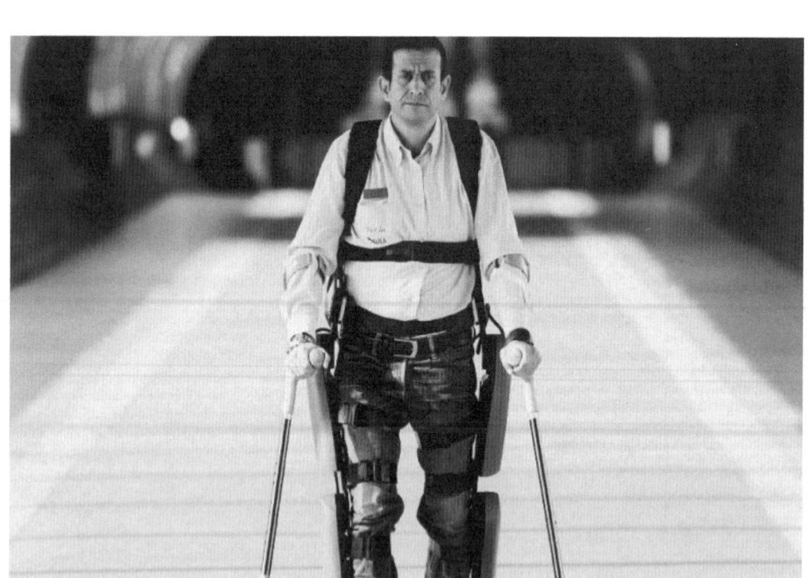

外骨架助行器使用者拉蒂．凱烏夫（Radi Kaiuf）（Mikhnenko773）

他再也不能走路了

這一切都始於郵件中的一張優惠券。一九九六年，莉莉・高佛爾（Lily Goffer）去了在以色列北部最大城市拿撒勒（Nazareth）的購物中心；她為丈夫買了一條牛仔褲。抱著隨便玩玩想法，她填寫了一張表格來贏得一輛免費全地形車（「沙灘車」，ATV），幾周後，她得知自己中獎了。[1]

她的丈夫阿米特・高佛爾（Amit Goffer）博士對這台機器不感興趣。當車子送達時，他以半價把它賣給了鄰居。可是他的孩子們對此抱怨不已，於是他決定補償他們。一天上午，高佛爾租了幾輛「沙灘車」，動身去開車穿越離他們家不遠的一片塵土飛揚的荒野。他覺得孩子們應該會玩得很開心。[2]

在賽泊利斯（Sepporis）這個源於聖經時代田園詩般的村莊郊外，高佛爾和他女兒開著一輛車，他兒子則獨自駕駛著另一輛車飛奔而去，車子沿著布滿塵土的小徑咆哮前行，他身後一片塵土飛揚。可是出發不久以後，高佛爾的車剎車失靈了。這位博士的車衝出了路面，撞上一棵樹。雖然他的女兒毫髮無損，但高佛爾的脖子在樹枝上撞折了。[3]

他躺在地上，嚇壞了。「我什麼也感覺不到，」他說，「我立刻明白在我身上發生了什麼事情。」[4]在事故發生之前，高佛爾成立了一家公司，生產手術室用的核磁共振成像設備。[5]因此他理解殘疾背後的科學原理。當他的孩子們跑過來時，他叫他們退後。「別碰我，」他說道，「我成了四肢癱瘓的人。」[6]他知道自己再也不能走路了。

接下來的九個月時間是在暗淡無望中度過的。高佛爾從背部以下全部癱瘓。他胳膊上有輕微的動靜，最終學會如何使用電動輪椅。這有助於行動，但他始終感覺到侷促和沮喪。「我無法坐兩個小時以上。」[7]高佛爾回憶說，「感覺就像是置身於黑暗中的一個巨大的洞裡面。」[8]

他最大的挑戰之一：是去洗手間。對於許多坐輪椅的人來說，事故很常見，且排便不受控，這些都可能導致敗血症甚至死亡。許多癱瘓的人被迫要求別人插入兩個手指到他們的直腸裡來刺激腸道。這個過程很痛苦，會耗時幾個小時。有些人最終選擇做手術，在結腸和腹部的表面之間做了一個永久性的開口，用袋子收集糞便。[9]

儘管他很沮喪，高佛爾還是決心保持一些獨立性。起初他不能刷牙。醫生給了他一個輔助裝置，可他拒絕使用。他再次學會了自己刷牙。高佛爾好幾個月都沒有足夠的力量來寫字，但最終他也再次學會了這一技能。[10]「當你在這樣一個洞的底部，」他說道，「只有一個方向可走。那就是往上去。你無法再往下去了。」[11]

高佛爾在精神上遭受的痛苦最多。為了幫助他康復，醫生給了他大量的止痛藥和其他藥物。但藥物副作用鈍化了他的頭腦。「我的智商下降了，」他說。「我感覺很笨。」[12]

他沒有放棄。一九九七年一月，醫院送高佛爾回家，不久以後，他停止了服藥。[13]這是他做過的最佳的決定之一。隨著頭腦裡的迷霧消散，高佛爾開始思考他能為自己的病情做些什麼。他說：「我又變回了人類」。[14]

在他恢復思考能力之後，高佛爾開始明白癱瘓是如何剝奪了他的控制能力的。他越是想到這一點，就越是下決心要為殘疾人創造一種恢復自主和尊嚴感的途徑。「我的動機，」他說，「是為了……給一個殘疾人……一套完整設備，讓這個人可以（用來）上電影院、劇院或餐館而無需事先問別人，『有樓梯嗎？』」他還想幫助殘疾人做到用眼睛平視他們的親人，一件大多數人視為理所當然的事情。[15]

考慮到他的身體狀況，高佛爾陷入了困境。

他感覺坐在輪椅上過日子，還會持續著。

沒有輪子的革命

世界上首先出現的輪椅根本不是椅子；他們是手推車，是西元二世紀中國的一項發明。現代輪椅的第一個形象是西元五二五年在中國創造出來的。在接下來的一千年裡，除了這個國家以外沒有發現其他輪椅記錄，直到一位畫家用一張草圖勾勒出西班牙的菲利普國王（一五二七—一五九八）藉助一張輪椅行動的畫面。從那時起，發明者們就對這個想法進行修補，增加舒適程度和機動性。但輪椅的基本概念還是保持未變。[16]

對輪椅進行改變的少數嘗試之一發生在二十世紀九十年代中葉。當時，一位名叫迪恩・卡門（Dean Kamen）[17]的發明家與強生公司一起發明了「艾伯特」（iBOT），一架據說可以靠兩個輪子升起的輪椅，可上下樓梯，在沙子、礫石和水上行走。「艾伯特」從沒普及。它標價兩萬五千美元太高了，而且這項發明並沒有兌現它的承諾：用它來上下樓梯還是非常困難。[18]

當高佛爾研究輪椅的歷史時，他無法相信人類對其所做的改變竟然如此之少。誠然，我們已經找到了幫助癱瘓者的方法。我們掌握了大量關於大腦的知識，並且對幹細胞和脊髓損傷進行大量研究。但是兩方面的研究都沒能幫助到任何人再次恢復行走能力。它也沒能控制與輪椅相關的併發症，包括血液循環不良、骨質密度下降、泌尿系統感染增多、肌肉喪失和褥瘡。

高佛爾作為一位在以色列和美國學習過電氣和電機的成功學者，[19]相信自己能發明一種新型設備來幫助殘疾人。在二十世紀九十年代，機器人工業經歷了幾次突破，包括首台真正的智能機器人問世和實現同步運動能力。[20]高佛爾認為，這些進步可以幫助他創造出一台機器，採用帶有可充電電池的電機驅動輕便支持套裝，來幫助癱瘓者再次恢復行走能力。

他從確定人類步行和爬樓梯需要多少能量開始做研究。「我擔心得到的答案會是一輛裝滿電池的車子，」他說，「或者是需要某種在人背後進行驅動的小型卡車。」但高佛爾確定它只需要一塊小電池。[21]

受傷一年後，他在網上瀏覽時想到了一個主意：殘疾人也許可以借助一個外殼或外骨架來恢復行走能力。動物，如豪豬和蝎子一直都這樣做。他想知道，「怎麼可能就沒有人想到這一點呢？」[22]他趕緊開始勾畫原型並思考這個概念如何能夠運作。

二〇〇四年，在他首次產生這個想法七年後，高佛爾完成了他的第一個裝置：一種外骨架（exoskeleton），它可以抱住使用者的腿，配合拐杖使人在行走時保持穩定。[23]用戶在手腕上配戴遙控器來控制他們的動作。當他們行走時，傾斜傳感器確保用戶胸部保持直立和平衡，讓他們在移動時不會跌倒。拐杖幫助用戶上樓梯及穩定他們的體重。

高佛爾把他的創新取名為「ReWalk」（重新行走）並決定對它進行測試。他在自己的私人行車道上設置了該裝置。兩個半身癱瘓和一個四肢癱瘓者志願者作為測試對象。他的孩子們把第一台ReWalk綁在其中一位半身癱瘓者身上，然後插上插頭。他的兒子站在電源線旁邊，隨時準備在測試者跌倒的情況下拔掉它。他女兒控制著傾斜傳感器。高佛爾則用他有限的手臂機動性來發動機器。事情就這樣發生了：那位半身癱瘓者邁出了第一步，然後再一步，接著又多走了幾步。高佛爾是如此專注地看著測試者的步伐，以致於他沒有注意到這位半身癱瘓者在哭。[24]

在接下來的兩年裡，高佛爾繼續對這個裝置進行改進。他保證它能每充一次電即可工作長達四小時，比大多數人經常行走的時間要長得多。雖然最初的ReWalk重量超過五十磅，但高佛爾找到了一種方法使它更輕便，更易於使用。[25]

起初，一切與高佛爾發明有關的費用都是他自費。但是在二〇〇六年，他被接納進入以色列著名的以色列理工學院育成中心，該育成中心為初創企業和早期階段的公司提供資金、指導和培訓等方面的幫助。他還獲得了一項被稱為動力激勵計劃（Tnufa Incentive Program）的以色列政府計畫的撥款。如果一家公司成功了，該撥款就被視為貸款。如果公司倒閉，國家將承擔損失。在這兩種情況下，政府都不占初創公司的股份。這些計畫的主要好處是有與人交流的機會。動力計劃把高佛爾接入了以色列最優秀和最聰明的人才網絡，讓他能夠與他們交流意見和接受他們的建議。[26]

然而，這個裝置並沒有如高佛爾所願流行起來。也許是因為iBOT的失敗，他的許多同齡人都認為ReWalk永遠不會成功。他最大的失望是在二〇〇六年，當時他在蘇黎世的一個機器人大會上發言。在演講中，他展示了一位年輕殘疾婦女使用ReWalk的短片。許多與會者要麼持懷疑態度，要麼堅信短片是假的。會後，高佛爾又給該大會主席、美國西北大學物理醫學和康復醫學教授澤夫・萊默爾（Zev Rymer）博士發送了另外一段影片。萊默爾給了高佛爾一個簡短生硬的回覆：「可以發一個他（測試對象）在沒有使用該裝置的情況下如何行走的短影片給我嗎？」[27]

「這太侮辱人了，」高佛爾說。但他仍然沒有氣餒。四年後，高佛爾在繼續調整著設備的同時，終於獲得了一些認可。二〇一〇年八月，他聯繫了位於紐約的美國退伍軍人事務部國家脊髓損傷醫療後果康復、研究和發展卓越中心（The Veterans Affairs Rehabilitation, Research & Development National Center of Excellence for the Medical Consequences of Spinal Cord Injury）。此中心是該領域的領導者，他想向該組織的威廉・鮑曼（William Bauman）和安・斯龐根（Ann Spungen）博士及一些頂級專家展示ReWalk。「這些東西不可能起作用的，」斯龐根回憶她當時這樣想。「我們認為他們過分誇大了他們的能力。」[28]高佛爾感覺到了她態度含糊，但還是去了紐約。他要證明斯龐根想錯了。

他們在一個小房間裡見面，病人常來這裡看足球、玩檯球和閑聊。大約二十五人——包括研究人員、醫生、護士和病人聚集在一起觀看現場演示。[29]當一位ReWalk測試對象走過房間、上下樓梯井、經過一個長走廊時，斯龐根面帶懷疑地看著。「我確信他並沒有真正癱瘓，」她說，「因為他走得很好。」全部二十五人都跟著他沿著走廊走。當他走過大廳時，從病人到護士每個人都轉身盯著他看。「那就像看著穿花衣的吹笛手，」他說。「沒有人能相信它。」[30]當測試對象脫下外骨架時，斯龐根看到他的腳在搖晃、變得鬆弛，這是癱瘓的明顯跡象。高佛爾的演示絕不是騙局。斯龐根從震驚中緩過神來，轉向中心的主任鮑曼說：「我們必須要做這個。」[31]

另類馬拉松賽

斯龐根的認可對ReWalk來說是個重要轉折點。但是真正推動這個裝置發展的是一位了不起的女人，她證明了半身癱瘓者不僅能行走，而且還能參加比賽。她的名字叫克萊爾．洛馬斯（Claire Lomas），是一位英國脊椎推拿治療師和狂熱的馬術騎手。

二〇〇七年五月，在參加英國高水準馬術比賽「奧斯博頓馬術三項賽」（Osberton Horse Trials）競賽時，她的馬「燕麥卷」（Rolled Oats）被樹鉗住了肩膀，洛馬斯被甩出撞到了樹枝上。當她躺在地上時，洛馬斯無法挪動她的腿。後來，她發現她的脖子、背部和肋骨都骨折了，並損壞了脊髓。醫生把鈦棒插入她的背部，試圖修復她的脊椎，但損傷已無可逆轉。她腰部以下癱瘓了。醫生告訴她，以後再也不能走路了。[32]

然而，洛馬斯就像高佛爾一樣意志堅定。她在網上發現了ReWalk。在朋友和家人的幫助下，她籌集了約七萬美元來購買一套高佛爾的設備。[33]她練習使用ReWalk，常常花兩個多小時從她在萊斯特郡（Leicestershire）的家到約克郡東瑞丁（East Riding of Yorkshire）之間往來行走，學習如何正確使用它。[34]四個月後，她變得如此熟練，以致於她開啟了一項新挑戰：倫敦馬拉松賽。

二〇一二年五月，數以百計的人擠滿了街道觀看洛馬斯完成賽程。她每天步行大約兩英里，在開始後的第十六天，她走完了全部二十六．二英里的賽程。[35]當洛馬斯越過終點線時，她丈夫和一歲大正在蹣跚學步的兒子在一旁迎接她，人群歡呼雷動。[36]

站起來與跌倒

如今，ReWalk已獲准在歐洲和美國銷售。全球大約有四百個用戶，其中包括多名美國退伍軍人和執法人員。該公司已經在紐約證券交易所公開上市交易，為高佛爾提供了數百萬美元的研究經費和投資資金。[37]在未來幾年裡，這位以色列發明家希望更多像洛馬斯這樣的人能夠使用該設備。該產品市場潛力巨大：高佛爾估計，美國和歐洲大約有六百萬輪椅使用者，其中大約有二十五萬人將能夠使用他的設備。[38]

然而，ReWalk以及它的同類競爭產品[39]仍受到許多人的批評。其中一個原因是安全問題。用戶通常需要接受十二到十五次培訓後才能學會如何使用該外骨架。[40]有些病人，視乎他們的癱瘓程度，從來都無法熟練掌握這種技能。該設備可能存在風險。半身癱瘓者的骨骼極其脆弱，所以ReWalk鼓勵病人不要在光滑、傾斜、或不平坦的表面上使用該設備。當然，有時會發生事故，有些人擔心使用該設備的風險大於它帶來的好處。世界著名的芝加哥康復研究所（Rehabilitation Institute of Chicago）的一位權威外骨家專家阿倫・扎亞拉曼（Arun Jayaraman）博士說：「只要有一兩個人跌倒，嚴重傷害到他們自己，就足以讓食品藥物監督局（FDA）徹底禁止它的使用。這種事情從前在其他技術上發生過。」[41]

另一個挑戰是產品價格。因為它的售價在六萬九千美元[42]到八萬五千美元[43]之間，較貧窮的病人是不可能購買外骨架的。美國的醫療保險公司拒絕將該產品納入保險範圍。（專家們表示，保險公司在認可有作用的新產品方面通常是滯後的。）

一些評論家們聲稱，高佛爾的設備不具備治療功能，只是個移動或行為助手。這個區別聽起來似乎無關緊要，其實不然。作為一種移動設備，其好處直觀、明顯並且被普遍接受。半身癱瘓者現在可以在家裡、室外和工作中使用該設備。但評論家們說，如果要該設備被認可具備治療作用，高佛爾將需要從科學上證明該裝置的醫療優勢大於風險。他還必須證明，利用其他可能更安全的方法，比如在跑步機上行走或騎固定自行車，無法達到同樣效果。西北大學教授瑞莫爾（Rymer）說：「ReWalk銷售的基礎是它應當……會促進血液循環、膀胱功能、腸道力量。但沒有有力的證據來證明它確實能夠產生這些效果。」[44]

要證明ReWalk具有治療功能將會耗費大量資金和時間，但高佛爾對此仍然保持著樂觀態度。他認為這種裝置最終能緩解那些依賴輪椅的人當中常見的症狀。美國費城愛因斯坦醫療網絡（Einstein Medical Network）的莫斯康復醫院（Moss Rehab）董事長兼首席醫務官埃爾伯托・艾斯昆納茲（Alberto Esquenazi）同意這一觀點。[45]他篩選了十四名測試者，完成了對十名ReWalk用戶的培訓，並確認一些用戶報告ReWalk起到了改善疼痛狀況、腸道和膀胱功能，以及痙攣症狀。[46]他的研究還表明，用戶「提升了他們的身體耐力」，「沒有明顯的副作用」，並且願意經常使用該系統。[47]

高佛爾說，根據這項研究以及其他研究，ReWalk給一名用戶帶來的益處可為保險公司每年節省約三萬美元。[48]芝加哥康復研究所的專家扎亞拉曼（Jayaraman）估計，保險公司節省的費用可能更高，因為使用該設備經常進行運動對病人也幫助。[49]高佛爾和他所在領域的其他人都說，如果保險公司將該設備納入保險範圍，將會帶來更多用戶，可能也會有更多競爭者，這一切都將有助於進一步降低成本。

然而，儘管該產品周圍滿是令人興奮的消息，可是仍然有一個人不能從中受益：那就是阿米特．高佛爾，它的發明人。

最後一個坐著的人？

當我在高佛爾位於以色列北部的辦公室的電梯附近遇見他時，他坐在電動輪椅裡，機動性只足夠以左右搖擺的方式和我握手。他在這個簡單的任務上就花費了數百小時，更不用說他重新學習如何打字或接電話所用的時間了。但要使用ReWalk，病人需要具備對其上半身有完全控制能力，而高佛爾無法做到。

六十二歲的高佛爾身體超重了，因為他整天坐著。但是當他把我領進辦公室開始談論他的發明時，他金屬絲邊框眼鏡後面的眼睛興奮地睜大了。在他辦公桌後面，有一張高佛爾和他的病人在他的公司上市那天在紐約時代廣場的照片，他們的雙手舉起作勝利姿勢。

我們正在說話的時候，一個男人突然闖進來，用他的ReWalk裝置慢跑著穿過房間。他的名字叫拉迪．卡伊午夫（Radi Kaiuf），他出生在伊斯菲亞（Isfiya）的阿拉伯德魯茲（Druze）村。一九八八年春天，就在他在以色列國防軍服役即將期滿的幾個月之前，他在黎巴嫩梅墩（Maydun）村執行任務時被真主黨游擊隊員開槍射中了腹部。「完了，」他回憶自己失去知覺前這樣想。「我身體中間中槍了，我會死的。」[50]在猛烈的炮火下，卡伊午夫的戰友們用直升飛機將他疏散到海法的哈巴醫院（Rambam Hospital）。他昏迷了十九天，命懸一線。當他醒來時，他無法動彈。醫生告訴他，能夠行走的日子一去不復返了。[51]

像高佛爾一樣，卡伊午夫開始沮喪。他被困在輪椅上，經常無法工作，並且曾兩次試圖自殺。但在朋友和家人的幫助下，他決定尋求幫助並開始接受治療和身體康復訓練，這在心理上給了他很大鼓舞。在接下來的幾年裡，他結婚了，與妻子生下四個孩子。[52]

二〇〇七年，他在特哈休莫（Tel Hashomer）醫院的康復中心遇見高佛爾，兩個人很快成為朋友。在他們的第一次談話中，高佛爾告訴卡伊午夫他已經研製出一種能幫助癱瘓者再次行走的裝置。「我不相信我能站起來，」卡伊午夫說。「但在我嘗試它以後……我到很驚訝。我女兒當時三歲。她看著我說：「爸爸你個子很高！這讓我非常高興。」[53]

如今，卡伊午夫與他的妻子和孩子生活在以色列北部的卡米埃爾（Carmiel），在那裡他能夠參加他從來沒有想到有可能參加的活動。他完成了一個潛水課程，甚至曾經使用一種類似椅子的裝置滑過雪。[54]「毫無疑問，」他說，「我使用ReWalk要比不使用它更健康。」[55]

在我和卡伊午夫道別時，高佛爾告訴我，這位退伍軍人在國外的時間比在以色列還多；他幾乎成了該設備的代言人。一個阿拉伯人周遊世界，到處讚美以色列人的發明聽起來就像幻想。但卡伊午夫是在ReWalk工作的幾位阿拉伯人之一，高佛爾說，守教的穆斯林和猶太人肩併肩和平地在一起工作。在一個人人都專注幫助癱瘓多年的人邁出第一步的地方，極少有什麼事情是不可能的。

這也是為什麼高佛爾還沒有放棄再次行走的夢想。在我離開他辦公室之前，他向我介紹了他的最新發明，UpNRide（直立輪椅），一種賽格威（Segway）平衡車式樣的裝置，可幫助四肢癱瘓患者以直立狀態移動。

兩個月後，高佛爾就在他位於尤可尼阿姆（Yokneam）的家外面使用上了他的新設備。這是他十八年來第一次站立了起來。[56]

第九章　大腦的衛星定位系統

依馬德和里里姆．尤尼斯排除萬難，建立一家了不起的科技公司來對抗神經系統疾病和拯救生命。他們是光輝榜樣，顯示出在一個民族、宗教和文化多元化的國家裡，當我們共同合作時能取得什麼樣的成就。

——尤阿姆．亞克為（Yoram Yaacovi），微軟以色列公司總經理

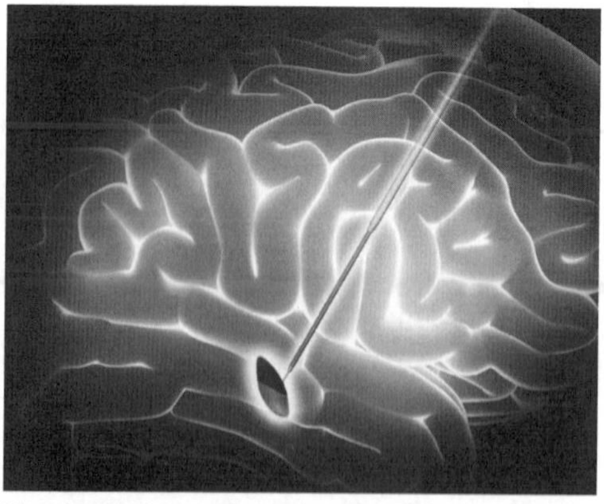

腦深部電刺激的電極位置（阿爾法歐米茄公司提供）

為健康乾杯

當夏琳．魯斯蒂格（Charlene Lustig）仰躺在手術臺上，試圖放鬆時，奇姆．伯奇埃爾（Kim Burchiel）醫生在她的頭骨上鑽了兩個鎳幣大小的洞。然後，外科醫生將兩個永久性電極放入她的大腦。在她的皮膚下面，一根小金屬絲將兩個電極連接到她腹部上的一個電池供電的發電機上，它像心律調節器一樣搏動，擾亂她的神經元。

多年來，魯斯蒂格飽受帕金森氏症之苦，她上半身一直感到有令人痛苦的顫動。她發現自己說話困難且身體左側失去了運動能力。[1]這種被稱為腦深部電刺激（DBS）的治療方法，應當會減輕她的症狀。

唯一的問題是：為了找到神經元，魯斯蒂格必須在整個手術中保持清醒。[2]這是因為伯奇埃爾的團隊使用了一種特殊的醫療設備系統，它依靠微電極記錄器和聲波來引導他們達到神經目標。該設備以圖形方式在電腦螢幕上顯示這些聲音，充當伯奇埃爾和公司可追蹤的全球定位系統（GPS）。

當醫生們完成手術後，魯斯蒂格的帕金森病並沒有消失，但她的許多症狀都消失了。該治療結束後，貝蒂拉斯參加了她的支持小組的聚會，在那裡她和她的朋友們開香檳慶祝。「能再次獨立真好，」她說。「讓我們為健康乾杯吧。」[3]

如今，在魯斯蒂格的手術後的十多年後，腦深部電刺激被用來治療從強迫症到抑鬱症的各種神經系統疾病。[4]臨床試驗正在測試該治療方法對多種其它疾病的治療效果，其中包括阿茲海默症（Alzheimer's）、抽動穢語綜合症（Tourette's syndrome）、慢性疼痛、創傷後壓力症候群、癲癇、甚至是精神分裂症。

據世界頂尖神經學家之一哈蓋·伯格曼（Hagai Bergman）估計，有超過十五萬人接受了腦深部電刺激治療。還有許多人使用了由阿爾法歐米茄公司（Alpha Omega）生產的醫療器械，這是以色列最大的阿拉伯高科技公司。「阿爾法歐米茄，」伯格曼說，「是迄今為止世界上多電極數據採集領域最可靠和最有經驗的公司。」[5]

該公司是由拿撒勒（Nazareth）的一對夫婦依馬德和里里姆·尤尼斯（Imad and Reem Younis）創立的，在全球神經學家當中是眾所周知的。考慮到尤尼斯夫婦必須克服的障礙，從打破社會規範到作為以猶太人為主的國家裡的阿拉伯少數民族，該公司的崛起與其創新同樣引人注目。

驚人的大腦

自二十世紀六十年代以來，研究人員利用電刺激來定位和區分大腦中的特定部位。近幾十年來，科學家們開始使用神經刺激器，通常被稱為「腦部節律器」（brain pacemakers），利用電脈衝來治療運動和精神紊亂。但是直到一九八七年，法國神經外科醫生阿利姆—路易斯・伯納比德（Alim-Louis Benabid）使用腦深部電刺激成功治療了最常見的特發性震顫，研究人員才意識到這一治療方法的全部威力。[6]不久以後，世界各地的科學家開始競相繪製大腦圖形，採用腦深部電刺激來減少各種不治之症的影響。

在行業競賽持續發生的同時，依馬德和里里姆相遇並墜入愛河。他們在以色列理工學院（Technion）學習工程學，這是一所世界著名的理工學院。但是當他們畢業後，在找工作時都遇到了困難。當時以色列的高技術產業大多集中在軍事和安全領域，很少有人願意僱用阿拉伯人。

依馬德在以色列理工學院醫學院找到了他的第一份工作。在那裡，他負責幫助科學家們獲取研究工作所需的工具和裝備。當研究人員找不到現成的產品時，依馬德和他的同事們就幫助開發定製替代品。他的工作也使他對醫療趨勢以及潛在商機有了深刻瞭解。[7]後來，里里姆也在拿撒勒的一家建築公司找到了她的第一份工作，在那裡擔任工程師。[8]

他們的工作都不錯，但和許多以色列籍阿拉伯工程師一樣，依馬德和里里姆都想要獲得更大發展。

依馬德回憶道：「我們曾經與朋友、從以色列理工學院畢業的工程師們……進行了交談，（得出的結論）是，我們生活在一個高科技國度裡，可是在阿拉伯社區裡卻沒有高科技。什麼都沒有。」[9]因此在一九九三年，這對夫婦決定創辦他們自己的公司。「我們沒有錢，」里里姆說，「因此我們賣掉了我們的汽車，」一輛大眾捷達，並且把他們結婚時收到的四個金幣兌現了。[10]有了這些錢，阿爾法歐米茄公司從此誕生了。

愛及陌生人

從一開始，依馬德和里里姆的家人都反對這個決定。「他們認為我們發瘋了，」里里姆回憶道。「他們說，『你們怎麼就會離開有穩定薪水的工作呢？兩個從以色列理工學院畢業的工程師（就這麼做事情）？你怎麼能夠做出這樣的決定？』」里里姆回憶道。[11]

也許他們當真是瘋了。像許多企業家一樣，尤尼斯夫婦是在沒有產品、沒有概念、並且沒有待解決的問題對象的情況下創立他們的公司。他們僅僅是決定去做就開始做了。這對夫婦有扎實的研究和發展背景，並且作為以色列理工學院的畢業生，其背後有一個強大的科學家、工程師和教授網絡。他們由分包商工作做起，幫助科學家們和企業做他們的外包研發計畫。這就是他們公司命名的由來。「我們可以從A到Z做任何事情，」依馬德說。「只要給我們規格要求就行。」[12]

但尤尼斯夫婦是在開始與希伯來大學的著名神經學家哈蓋．伯格曼（Hagai Bergman）合作後才形成了他們未來的市場定位。依馬德在一九八三年與他相遇，他當時剛從以色列理工學院畢業，而伯格曼則正在完成他的醫學學位和博士學位。兩人最初是因為對醫療器械工具和腦神經元的共同興趣而走到一起的。隨著放假季節臨近，尤尼斯夫婦邀請伯格曼和他的家人到他們在拿撒勒的家中過聖誕節，這裡是聖經記載中耶穌的誕生地。[13]該地每年都有會有世界上最令人難忘的聖誕節慶之一。居民們會點亮大型聖誕樹，樂隊在街上表演。「對我的孩子們來說，」伯格曼說，「依馬德就是聖誕老人。」[14]

由於依馬德出生在天主教家庭而里里姆出生於希臘東正教家庭，尤尼斯家每年會慶祝兩次聖誕節。[15]博格曼一家也一樣。「我們是世界上唯一一年過兩次聖誕節的猶太人，」伯格曼說。「作為馬德、里里姆和他們的孩子們的朋友我很自豪。我真的希望他們所做的工作能向世人表明：以色列和巴勒斯坦人可以一起做更好的事情，而非（相互）打打殺殺，」[16]

在阿爾法歐米茄公司成立早期，伯格曼給公司發了大量的合約。一九九〇年，他是首位發現醫生可以通過腦深部電刺激來治療帕金森氏症的科學家。[17]但要找到目標的確切位置點，難度高得令人難以置信。尤尼斯夫婦開始開發專有工具來解決這一難題。阿爾法歐米茄設備作為大腦裡的全球定位系統（GPS），引導醫生到所需的位置，讓他們能夠植入一個永久性的電極。

在他看到尤尼斯夫婦創造的產品之後，伯格曼開始在世界各地推廣他們的設備。尤尼斯夫婦很快意識到他們的大部分工作任務來自神經學家。他們開始在以色列銷售機器，並最終擴展到歐洲和美國市場。

依馬德說，他在二十世紀九十年代初進入神經科學領域並且為之著迷，因為它是很值得做的事情。「每當我看到我們的設備，」他說，「我就會很有感觸並說，『哇，這個設備真的能幫助病人。』」[18]至於里里姆，幫助帕金森氏症患者直接關係到她個人。她父親患有這種可怕的疾病，但卻無法從阿爾法歐米茄的設備上受益。他十多年前就去世了，但里里姆為能幫助別人而感到欣慰。[19]

一九九三年，伯格曼把這對夫婦介紹給腦深部電刺激技術教父貝納比德（Benabid）。[20]貝納比德當時正在與美國醫療器械公司美敦力（Medtronic）合作，並尋找能幫助他生產記錄腦電活動設備的人。他很快就邀請尤尼斯夫婦到法國格勒諾布爾（Grenoble）去測試他們的設備。[21]

自他們初次通話後幾個星期內，尤尼斯夫婦就飛往格勒諾布爾觀摩貝納比德的一台手術，以瞭解他的需要。他們此後又多次訪問該地，雙方的工作關係一直延續至今。貝納比德回憶道：「他們反應很及時，並非所有商業公司都能如此。他們是腦深部電刺激設備領域裡的勞斯萊斯（Rolls Royce）。」[22]

我們既是以色列人又是巴勒斯坦人

二〇〇三年，尤尼斯一家遷往美國，為的是更接近其最大的潛在客戶群。他們開始駕車橫穿美國，無論走到哪裡都會推銷他們的產品。他們最終在亞特蘭大安頓下來，但是沒有在那裡停留太久。兩年後，他們決定搬回老家。「我們腦子總想著拿撒勒，」里里姆說。「我們回來的唯一原因，就是要生活在拿撒勒……來影響以色列。我們想扮演一個角色，使拿撒勒成為一個更適宜居住的地方。」[23]

拿撒勒和以色列的一百七十萬阿拉伯人口所面臨的挑戰極大，尤其是在技術領域裡，以色列的阿拉伯人在這方面處於邊緣狀態。「我們占（以色列）人口的百分之二十，」里里姆說。「我們也應當占以色列高科技市場的百分之二十，但我們沒有。」[24]在該國頂尖大學就讀的阿拉伯人學生人數與其在以色列總人口中總所占比例是相稱的。但只有百分之二的以色列技術工人來自於這一人群，這使他們成為以色列科技繁榮的邊緣參與者。「以色列科技需要和平與教育，」尤西．瓦爾迪（Yossi Vardi）說，他被人們視為以色列的非官方創新大使。「它也需要變得更加包容（阿拉伯人）。」[25]

但隨著對受過高等教育、有能力的程式員的需求不斷上升，進入技術領域的以色列阿拉伯人的數量也在增加。據報導，二〇一五年以色列有大約兩千名阿拉伯技術工程師，這個數字是從二〇〇八年的三百五十名增漲上去的。[26]隨著成千上萬講阿拉伯語的人熟悉互聯網，在以色列的跨國公司，從英特爾到微軟正在越來越多地僱用他們。那些不為科技巨頭工作的人傾向於轉移到以阿拉伯人為主的初創企業，這些企業一般是由專門投資這一市場的風險投資基金提供支持的。

不過差距仍然很大。依馬德認為有它兩個主要原因。首先，絕大多數以色列阿拉伯人不是住在特拉維夫——以色列技術行業的心臟，而是住在該國北部和內陸，他們世襲的村莊和城鎮裡。第二，大多數以色列阿拉伯人不在軍隊裡服役；許多人認為，這樣做將等同於拿起武器來對付巴勒斯坦同胞和阿拉伯鄰國。許多人——包括依馬德和里里姆在內從根本上反對以色列在這些領土上存在，以及任何將以色列維持在那裡的機構。

這種缺乏服兵役經驗的狀況，讓以色列阿拉伯人處於不利地位。在以色列國防軍服役是以色列人進入技術領域的主要方式之一。例如，精英情報部門為受訓者提供非凡的技術技能，同時還有最終幫助他們形成強大社交網絡的高度專業化培訓和同志情誼。在美國，一個人在哪兒上學非常重要。但是在以色列，往往是一個人所在的部隊被認為會起決定性作用。[27]每位以色列求職者都會被問到：「你在軍隊裡服役過嗎？」有在特定部隊如八二〇〇部隊服役，即以色列相當於美國國家安全局（NSA）的單位服役的經歷，會提高申請人獲得工作的能力。其重要性如此之大，以至於有很多在互聯網上的工作機會以及在以色列的招聘廣告裡，都直接說明這些工作職位是特別為以色列國防軍特種部隊的戰友而設的。

鑒於這一現實，依馬德和里里姆都把擔任社區領袖作為自己的使命，他們以身作則，盡其所能幫助他們的阿拉伯鄰居們取得成功。這兩位尤尼斯都參與了幾個阿拉伯和猶太非營利組織，其目標包括為處境不利的青年提供高等教育，阿拉伯人高技術行動計劃，以及阿拉伯人和猶太人之間和平共處。[28]「是的，有些事情城市可以去做，有些事情以色列政府應該去做，但我作為生活在以色列的人也必須有所作為，」里里姆說。「我認為依馬德和我作為年輕人的榜樣，幫助他們認識到他們可以做出改變，讓他們能敢於走出去，做以前沒有做過的事情。」[29]

依馬德同意她的說法。「雖然存在歧視現象，」他說。「但國家（以色列）現在已經覺醒，並且正在認真採取措施去解決它……另一方面，我們阿拉伯人……從孩提時代開始所到之處就一直帶著自卑感。」[30]

尤尼斯夫婦非常重視鼓勵員工起帶頭作用。最近幾年，有四位工程師已經離開阿爾法歐米茄去開創自己的事業，其中兩位成為公司的直接競爭對手。尤尼斯夫婦支持這些決定，因為他們認為這將對以色列的阿拉伯人產生積極影響。

阿爾法歐米茄公司的許多僱員都畢業於以色列理工學院和特拉維夫大學，以色列的兩所著名理工大學。阿爾法歐米茄還有一個政策，就是僱用剛剛從頂尖大學畢業而沒有任何實際經驗的員工，因為有許多優秀的阿拉伯工程師沒有被『猶太』公司聘用，」依馬德說。[31]

但是，該公司聘用了許多不同類型的人：有天主教徒、新教徒、東正教徒、穆斯林和猶太人。「依馬德和里里姆．尤尼斯代表了我國高科技和初創文化的豐富多樣性，」以色列總統魯文．里夫林（Reuven Rivlin）說。「他們把以色列的所有社群聚攏在一起，共同憧憬未來。」[32]公司的員工也有同感。「工程師就是工程師，」里里姆和依馬德的僱員之一薩美爾·阿尤布（Samer Ayub）說。「我們採取專業和客觀的態度相互合作。」[33]這類情緒在阿爾法歐米茄很常見。「當我們僱用來自不同文化背景的人時，我們可以走得更遠，因為每個人都有不同的想法，」依馬德說。「這可以產生創新。我們有共同的祖先（即亞伯拉罕）。我們可以一起努力實現共同目標。」[34]

這就是依馬德和里里姆不只是把自己看成是以色列人或巴勒斯坦人的原因。依馬德表示：「我們在國外都是把自己介紹為這兩重身份的人。「我們本來就是如此。」[35]

為大腦設計的無人駕駛汽車

如今，阿爾法歐米茄的設備被應用於在世界各地的一百多家醫院和五百所實驗室。[36]該公司的尖端設備是在拿撒勒當地生產的，但是通過在美國、德國和以色列的辦事處，以及在中國、日本和拉丁美洲的代理進行營銷。[37]在過去的幾年中，其銷售額每年增長十五至百分之二十四。[38]公司的收入占以色列阿拉伯人在國際上高技術出口的大部分。[39]

公司才剛剛起步。伯格曼和尤尼斯夫婦目前正在合作，這可能是腦深層電刺激史上最大的一次飛躍。二〇一五年，他們創造了一種工具，不需要人工干預就能在大腦中放置電極。「你按下按鈕，系統就能工作了，」伯格曼說。他把它比作一輛無人駕駛汽車，他夢想創造能在大多數與手術相關的功能取代人的設備。「人們問我，你認為自動導航系統會比你更好嗎？我的答案是不會。」伯格曼還認為，「機器不可能比最優秀的人做得更好……（但是）如果你沒有最好的人類專家，而是用一般的人，那麼自動化系統就會好得多。」[40]

專家們說這種技術最適合發展中地區，那裡有很大需求，但也缺乏電生理學家。對於那些沒有機會獲得良好醫療保健的病人，這種解決辦法可能讓他們擺脫無休止的痛苦並且過上正常生活。「我們才剛剛開始，」依馬德說。我們的目標是「使目標定位更容易、更有效率、更準確，也使治療更有效率。」[41]

到目前為止，研究人員已經在耶路撒冷的大約二十個病例中測試了尤尼斯夫婦的技術，在美國測試超過十五次。「阿爾法歐米茄處於遠超其一切競爭對手的地位，」伯格曼說。「據我所知，其競爭對手公司中甚至沒有一家在考慮這一點。」[42]

在他們所在領域處於先鋒地位讓這對夫婦很有成就感。然而，知道他們的公司幫助了數以萬計的人這一點，讓他們更加有成就感。正如里里姆所言，「我們讓人們重新回到了生活當中。」[43]

第十章　金色防火牆

耶和華說：我要作耶路撒冷四圍的火城，並要作其中的榮耀。

——《撒迦利亞書》2：9（基督教聖經2：5）

吉爾·史威德（Gil Shwed）
（捷邦公司提供）

關閉伊朗火箭貓

二〇一五年十一月九日，晚上六點過後不久，亞瑟・巴拉吉（Yaser Balaghi），一位資深伊朗網路專家，在他的智慧型手機上瀏覽網路時看到這條新聞。西方安全專家似乎終於搞清楚了。多年來，巴拉吉和他的幾位同事曾利用互聯網攻擊全球一千六百多名知名人士，其中括沙特王室成員、以色列核科學家、北約官員、新聞記者、伊朗持不同政見者和人權活動家。但當這位網路專家讀到來自三大洲的安全人員給他的團隊取了一個名字叫「火箭貓」（Rocket Kitten）時，他忍不住面露微笑。[1]

兩年多來，捷邦（Check Point），世界上最頂尖的網絡安全公司之一，跟蹤了該集團，它隸屬於伊朗革命衛隊。在他們的許多計劃中，駭客們引誘受害者打開附帶有自動下載間諜軟體的電子郵件，好讓他們直接從他們的電腦上竊取資訊。但巴拉吉留了一個沒有關閉的後門，讓捷邦的工程師找到了他的團隊的數據庫、他們的用戶名和密碼、他們的電子郵件地址、感染了他們的惡意軟體的網頁、他們攻擊的服務器，以及所有受他們攻擊者的名單。[2]不同於其他罪犯分子的是，巴拉吉的生活並不隱蔽，他擁有一個公開網站，並在一些著名的伊朗大學任教。他的駭客教程也可在網上公開獲取。[3]

在他們公布關於「火箭貓」的報告之前，捷邦公司高級管理人員與歐洲、美國和以色列的國家安全官員取得了聯繫，並通報了他們發現的結果。

駭客造成了嚴重損害，但情況本來有可能會更糟。是電腦防火牆拯救了無數人，讓他們免遭駭客攻擊，這是捷邦公司的首席執行官吉爾．史威德（Gil Shwed）發明的技術。

歡迎加入八二〇〇部隊

大多數人從來沒有聽說過吉爾．史威德，但如果你使用電腦，你很可能已經使用了他公司的產品之一。史威德出生於一九六八年，是在耶路撒冷一派田園風光的艾殷卡陵（Ein Karem）社區長大的，這裡據說是施洗約翰的出生地。他成長於一個中產階級家庭，父親是以色列財政部的系統分析員。[4]十歲時，史威德報名參加了一個電腦周培訓班，並很快開始自學。[5]兩年後，他在一家軟體公司找到了一份工作。十四歲時，他問他的父母他是否可以到希伯來大學上課。「我父母很支持我，」史威德回憶道。「他們對我做了一件非常好的事情，那就是他們沒有催促過我。他們唯一催促我去做的一件事就是要我在生活中做到平衡。」[6]

作為一名十幾歲的少年，史威德還做了兩份工作，一份是在希伯來大學當電腦系統管理員，另一份是在EMET計算，一家專門提供計算架構和基礎設施解決方案的公司。[7]

然而，到了十八歲時，年輕的史威德被要求服兵役。他應召入伍，並加入了以色列國防軍最精銳部隊之一，八二〇〇部隊。這支部隊與美國國家安全局類似，主要從事信號情報和代碼破譯。在他服役期間，史威德開發了一個電腦網路，讓一些用戶能夠訪問保密文件，同時拒絕其他人訪問。[8]「我接觸到了許多安全問題，其中有敏感資訊，這些資訊是保密的，只有某些級別的人才能訪問，」史威德說。「我瞭解到每個人都必須在同一網路上工作，但又有不同權利情況下的各種不同問題。」[9]

在他的軍旅生涯中，史威德也意識到他將來在自己的職業生涯裡想做些什麼。他說：「自從在軍隊的早期，我就有了一個去創造一些東西的想法。為別人工作從來都不是很令人興奮的事情，我青少年時期的大部分時間都是在為別人工作。我有這樣一個想法，就是創造一個基於為網路提供安全保障的產品，但我與朋友一道對它進行評估後，認為它（尚）沒有市場。」[10]

一九九一年，他從以色列國防軍退役，並違背父母的意願，沒去上大學。[11]取而代之，他開始在一家名為奧寶科技（Optrotech）的以色列初創企業擔任軟體開發工程師。[12]這是他一生中最佳決定之一。他不僅學習了如何創造、包裝和營銷新產品，[13]而且還遇到了馬里斯・納赫特（Marius Nacht），一位才華橫溢的程式員。[14]

兩人之間擦出了火花，部分原因是因為他們的軍事背景相似。納赫特是精英部隊培訓計畫塔匹沃特（Talpiot）軍校的畢業生，該計畫的軍人在服役的同時接受高等教育，然後利用他們的專長進行研究和開發，來滿足以色列國防軍的技術需要。[15]史威德向納赫特介紹了他為網路創建保護方案的想法。互聯網當時的規模仍然很小，主要是政府和大學在使用。

但他們都知道，網路全球化只是時間問題。「我認為互聯網將會成為一件大事情。一場革命，」史威德說。「我並沒有意識到它會大到什麼程度。」[16]

從頭開始

在二十世紀九十年代初，隨著網路越來越受歡迎，史威德發現了一些聚焦互聯網保護的論壇。[17]「很明顯，企業想要連接到互聯網，但擔心安全，」史威德說。「我們知道人們最終會意識到他們必須擁有它。」[18]他向一些公司發送了幾封電子郵件，以瞭解他們的安全顧慮，判斷他們可能會購買什麼樣的產品，並收集潛在競爭情報。這位年輕的安全專家意識到這是一個巨大機會。

史威德聯繫了他在八二〇〇部隊認識的朋友施洛莫．克萊默（Shlomo Kramer）。他向他提出了創建一家專注於網路安全和防火牆的公司的想法。克萊默同意了，史威德大受鼓舞。[19]同年二月，史威德和納赫特參加了在聖地亞哥（San Diego）召開的電腦開發商大會，繼續進行市場調查。會議入場費是兩千五百美元，這是史威德畢生積蓄的一半。[20]但他覺得這筆錢花得很值得。

他想對了。這兩位年輕人帶著驚訝離開了會場。「大多數人沒有把互聯網看成是一個大眾市場的問題，」史威德回憶道。納赫特還記得自己當時在想「這些傢伙都是樂於開發工具的樂天派」。[21]大部分人並不關注如何保護互聯網數據。兩人回到了以色列，向克萊默作了彙報，並且開始做商業計劃。

這三位年輕的工程師很快就辭去工作，專注經營他們的初創公司。他們開始時在克萊默祖母的公寓裡工作，每天花十二到十四小時寫軟體代碼。該計劃的目標是讓程式具備如機場安全般的功能。它會檢查電腦的互聯網協議（IP）地址[22]，決定允許或拒絕訪問。它還允許在單一入境點進行檢查。[23]這樣，系統就能成功過濾所有傳入數據。「我從頭開始，」史威德說。「我沒有從部隊拿一行代碼。概念相同，但我等待市場機會，並且圍繞著它成立了公司。」[24]

幾個月後，他們決定加快進程，並開始八小時輪班工作。他們吃了很多披薩，喝了很多可樂，輪流給影印機裝紙。[25]他們還花時間打電話，嘗試與潛在投資者見面。納赫特說：「我們祈求自己好運，不會有別人想出類似的概念。」[26]

我們如何取得成功？

在他們開始編寫代碼不到六月後，這三位年輕小夥子獲得種子資金並創立了公司，他們決定稱它為「捷邦」（Check Point，檢查站之意）。一九九三年六月，BRM科技，一家耶路撒冷軟體公司，給了史威德二十五萬美元購買該公司的部分所有權。「吉爾對他要做的事情有很深入的瞭解，」尼爾．巴爾卡特（Nir Barkat），BRM的創始人、現任耶路撒冷市長說。「不是每個人都能像他那樣看到機會。他好像是個要麼賭雙要麼乾脆不賭的人，實際上他卻並非如此，因為他瞭解市場。」[27]

到了九月份，三人完成了代碼編寫，並且有了一個功能齊全的產品。「這在一九九三至九四年是個新市場，沒有人知道如何用它來做生意，」史威德說。他們開始在夜間對以色列各地的不同企業進行產品測試。有一個令人痛心的事例，「儘管這些公司是第一次連接外網，一個小時內即有人試圖闖入其系統，」史威德回憶說。「警報響起時，我們都認為這不可能，但兩個星期後警方抓捕到了嫌疑犯。這對我們來說卻是（個）很好的確認。」[28]

但對史威德和他的同事們來說，最大的挑戰是如何銷售產品。「我們坐在拉馬甘（Ramat Gan）的一間公寓裡，客戶卻在美國和世界各地，」史威德說。[29]「我們要怎樣才能把業務做起來？」三個人都知道他們的產品需要發送到與自己有十個時區距離的地方去銷售。史威德表示：「它需要能自銷，並且易於安裝。」[30]

不久，他們前往美國，並拜訪了約二十家公司來試圖銷售他們的系統「防火牆-1」（FireWall-1）。其中包括美國道富銀行（State Street Bank）、高盛公司（Goldman Sachs）、和國家半導體公司（National Semi-conductor）。三人住在廉價旅館裡，常穿著黑色的衣服去開會，因為這使他們看起來很統一，並且讓他們可以在旅行時少帶服裝。在銷售過程中，該團隊安裝了他們的「防火牆-1」試用版，以顯示他們的產品簡單易用。「消費者們都會說，『防火牆太複雜了』，史威德回憶道。於是我們就說，『我們現在就安裝吧。』」安裝後系統資訊很快就會顯示出駭客已經開始在「ping」他們的網絡來尋找漏洞，這些公司對此都感到驚訝。[31]

技術專家們立即明白了「防火牆-1」是革命性產品。捷邦不僅能提取有關要安裝到網路或電腦上的數據來源、目標和用途等資訊，而且用戶介面非常直觀。他們的系統不需要專門的資訊技術人員來安裝，只要稍加培訓，任何人都可以使用它。

史威德運用從BRM獲得的部分資本聘請了舊金山的風險投資家大衛·J·布倫伯格（David J. Blumberg），來幫助他們開展在美國的業務。史威德說：「首先要打入美國市場，然後再擴展世界其他地區，這很關鍵。反過來做就很不容易。」他們決定採用產品分銷策略，而非直接銷售。

捷邦起初面臨著巨大困難。由於只有大公司才擁有專用的互聯網連接，而且安全不是他們關心的頭等大事，結果很難獲得客戶。捷邦也存在形象問題。周圍流傳著謠言，說該公司實際上隸屬於摩薩德（Mossad，以色列情報及特殊使命局）。有一次，布倫伯格在美國國家安全局做銷售推介，而納赫特被迫在訪客停車場等候，因為他們懷疑他是為以色列情報部門工作的。[32]公司在美國也沒有分支結構來幫助他們註冊客戶。史威德在黃頁裡找到一個在波士頓的應答服務機構。史威德回憶道：「它把郵件和傳真轉發給我們。電話機留言說，『吉爾不在這裡』，我從來就沒有去過那裡。」[33]

一日四千次攻擊

儘管有這些最初的挫折，一九九四年發生的三個關鍵事件成就了捷邦公司並推動了史威德的創新向前發展。在三月下旬，三人把他們的防火牆產品帶到拉斯維加斯的網絡世界＋資訊技術展（NetWorld+Interop show）作公開亮相。為了節省成本，他們與另一家公司共享展臺，且沒有帶來宣傳小冊子。「我們發布了一篇新聞通稿，但在那時候，我們甚至不知新聞稿是何物，」史威德說道。「拉斯維加斯的展覽讓我感覺甚好，這是我們共同分享的最佳時刻，並讓我們認識到我們走對了路。」[34]他們的防火牆非常成功。並且贏得了最佳參展產品獎。[35]

後來，捷邦完成了對SUN微電腦系統的首件銷售大單。這個電腦巨頭無法進入防火牆市場，因此同意將「防火牆-1」捆綁在其系統內，作為其價格主張的一部分。結果，捷邦當年的銷售額飆升至八十萬美元。

一九九五年二月，《六十分鐘時事雜誌》（60 Minutes）對捷邦進行了專題報導。節目製片人想知道史威德的產品是否有他聲稱的那樣好。捷邦同意讓其公司的電腦在電視直播的情況下受到駭客的攻擊。「我並不樂意參與，」史威德回憶道。「把它用來顯示給你父母和朋友看倒是不錯，但客戶並不會因為你上了媒體報導就買它。」[36]

為了發起這場網路決鬥，《六十分鐘時事雜誌》找到一名「欺騙大師」（Masters of Deception）成員，該組織是二十世紀八十年代末在紐約的一個著名駭客集團。隨著攝影機啟動，麥克・華萊士（Mike Wallace）和捷邦公司的大衛・布倫伯格（David Blumberg）坐在一個房間裡，而一位名叫諾姆・喬姆斯基（Noam Chomsky）的駭客坐在另一房間裡，戴著氈帽和強盜面具。「他看起來像佐羅（Zorro），」布倫伯格說，「我去年萬聖節就穿那套衣服。」

在駭客開始之前，大衛・布倫伯格的電話響了。是史威德打來的，他聽起來很驚慌。駭客們正在攻擊捷邦。在過去二十四小時內，「防火牆-1」被攻擊超過六萬次。「每位駭客都會問他的所有駭客朋友，『你有沒有聽說過你可以去攻破防火牆-1』？」史威德回憶道。[37]在該集《六十分鐘時事雜誌》節目播出前一天，有人向在紐約花旗集團中心舉行的駭客大會泄露了正在上演網路決鬥的消息。[38]許多參與者試圖攻破系統，但是都失敗了。到節目結束時，捷邦成為了家喻戶曉的名字。

世界各地發生的網路犯罪數量驚人，使得史威德的創新成為不可或缺的工具。每年發生的駭客攻擊次數超過一百五十萬次。這相當於每天有四千次，每小時一百七十次，或每分鐘三次。[39]在二〇一四年，駭客竊取了大約百分之四十七的美國成年人口的個人資訊。[40]二〇一三年，網路罪犯成功地攻破了百分之四十三的美國公司的網路。[41]據世界上最大的安全技術專業公司邁克菲（McAfee）估計，全球與網路相關的犯罪成本超過了四千億美元。[42]「防火牆是網路安全的生命線，」以色列外交部創新與網絡技術負責人尤阿夫・阿德勒（Yoav Adler）說。「這一非凡創新是以色列保護全球通訊的許多創新技術中的第一個，」[43]

如今，捷邦的防火牆保護著十萬多家企業，其中包括百分之九十四的《財富》一百強公司、百分之八十七的《財富》五百強公司，以及幾乎世界各國每個政府的網路。[44]該公司的市值超過了一百五十億美元，並且在澳大利亞、白俄羅斯、加拿大、以色列、瑞典和美國等地僱用超過兩千九百名員工。[46]「在數位變革時代，沒有防火牆的生活是無法想像的，」以色列前首席科學家歐納・貝利（Orna Berry）說。[47]

也許同樣重要的是，「吉爾・史威德（已經）對以色列社會產生了根本性的影響，」來自以色列BRM投資公司的查理・費德曼（Charlie Federman）說。「（他）改變了在過去的一百年裡猶太母親所秉持的教條，那就是他們的兒女應該去當醫生和律師……。吉爾已經徹底把他們改為軟體設計師、工程師和企業家。」[48]

許多人親切地稱這家可能是世界上最成功的互聯網安全公司的創造者為「吉爾・蓋茨（Gil Gates）」。儘管該公司取得了成功，駭客們還是繼續試圖侵入政府、企業和個人的電腦。「我把互聯網安全視為主動積極的事情，而非有關打擊犯罪的消極事情，」史威德說。[49]「我們不會把自己當成是警察一樣去看待它。」

如果吉爾．史威德聽從他父母的勸告並且待在學校裡，情況會怎麼樣呢？他可能永遠不會創造出防火牆這種無疑把世界變得更美好的互聯網安全工具。

第十一章　吞嚥照相機

你的腸子必患重病……

——《歷代記下》21：15

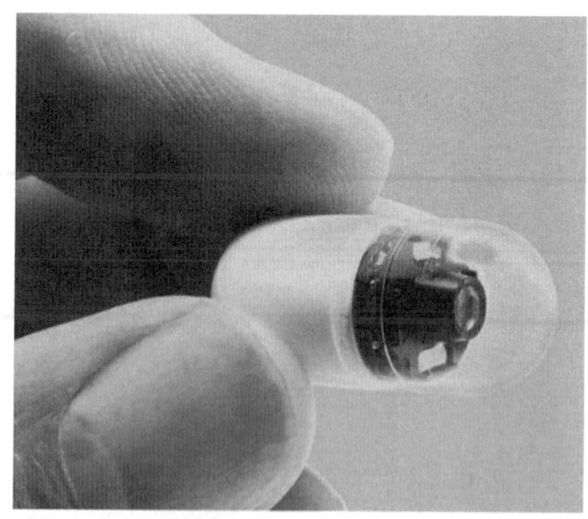

膠囊內視鏡（華蓋創意）

膠囊裡的照相機

風險投資家們忍不住大笑起來。「真的嗎？」其中一人說道。「你真的認為能用這台照相機看到任何東西嗎？你得給它加上擋風玻璃雨刷才行。」[1]這是在二十世紀九十年代中期，加夫里埃爾・依丹（Gavriel Iddan）在會議室與一群潛在投資者會面。他們的概念是：一台可吞嚥的照相機和無線電發射器，它大致有一粒多維他命片大小，可以通過胃腸道，拍攝人體內臟照片。

當時，醫生們仍然依賴內視鏡來觀察結腸和小腸——即在胃和大腸之間盤繞著的十五英尺長的腸道。這些內視鏡通常為末端帶有高清攝影鏡頭的細長且靈活管子。但是它無法顯示整個器官；它們只能看到小腸的一部分，這往往會導致不必要的手術。要想看到任何東西，醫生不得不進行結腸鏡檢查，這是個令人不舒服的手術。在持續長達一小時的檢查過程中，醫生通過肛門泵入空氣使結腸膨脹，以便更好地進行觀察，並且在直腸內插入六英尺長的管子。[2]醫生通常給患者服用鎮靜劑以緩解不適。僅在美國，就有大約有一千九百萬人患有小腸疾病，從乳糜瀉到小腸癌都有。[3]有三百萬人患有胃腸道疾病，嚴重到足以要上醫院治療的程度。在以上三分之一的此類病例中，醫生從未能發現病因。[4]

依丹知道用他的方法能更好地診斷這些疾病。[5]當微型照相機通過人的內臟時，它會拍攝數萬張圖片，從而提供更全面、更完整的腸道視圖。他認為，該膠囊也將使患者在檢查過程中感覺更加舒適。[6]

不盡如人意的是，大多數風險資本公司對此都持懷疑態度；他們擔心產品不可能製造出來。依丹並沒有因此而退縮。他相信他的裝置能拯救數百萬人的生命並且最終會改變世界。只要有資金就能做到。

為了找到資金支持，他轉向了一個不太可能的資金來源。

火箭專家

這一切始於他與鄰居的一次交談，他的鄰居是一位傑出的胃腸病學家，名叫艾坦·斯卡帕（Eitan Scapa）。那是在一九八一年，依坦當時住在波士頓，在一家開發X射線管和超聲波探頭的公司裡工作，其產品用於產生成像能力。斯卡帕也是以色列人，他們成了朋友並經常相互交流與他們自己工作相關的故事。一天，斯卡帕提到了光纖內視鏡的侷限性。科班出身的工程師依丹認為，一定有更好的解決方案。

「如果你是這麼聰明的科學家，為什麼不去找出這個解決方案呢？」斯卡帕說。「只要給我幾天時間就行。」[8]

依丹並沒有什麼計劃，但這個想法始終在他的腦海中揮之不去。他對胃腸病一無所知，因此就先從瞭解內視鏡的歷史開始。內鏡檢查——希臘語「看裡面」是由德國發明家菲利普．博茲尼（Philip Bozzini）在一八〇六年發明的。博茲尼發明了一個剛性管狀裝置，稱為「名光器」（Lichtleiter）或光導儀器，該裝置通過一個如嘴或肛門這樣的開口進入人的身體。[9]從那時起，科學家們對該裝置進行了改進，增加了放大率和更靈活的桿子。但現代內視鏡仍然只能診斷腸道的上部。[10]其他設備則沒有太大幫助。X光沒能給醫生提供有用的圖像，超音波也不行。依丹讀的資料越多，他就越確信他能創造出更好的東西。

依丹當時對小腸瞭解甚少。但是有兩件事他確實非常瞭解：火箭和照相機。在來到波士頓公司工作之前，他曾在以色列的主要國防承包商拉斐爾（Rafael）公司工作。在那裡，他開發了火箭的眼睛，一個幫助它命中目標的攝影鏡頭。此外，他還研發了一種用於空對空導彈的紅外歸航裝置。[11]當他想到內視鏡的時候，便開始想像一個小到足以適合人身內部的導彈傳感器。唯一的問題是：該技術尚不存在。他於是放棄了這個想法。

十年後，一九九一年，依丹到美國拜訪斯卡帕，他再次挑戰依丹去找到一種方法，讓醫生能更好地觀察小腸。[12]但依丹知道其中存在重大障礙。「這仍然是毫無希望，」依丹回憶道。「電池只能持續工作十分鐘，我們需要能夠持續工作十小時的電池。即使有了這樣容量的電池，哪裡會有醫生會願意在病人身邊待上八小時，盯著監視器看著膠囊在移動呢？」[13]

儘管如此，依丹還是再次接受了挑戰。他這時在拉斐爾全職工作，因此他去找他的上級，想讓他們支持他做這個計畫。他們告訴他，他的想法很適合好萊塢電影，而不適用於以色列軍隊。但他們確實允許他使用實驗室。

一九九三年，他進行了一系列重要實驗。他首先製造了一個比一毛錢美金硬幣還小的發射器和照相機，因為技術已經進步了。然後，他把它插入到一隻冷凍雞裡頭。[14]依丹能看到雞的腸道，影片圖像異常清晰。他希望同樣的設備在人體上也能工作。接下來，依丹開始著手解決電池壽命問題。他在美國國家航空航天局（NASA）找到了他要找的東西，該機構成功生產出了極小的電池，可以持續工作至少十小時。[15]

一年後，依丹申請了以色列和美國專利。現在，所有的部件都齊備了，他需要創業。他的第一步是：籌集資金。

不會爆炸的導彈

當依丹在一九九五年去找加夫里埃爾・梅龍（Gavriel Meron）讓其成為他的合夥人時，梅龍當時在應用技術公司（Applitec）擔任首席執行長，這是一家生產內視鏡用照像機的以色列公司。[16]儘管兩人是朋友和同事，梅龍並沒有立即承諾離開他權力至高的位置。他起初試圖說服應用技術公司的領導人來投資依丹的構想。但是，當應用技術公司對此明顯不感興趣時，梅龍知道他必須做出選擇：是留在他舒適的工作崗位上還是賭他的直覺。[17]「這是個有很多技術風險的有趣概念，」[18]梅龍在談論依丹的創業時說。他當時沒想過要轉職。但是這個概念促使他採取行動。於是就開始行動了。

梅龍很快著手做投資計劃。但風險資本和私募股權公司都開始避開他。兩年後，他和依丹接洽了拉斐爾開發公司（RDC），一家由拉斐爾（Rafael）、埃爾容電子工業（Elron Electronic Industries）以及貼現投資公司（Discount Investment Corporation）組建的合資企業。與其他潛在的投資者不同的是，RDC喜歡他們的概念，該集團投資了六十萬美元。依丹和梅龍出讓了他們基文影像公司（Given Imaging）百分之十的股權作為回報。[19]唯一的問題是：依丹和梅龍不知道他們的產品概念能否在人身上起作用。

為了弄清楚這一點，他們接洽了一個由保羅・史允（Paul Swain）率領的英國科學團隊。他有解剖學方面的專長，尤其是小腸。一九九九年秋，他們進行了第一次人體實驗。依丹以前的鄰居斯卡帕負責監督實驗過程，史允吞下了膠囊。[20]他們等待了幾分鐘，然後突然看到一些模糊的圖像。研究人員感到困惑。依丹手持一個天線，接收來自微型照像機的資訊，並將其傳送到一個模糊的螢幕上。他不停地繞著天線移動，但圖像品質沒有得到任何改善。然而，根據膠囊的信號，研究小組發現它已經成功地穿越了小腸。他們很高興，他同意再吞下一顆膠囊。通過調整天線的位置，團隊能夠查看更高品質的圖像，最後看到了小腸。依丹和史允把該實驗比作「吞下一枚不會爆炸的導彈」。[21]

二〇〇一年，依丹和梅龍成功地進行了臨床實驗，證明他們的產品安全有效，歐洲和美國的衛生當局批准該設備進行銷售。同年，基文影像準備在納斯達克股票交易所上市。然後發生了九月十一日世貿中心和五角大樓的恐怖襲擊事件。[22]「我以為IPO已經完了，我們沒有機會了，」依丹說。[23]然而，幾週以後，基文影像成為第一家在該交易所上市的公司。雖然經濟崩潰了，但依丹和他的公司還是設法籌集到六千萬美元資金。依丹說：「在這些悲慘的死亡之後，我最大的希望就是我們的膠囊能夠拯救成千上萬的生命。希望它將是聖經所說的『鑄劍為犁』之股。」[24]

容易吞下

儘管依丹的發明比起傳統內視鏡有明顯優勢，但醫生們最初並不接受這個產品。雖然他們已有的設備不完美，但是能用就行了，並且許多醫療機構不想要花錢購買新技術。一些人也害怕使用這種膠囊，認為它會進入病人身體並且消失，會導致一系列未知的併發症。

最終，他們開始接受這個產品。膠囊內鏡（PillCam）的優越性證據太強了。傳統的內視鏡有可能撕裂胃腸道壁，這可能導致感染並危及生命。根據紐約大學朗格尼醫學中心（Langone Medical Center）胃腸病學主任馬克·頗合頻（Mark Pochapin）的調查，內鏡手術還會漏診多達百分之十的大息肉症狀（其中有些會發展成為癌症）。「結腸鏡檢查是個極好的治療方法並且已顯示出它能拯救生命。」頗合頻說。「但我們希望做得更好。」[25]

他們的確做得更好。依丹的發明讓醫生能夠看到整個小腸並提供詳細的圖像。「在膠囊內鏡發明之前，小腸是個胃腸黑匣子，」馬里蘭大學醫學院膠囊內鏡主任埃里克·哥德伯格（Eric Goldberg）說。[26]對於病人來說，它也比常規內鏡檢查更為舒適。[27]膠囊內鏡屬微創治療手術，且無需恢復時間。膠囊在體內期間，病人可以照常活動，只要不從事任何劇烈活動就行。[28]

膠囊內鏡使用起來也更便宜；與傳統內鏡的八百至四千美元的費用相比，病人使用它的成本約為五百美元。[29]從理論上來說，膠囊也是可重複使用的。「但是，誰會想扒自己的糞便來『挽救』（它）呢？」梅龍說。「它的價格足夠低，我認為沒人會去討那個麻煩。」[30]

事實上，膠囊內鏡的唯一缺點是，它不像傳統內鏡那樣可以去除息肉，而只能識別它們。當醫生發現有問題時，必須再通過單獨治療程序來解決它。在罕見的情況下，也有膠囊內鏡會被卡在腸道裡，需要通過手術把它取出來。[31]

如今，膠囊成像是最常見的內視鏡檢查方式。雖然現在有了競爭者，膠囊內鏡控制著百分之九十的市場。自一九九八年以來，有超過兩百萬名患者曾吞下膠囊裝置，超過七十五個國家的五千多家醫療設施正在使用它。[32]

「我預計大約在五年內，所有的學術醫院都會使用它，然後大多數胃腸道（GI）治療機構也會使用它，」馬薩諸塞州貴族醫院的胃腸病專家艾拉．施梅林（Ira Schmelin）說。「這確實是個能夠發現癌症的救命工具。」[33]

儘管風險資本和私募股權公司早期對他持懷疑態度，但依丹僅憑著相信自己的直覺，已經幫助了全球數百萬人。[34]

第十二章　脊椎上的眼睛

這便醫治你的肚臍，滋潤你的百骨。

——《箴言》3：8

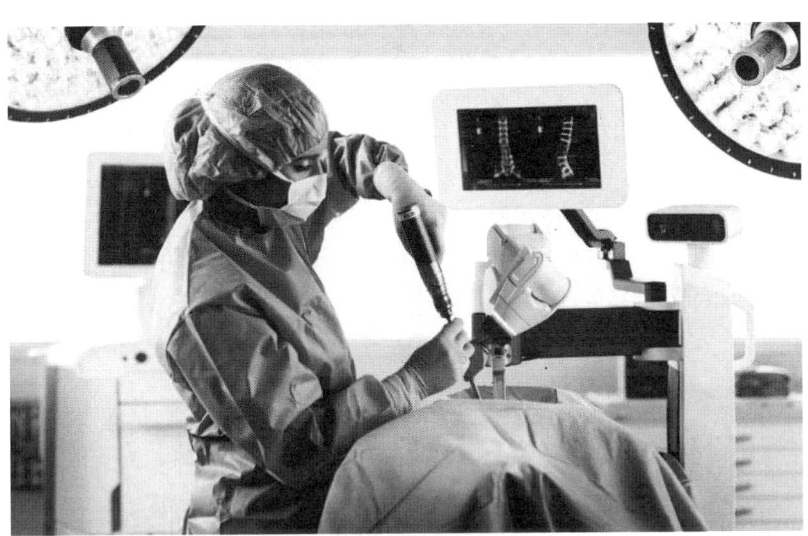

機器人輔助脊椎外科手術（Mazor機器人公司提供）

高風險手術曾是唯一希望

外面漆黑一片，蟋蟀的鳴叫聲伴隨著佛洛伊德・古德洛（Floyd Goodloe）騎馬穿過美國新墨西哥州卡皮坦（Capitan）塵土飛揚的峽谷。那是一九九八年，牛牧場主古德洛正在把他的牛從牧場帶回家。但正當他在岩石路面上疾馳時，有個什麼東西嚇驚了他的馬，馬把他摔到地上，然後又把他踢撞到附近的牆上。這位當時四十歲的牛仔十分震驚，站起身來，卻幾乎不能走動。他不知怎的設法把自己拽回家。

在接下來的幾個月裡，古德洛的狀況沒有多大改善。他耐心地等待著，咬緊牙關每天都在進行理療和脊椎調整，希望他的身體最終能夠康復。但他始終沒能康復。雖然考慮過做背部手術，但風險似乎太高了。在接下來的十五年裡，古德洛的疼痛不斷加劇，最終他無法再舒適地行走或騎馬。麻木在他腿上蔓延，古德洛擔心他再也不能謀生了，最終決定去看醫生並做核磁共振。[1]他的醫生喬治・馬丁（George Martin）診斷他為脊椎滑脫，或者說是脊椎的最後兩節發生了移位。醫生說，他的病情在不做手術的情況下是永遠不會好轉的。

但自從古德洛受傷後，醫療領域發生了很大變化。馬丁建議古德洛考慮接受一種由一家以色列機器人公司發明的新治療措施來減輕他的痛苦。他完全不知道，在世界的另一端，一位名叫摩西・肖海姆（Moshe Shoham）的人發明了一種外科手術技術，依靠人工智能來幫助醫生實施從前無法想像的手術。

傷腦筋的經歷

摩西．肖海姆於一九五二年出生在海法市。[2]在孩童時代，他就痴迷於製造東西，會花幾個小時去組裝模型飛機，並曾經製造一個裝置，可以計算進出房間的人數。當最後一個人離開房間的時候，該設備會感知到缺乏運動並關燈。[3]「我們從小成長的過程中並沒有很多東西，」肖海姆說。「我母親會重複利用家裡的東西來製造我們所有的玩具。我們從中學到經驗是：想辦法拿現有的東西來將就。」[4]

他報名到以色列理工學院上大學，學習機械工程，然後繼續在同一領域攻讀博士學位。[5]當他在學校學習時，還曾在著名的以色列航空工業集團（IAI）工作，這是該國舉足輕重的航空航天工業製造商，他幫助該公司開發導彈技術。[6]一九八六年畢業後，他成為紐約哥倫比亞大學的助理教授，並領導著該校機器人實驗室。四年後，他回到了以色列理工學院，接著在那裡運作該學校的製造系統和機器人中心。[7]到二十世紀九十年代末，機器人工業已經成熟，達到了肖海姆認為可以通過利用人工智慧來改善醫療器械的水準的程度。[8]他開始考察脊椎，因為它在人體力學中起著關鍵作用。他希望最新的機器人技術能夠幫助手術室裡的醫生。二〇〇〇年，他接觸了以色列理工學院的育成中心——其任務是為初創企業提供運營支持、管理培訓和辦公空間並創辦了他的公司。

他瞭解到的第一件事，是脊椎手術對醫生來說是個很傷腦筋的經歷，他們經常要用手工把大螺釘放在椎骨的小槽裡。如果醫生稍微偏離方向，就會有導致病人終身癱瘓的嚴重風險。這些類手術治療往往需要大面積組織解剖，並且可能導致失血和感染。手術越精準，病人迅速恢復健康的機率就越高。肖海姆瞭解到細微神經損傷在脊椎手術中的發生率大約為百分之二到百分之三，他認為這個比例高到了令人無法接受的程度。[9]

當他開始開發機器人原型樣機的時候，肖海姆認為他需要請一個人到公司裡來幫忙管理它。作為一名學者，他不具備這些類型的技能。這位教授於二〇〇〇年十一月在報紙上發了一則廣告。不久，他接到一個電話，是醫學影像公司埃爾森特（Elscint）的首席技術官伊萊・澤哈維（Eli Zehavi）打來的。澤哈維從一位認識肖海姆的朋友那裡聽說過這個位置。[10]「只聽見他的聲音，」肖海姆說，「我就知道這是我想與之共事的人。」[11]這位工程師認為澤哈維擁有把產品原型轉化為應用產品的必要技能。幾天後，肖海姆給了他的新朋友這份工作。「摩西，我來了，」澤哈維告訴他。「我加入公司是為了開發一個工具，來更好地做手術。」[12]

三個火槍手

肖海姆和澤哈維在開始時只是有個概念而已。他們的機器人能夠移動，但它不能輔助任何醫療手術。他們也沒有辦法在不切開人的身體的條件下，看到脊椎內的情況。他們希望一些現成的軟體能有所幫助，但是他們想錯了。

大約十五年前，脊椎外科手術很像是在黑暗中摸索。醫生們即使想瞭解需要做什麼類型手術，都不得不切開脊椎。公司創立後三個月內，肖海姆和澤哈維即得出結論，他們不得不自己開發成像軟體。他們開始開發一種方法，讓醫生可以在手術前做ＣＴ成像，並建立一個脊椎的三維圖形。這使他們能夠高度精確地規劃手術。他們同時也開始開發一種機器人，它樣子看起來像個蘇打水罐，有能力把植入物插入脊椎，而外科醫生則可檢查及核准系統的建議。最後再通過機器人植入適當的外科手術儀器，從而降低了損傷神經和重要器官的危險。

然而，他們需要籌集資金來開發這些技術。肖海姆和澤哈維在二〇〇二年全年，接觸了超過二十五家風險投資基金。這兩位創始人最終從沙洛姆股權基金（Shalom Equity Fund）和強生公司（Johnson & Johnson）獲得了資金，這兩家基金公司都覺得他們兩人需要一個更有經驗的首席執行長。他們最終發現了奧利・哈多米（Ori Hadomi），登埃克斯公司（DenX）的首席財務長和業務發展副總裁，這是一家專門從事圖像引導牙科手術的公司。[13]幾個月後，哈多米加入了他們的團隊。

這是肖海姆和澤哈維做過的最明智的決定之一。

「脊椎」發涼

麥佐（Mazor）團隊把二〇〇三年和二〇〇四的大部分時間都花在創建一個可實際應用的系統上面，它包括機器人算法和動力運動，以及成像系統。

二〇〇四初，麥佐開始分別於以色列沙巴醫療中心（Sheba Medical Center）和美國克利夫蘭診所（Cleveland Clinic）在屍體上測試產品。[14]該團隊著手證明其技術發明可以減少手術室時間、把侵入性手術減少到最低限度、降低感染風險及減少失血、加速術後恢復過程。該系統的目的不是為了取代外科醫生，而是為了幫助他們獲得更好的手術效果。

到二〇〇四年底，麥佐不僅有了一個稱為「脊椎助手」（SpineAssist）的可完全應用的產品，而且從歐洲和美國的衛生當局獲得了銷售許可。[15]「我真的很驚訝，」肖海姆說。「我們在相當早期就拿到了它。」[16]

在麥佐獨特的成像系統中，病人在手術前接受脊椎CT掃描。在手術當天，醫生再給病人脊椎拍攝兩張X光照片，一張從背部拍攝，另一張從側面拍攝。然後，醫學專家採用「脊椎助手」的算法將兩組圖像合併，來創建一個三維藍圖。這使得外科醫生能夠以前所未有的方式準確地看到脊椎。醫生在病人的背部安放「脊椎助手」平臺，這讓醫療團隊能夠在椎骨上鑽出最佳的孔位。該系統直接連接到病人的身體，並指導外科醫生到他們需要實施手術或插入植入物的準確位置。孔可開在所需位置的一毫米範圍內——約為人頭髮直徑的五分之一大小。[17]有了這種精確度，外科醫生可以降低手術期間脊髓和血管損傷的機率。「借助機器人，我們可以做到非常精確，」浸會健康機構（Baptist Health）的神經外科醫生安德魯．坎奈斯綽（Andrew Cannestra）說。他專門從事微創外科手術。「要把螺絲插入骨頭難度很大，因為骨頭上面沒有多少空間……。這種機器人讓我們能把盡可能大的螺絲放進最小的空間裡。」[18]該系統還有額外的好處，就是降低手術過程中病人和手術團隊受輻射的風險。

麥佐稱，使用該機器人，外科醫生突然間能夠做他們以前從來不會嘗試的手術，從脊椎融合到活檢疑似腫瘤都能做到。麥佐斷定，醫療手術條件從此是今非昔比了。唯一的問題是：如何進行市場營銷。

奇蹟般的康復

在麥佐獲得在美國和歐洲所需的必要醫療許可後，哈多米確信他將能夠在美國銷售他的產品，這不會有多大困難。但是他想錯了。「我們真正經歷了成長痛苦，」哈多米回憶道。「儘管在產品發布前我認為我們做對了，可是我們還是花了很多年時間才打開（市場）局面。」[19]

麥佐反而開始在德國受到市場歡迎。起初，「我降低了他們的期望值，」哈多米說。「做完前十台手術之後……你們會恨我們。接下來的二十台手術後，會令你們出汗。你們還需要再做三十到四十台手術，才會有一個可以運用的產品。[20]哈多米和他的團隊知道，他們將需要一路對他們的技術進行糾正和改進，這是任何新醫療設備的標準過程。有四家德國醫院渴望成為這個過程的一部分，因為麥佐給了他們很高折扣。他們也得到了誇耀自己幫助完善該產品的權利。在接下來的幾年裡，麥佐團隊製作了更好的指導手冊，並升級了操作系統，使其變得更快、更符合人因工程學。他們也努力讓機器使用起來更有趣。新麥佐機器人的顏色是氪石綠，工具是彩虹的顏色。哈多米說：人們不喜歡使用不好玩的產品。用戶需要感覺到，從機器人來到達手術室的那一刻起，他們的生活就美好了許多。」[21]

二〇〇七年，該公司實現了兩個主要目標。首先，麥佐在特拉維夫證券交易所公開上市。[22]然後，北美脊椎協會（North American Spine Society）批准了該公司的「脊椎助手」系統。這不僅僅是個重要的批准印章那麼簡單。它還讓醫生每台手術能獲得保險公司報銷兩百三十美元。數額雖小，但麥佐現在進入了該系統。雖然醫院使用該機器人做手術未獲全額報銷，但它確實起到了激勵作用。[23]

到二〇一〇年七月，全世界有二十五家醫院採購了麥佐系統。這也是麥佐決定嘗試打入美國市場的一年。此時，醫院已使用「脊椎助手」做了超過一千四百例脊椎手術。[24]六個月後，病人手術的數量激增。[25]

麥佐繼續在一次一台手術地贏得醫生和病人。在麥佐獲准在美國和歐洲銷售其產品十多年後，世界各地的外科醫生每週正在使用其技術做過百台手術。

接受過麥佐機器人手術的病人當中，沒有人因此致殘或經歷過任何神經損傷。「這是我感到自豪的主要原因，」肖海姆說。「事實上，因為我們的機器人而能夠行走自如的人不在少數，我感到極大的滿足。」[26]

新墨西哥州的牛仔古德洛就是其中之一。「當我在手術後甦醒過來時，我所能想到的，即使在我幾乎不能說話的情況下，是我的腿不再疼了，」他回憶道。「我的康復是個奇蹟。」

兩天後，這位牛仔帶著止痛藥離開了醫院。但他幾乎沒有服用過。「我注意到他個子比原來高了不少，」古德洛的妻子康妮說。「我真是太感動了。這簡直就像祈禱得到了應驗一樣。」[27]

第四部分

小國家，大格局

第十三章　改良OK繃

當一名槍手在我的家鄉亞利桑那州圖森市開火時，是以色列的緊急救助繃帶幫助拯救了我的選民的生命。如今，許多親人和他們的家人們都活蹦亂跳地在一起，這歸功於以色列前軍醫伯納德．巴—納坦了不起的貢獻。

——加布里埃爾．吉福茲（Gabrielle Giffords），私人通信

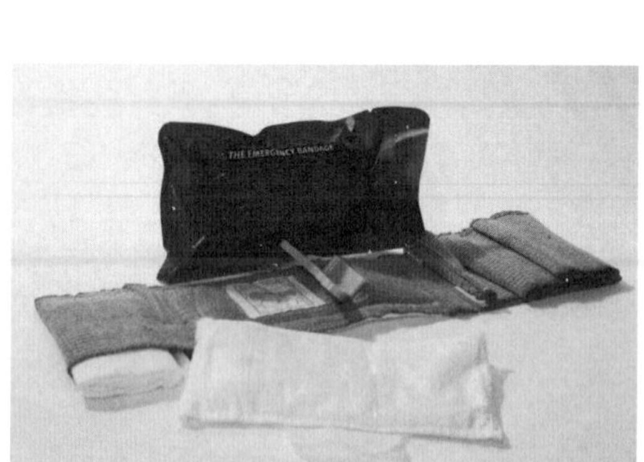

急救繃帶（Persys醫療提供）

情況本來可能會更糟

二〇一一年初一個晴朗、寒冷的早晨，大約三十人聚集在亞利桑那州圖森（Tucson）市一個超市的停車場裡，國會女議員加布里埃爾・吉福茲（Gabrielle Giffords）即將在那裡發表演講。然而，就在剛過上午十點鐘的時候，正當吉福茲對聽眾發表演講之際，二十二歲、患有偏執精神分裂症的賈里德・李—拉夫納（Jared Lee Loughner），拔出了他的格洛克半自動手槍朝吉福茲射擊，子彈擊中略高於她左眼的位置。[1]拉夫納接著又朝著人群開了三十一槍，打死六人，才被幾名旁觀者按倒在地。幾分鐘後，十名皮馬郡（Pima County）警察趕到現場。當他們逮捕拉夫納時，他們看到停車場被鮮血浸透，看上去更像是一場空難，而非犯罪現場。

這場大屠殺的後果本來可能會更糟，是醫療救護人員用來治療受害者的廉價急救包減輕了這一災難。它的一個重要組成部分是一種特殊繃帶，該產品是由數千英里以外一位名叫伯納德・巴—納坦（Bernard Bar-Natan）的以色列軍醫開發的。它被稱為「急救繃帶」（Emergency Bandage），帶有一塊消毒墊片，醫護人員用它包紮在傷口上來止血。它有別於傳統繃帶，內有一個可施加高達三十磅的壓力來止血的手棒，甚至在頭部受傷部位都可以使用。

當醫護人員趕到時，他們趕忙去幫助吉福茲，並立即用急救繃帶給她包紮。[2]急救繃帶不但救了她的命，也救了許多其他人。[3]

這很荒謬

伯納德．巴—納坦是大屠殺倖存者的兒子，於二十世紀六十年代在布魯克林長大，他稱自己的生活與他這一代普通猶太孩子的生活無異。他玩過棍子球遊戲，看過電影，做過模型飛機。[4]隨著年齡增長，他感覺到他祖先故鄉的吸引力，一九七九年，在他大學畢業後不久，他決定移居以色列。

幾年後，他被徵召入伍。在他服役期間，巴—納坦的好朋友們鼓勵他不要去做一些枯燥乏味的工作。因此，在一九八四年春季，當一名以色列國防軍官員來到他的部隊，說他們需要十名無線電人員和二十名醫務人員時，他選擇了後者。幾個月後，他開始在位於以色列中心的本—古里安機場附近的茨利芬（Tzrifin）軍事基地接受訓練。天氣異常炎熱，並且沒有空調，在巴—納坦和他的同學們花了數日在彼此的胳膊上練習包紮止血帶及安全地插入靜脈注射針頭時，每個人都感覺不舒服。他說：「過了一陣子它變得令人生厭。（但）它比起……在黎巴嫩作戰要好受些。」[5]

繃帶是巴—納坦使用的第一批物品之一，當他發現以色列國防軍發出的那些東西是早在一九四二年製造的時候，嚇了一跳。這些繃帶清一色地都是在中間有一塊保護墊，兩側各有一條紗布繩。它們自二戰時期以來就沒有改變過。「他們給我的槍不是來自一九四二年的呀，」巴—納坦心想，「那為什麼繃帶和那時候用的是一樣的呢？」[6]

這需要改進，其它的東西也是如此。當巴—納坦的教員們告訴他消毒和衛生的重要性時，他們建議他從地上撿個石塊綁在傷口上部來增加壓力，這位美國人聽後感到震驚。他想：「我在哪裡消毒啊？這很荒謬嘛。」[7]

巴—納坦意識到一定得有更好的方式。他於二十世紀八十年代服完兵役後，開始致力於自己設計繃帶。他一邊轉換著工作崗位，一邊繼續思考著它、擺弄它、修改它，嘗試採用不同的面料和編織方法。「它可以在廚房的桌子上放兩個月，」巴—納坦說。「我不會去碰它，但它同時也不會放過我，它就一直在那裡。」最終，他去了耶路撒冷喬治王街（King George Street）的一家裁縫店見了那裡的裁縫師。[8]在那位裁縫的幫助下，巴—納坦開始思考如何在不使用石頭的情況下，自動將壓力施加到傷口上。他想出了一個新點子：採用一根條棒，讓用戶把繃帶纏繞在傷口上，然後改變它的方向來製造壓力——用一隻手就能做到。[9]

到了二十世紀九十年代初，巴—納坦有了一個產品原型，但他缺乏一個商業計劃或大規模生產產品的途徑。[10]為了獲得這兩個條件，他向以色列政府求助。一九九三年，他在耶路撒冷的哈霍茲威姆（Har Hotzvim）技術育成中心中獲得了一個位置。[11]以色列政府提供的撥款覆蓋了育成對象百分之八十的開支，從分包商到律師費用都包括在內。[12]到他在育成中心的兩年時間結束時，巴—納坦已經提出了他的第一個專利申請，建立起業務，並且吸引到一些外部投資者。然後，他求助於一個人們意想不到的群體來幫助他製造綳帶：以色列北部的貝多因人（Bedouins）。[13]

在同一口鍋裡吃飯

艾哈邁德．黑布（Ahmed Heib）在一九九六年第一次遇到巴—納坦，當時他到霍什匹那機場（Rosh Pina Airport）去接他，這是加利利海以北的一個狹小地帶。他們是通過服飾行業的一位熟人介紹認識的，介紹人認為這二人可以互相幫助：巴—納坦需要大量生產他的綳帶，黑布擁有一家工廠。

他們初次見面時很尷尬。表面上看，這兩個人幾乎沒有共同點：巴—納坦是個來自布魯克林的大都市猶太人，而黑布則是個在以犯罪和幫派而惡名昭彰的落後地區長大的穆斯林。「他不知道這個艾哈邁德是誰，」黑布說。「說真的……他害怕。但他只花了幾天時間，就瞭解他要合作的對方是個什麼樣的人。」[14]巴—納坦贊同黑布的看法：「我以為裁縫就只有叫寇恩（Cohen）先生的呢。」他開玩笑說。[15]

憑藉他的低成本商業模式和深厚的裁縫知識，黑布成了巴—納坦的完美搭檔。他起初和巴—納坦在自己位於圖巴—贊加里亞（Tuba-Zangariyya）的房屋一樓的小工廠裡合作，這是個約旦河附近大約有六千名居民的小鎮，以穆斯林貝多因人為主。

巴—納坦和黑布一起工作得越久，他們的友誼也就越隨之加深——尤其是在黑布的兩個孩子在出生時夭折以後。「他是個好兄弟，」黑布這樣評價巴—納坦。「他在這裡，他妻子吉拉（Gila）也在。他們與我們同甘苦共患難。他們參加了我們三個女兒的婚禮。」[16]巴—納坦也有同樣的感覺。「我們在同一口鍋裡吃飯，」他說。「如果我不做好我的工作，他就不會有工作。如果他不做好他的工作，我也不會有可銷售的產品。」[17]

巴—納坦公司的總裁霍伊．馬代（Roee Madai）是葉門猶太人的後裔，他與黑布也有著同樣良好的關係。他說：「今天上午，我花了大概半小時和他通電話，也許明天我會在齋月結束之後和他一起吃晚飯，我喜歡這傢伙。我對他有信心。我信賴他。他清楚他的生意依賴於我，我也知道我的生意依賴於他。我們彼此扶持、我們互相保護。如果他碰上問題，我會解決的。如果我需要他幫助，他也會這樣做。」[18]巴—納坦公司的成長了，黑布的業務也上升了。他把工廠擴建到三層，每年能生產幾百萬條繃帶。他所有五十名員工都是女性。黑布說：「我知道如果我沒有這家工廠，這些女人就不會有工作。他們的孩子也就不會有太好的生活。」[19]

在他的工廠裡負責品質控制的德魯茲（Druze）婦女阿里伊．卡碧茜（Arij Kabishi）同意他的看法。「感覺我親身參與了它的創造，」她說，「以及（參與了）拯救生命。」[20]

救人一命者如同拯救了全世界

該公司規模起初非常小，他們感覺好像自己沒有產生太大的影響。但自從二十世紀九十年代末開始，巴—納坦開始到世界各地參加醫療展覽。在那裡，他會見了來自北約、美國和以色列等國的軍購代表。巴—納坦有一個理論，那就是如果軍方——任何軍隊一旦購買了他的繃帶，他們就將會大量採購，這最終也將幫助該公司進入民用市場。為了證明他的繃帶管用，他開始免費送產品給人試用。

起初，似乎很少有人感興趣。但巴—納坦的堅持最終得到了回報。馬代表示：「軍隊更關心的是獲得優質佳品。除非發生了特別壞的事情，否則他們傾向於不去改變它。」一九九八年，一位歐洲的醫療設備分銷商把他們的繃帶銷售給在波斯尼亞執行任務的比利時和法國北約部隊。[21]「繃帶表現良好，他們很高興，」巴—納坦說。[22]不久以後，其銷售優勢變得不言而喻：普通繃帶的價格約為六．五美元；急救繃帶便宜兩美元，而且效果更好。很快，銷售額開始逐漸上升。在巴—納坦把產品提供給正在部署到伊拉克和阿富汗的美國陸軍第七十五騎兵團和第一〇一空降師後，消息傳開，海軍海豹突擊隊、中央情報局和聯邦調查局也紛紛開始購買他的繃帶。[23]巴—納坦產品的市場逐年增長。如今，澳大利亞軍方、新西蘭軍方和大多數北約部隊都採用了它。它也是美軍、以色列國防軍和英國軍隊的標準供應品。[24]

最終，巴—納坦的理論被證明是正確的，更多的民間機構購買了他的產品。這就是吉福茲議員以及在亞利桑那州那個悲劇發生之日，受急救醫生救治的傷者得以保命的原因。

「我經常想起那句（塔木德）格言，『救人一命者，拯救了整個世界，』」巴—納坦說。[25]「我的日子將會到來。如果你相信天庭的存在，我希望當我到達那裡時，他們會說，『你就是那個做繃帶的人嗎？你可以進來。』」[26]

第十四章　包皮變寶

你們所有的男子，都要受割禮，這就是我與你並你的後裔所立的契約，是你們所當遵守的。

——《創世紀》17：10

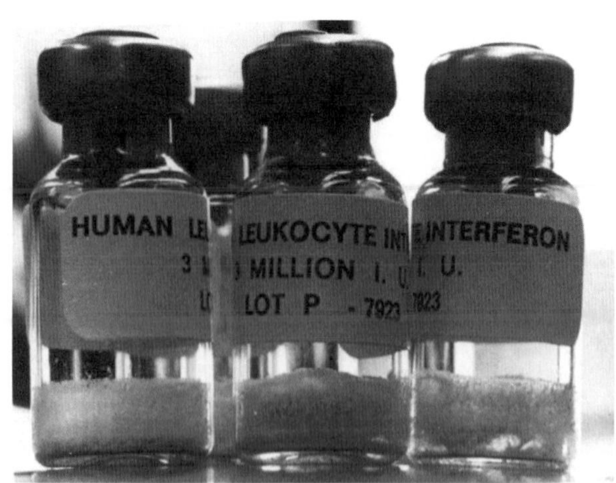

裝著干擾素的小瓶（美國國立衛生研究院提供）

一個古老契約

拉比遲到了十五分鐘，剛好有足夠的時間讓我的恐懼感上升。他會做得很好嗎？我在想。它會有多痛？

八天前，我妻子生下了我們的第一個孩子，一個男孩。現在，他不僅會接受他的「貝切米拉」（brit milah），「割禮的盟約」，而且還有他的名字。

那是二〇一一年二月初，我站在客廳裡，汗水濕透了我的白色帶紐扣的襯衫。屋子裡又熱又吵，幾十位朋友和親戚在一起邊聊天邊嚼著胡蘿蔔條和巧克力曲奇餅。但是當我岳父岳母把孩子帶到樓下時，大家都安靜了下來。我看到我兒子——他的小手，他的長睫毛，他黑亮而又炯炯有神的眼睛，我突然感到無法呼吸。

拉比對著客人們微笑，並宣布他準備開始儀式，我的民族幾千年來一直在進行同樣的儀式。我坐在他旁邊，靠著房間前端。我主動在兒子經歷這個儀式時抱著他。如果他將要經歷這一切，我也要。

一個接著一個地，我的朋友和親戚從房間的後面把我兒子往前傳遞。他越接近，我就越感到緊張。當他來到我的膝上，拉比看著我，問我是否要親自執行割禮。客人們都笑了，我向他保證，他做這件事的能力遠勝於我。

我深深地吸了一口氣，抓住兒子胖乎乎的小腿，拉比幫助取下了他的尿布。當拉比開始使用包皮環切鉗和「伊茲梅爾」（izmel，手術刀），一種特別設計的雙面都可切割的刀具時，我盯著他的手。不久，他開始分離嬰兒的包皮。我朝著我妻子瞥了一眼，她站在附近看起來像是要哭並且要嘔吐。我也有同感，但我知道我必須集中注意力。注意力要集中在拉比以及我兒子身上，確保我在他們倆身邊支持他們。

拉比揮動他的手腕，我看見血流出來，並聽到嬰兒的尖叫聲。我也想尖叫，但我反而靠近拉比的耳朵低聲告訴了他我兒子的名字：艾登．科比特．尤利詩（Eiden Corbett Jorisch）。

他大聲把名字說了出來，房間裡爆發出一陣慶祝的掌聲。聚會繼續進行著，我妻子和岳母把孩子帶到一個安靜的房間裡去了。拉比收集好他的東西，與客人聊了幾分鐘，然後悄然溜了出去。

我從沒想過要問他是怎們處理那些包皮的。我從來沒有想過要打聽有關米歇爾．列維爾（Michel Revel），這位帶頭抗擊多發性硬化症（MS）的革命性科學家的事情。

免疫系統的保羅．瑞維爾（Paul Revere）

列維爾一九三八年出生於德國的斯特拉斯堡（Strasbourg），他講述自己最早的記憶之一，是與他的父母一起逃離這座城市。一九四〇年六月，納粹入侵了阿爾薩斯—洛林

（Alsace-Lorraine），這是中歐的一個肥沃地區，法國和德國為爭奪它已經衝突了幾百年。為了躲避德國的死亡集中營，列維爾的父親在法國阿爾卑斯山的幾個小村莊裡行醫，當地人把他藏了起來，不讓納粹發現他。他也加入了地下抵抗運動，並領導了《兒童救護學會》（Oeuvre de Secours aux Enfants）的一個分支機構，在大屠殺期間拯救了數千名猶太兒童。[1]

戰後，列維爾繼續留在法國。米歇爾從小長大的過程中，與他舅舅安德烈內爾（André Neher）的關係日漸密切，他舅舅是斯特拉斯堡大學（University of Strasbourg）的一位著名教授和哲學家。「他對我影響很大，」列維爾回憶道。「他是激勵我的源泉，因為他對猶太教持人道主義觀點。」[2]一九六三年，這位年輕學生從他舅舅所在的大學獲得了醫學學位和生物化學博士學位。[3]他獲得了行醫執照，但決定專注於研究。「我學醫主要是因為我父親，但我發現我沒有在床邊照料人的習慣，」他說。「這種與病人護理有關的工作，真的是不適合我的工作類型。」[4]

在法國完成他的研究生學業後，他到了波士頓，在哈佛醫學院（Harvard Medical School）和貝絲以色列醫院（Beth Israel Hospital）做了為期一年的博士後研究，然後返回法國。但是在以色列和它的鄰居之間的一九六七戰爭之後，列維爾和他出生斯特拉斯堡的妻子克萊爾決定做「阿麗亞」（make aliyah，去以色列）。列維爾說：「六日戰爭幾乎摧毀了以色列，震驚了我們（這些）在後大屠殺時期受教育的人。」[5]

一九六八年，他成為魏茨曼研究院（Weizmann Institute）分子遺傳學系的教授。不久，他就迷上了干擾素，一種作為預警系統釋放出來的蛋白質細胞，作用是提醒身體即將發作的病毒和其它能引起疾病的微生物。可以把它視為免疫系統的保羅・瑞維爾（Paul Revere）。干擾素作為信使，提醒免疫系統，讓它知道應該要產生更多的蛋白質來對抗病毒。細胞作出反應，抵抗病毒入侵。當身體成功阻擋攻擊之後，它的細胞就會停止產生干擾素。在二十世紀五十年代末，倫敦國家醫學研究所的兩位研究人員發現了這種非同凡響的蛋白質。它因為能夠干擾病毒在宿主細胞內繁殖的能力而得名。他們發現，人體會產生三種干擾素——阿爾法（α）、貝塔（β）和伽瑪（γ）。每種都是由不同種類的細胞產生的，每一種都能有效抵禦不同種類型的病毒感染。

然而，干擾素在很大程度上仍然是個謎，因為人體產生的干擾素數量極少，研究人員根本沒有足夠的量來進行大量臨床試驗。

當列維爾研究這種神奇的蛋白質時，他推測它能夠幫助對抗世界上一些最折磨人的疾病。

盧巴維特奇拉比當救兵

要研究干擾素，列維爾和他的研究員們就需要有大量干擾素。「那時候，你無法直接去採購蛋白質，」列維爾說。「你得自己動手去製取。」[6]在二十世紀七十年代末，一公升人類干擾素的估值為十億美元，因為分離它的過程極為複雜且成本昂貴。[7]人體內有較高干擾素含量的少數部位之一是嬰兒的包皮。鑒於每年在以色列舉行的包皮環切割禮的數量大，列維爾的團隊成員認為他們能夠相對容易地獲得必要的數量。

可是他們想錯了。他們接觸了一些「莫哈利姆」（mohalim），即受過實施割禮訓練的猶太人，請求他們提供包皮。但是這些人都拒絕了，因為他們在傳統上的做法都是在割禮儀式後把包皮埋起來。

所幸的是，列維爾手下的一名年輕研究員達麗婭·古爾阿里—羅斯曼（Dahlia Gur-Ari Rothman）與二十世紀最偉大的拉比之一梅納赫姆·孟德爾·什尼爾森（Menachem Mendel Schneerson）之間有親緣關係。什尼爾森是加巴德—盧巴維特奇（Chabad Lubavitch）的首領，一個哈西德派運動（Hasidic movement）組織，在世界各地都有猶太教會堂。二十世紀七十年代末，她前往這位拉比在布魯克林的家，向他介紹了列維爾的研究。[8]他很快就同意了。「盧巴維特奇拉比（Lubavitcher Rebbe）真的給了他的祝福……列維爾說。『莫哈利姆』們同意不扔掉包皮，而是把它放在培養皿裡。」[9]

不久以後，六位以色列的「莫哈利姆」向列維爾和羅斯曼提供了二十片包皮。「她（羅斯曼）將把它帶回實驗室……並測量它們能產生多少干擾素，」列維爾回憶道。[10]「我們不得不做很多嘗試。有些包皮的干擾素含量高，有些低。」[11]

列維爾和他的團隊最終獲得了足夠原料，生產出了足夠數量的貝塔（β）干擾素供科學研究之用。[12]然而，其中大部分來自一個來源：十五號包皮。

儘管列維爾在當時並不知道，一小片皮膚將要在與致命的疾病作鬥爭中發揮重要作用。

帶著中國倉鼠卵飛行

到了二十世紀七十年代末，列維爾——以及世界各地的其他人越來越相信干擾素可以在抗擊致命疾病方面發揮重要作用。有人認為它將是治癒癌症的靈丹妙藥。也有人認為它將用於治療皰疹及喉部疣樣增生等疾病。[13]

但是為了測試這些理論，列維爾需要保護他的知識產權，並找到一家製藥公司來幫助他大量生產干擾素。[14]他唯一的條件是：藥廠要開設在以色列。

列維爾聯繫了歐洲和美國的三家公司：賽特斯（Cetus）、赫美羅（Roussel）、和麥力艾克斯（Meriex）。起初，似乎沒有人感興趣；他們覺得以色列離得太遠了。[15]但是在一九七九年，列維爾聯繫了一家名叫雪蘭諾（Serono）的小型瑞士製藥公司。[16]它的首席執行長法比奧·拜塔勒利（Fabio Bertarelli）對列維爾的研究及其改變醫療領域的潛力感興趣。在他們第一次談話中，他同意在以色列建設一家藥廠（拜塔勒利當時已經參與到了以色列製藥市場）。

同年，魏茨曼和雪蘭諾啟動了一個聯合計畫，該工廠開始從包皮中提取干擾素。[17]然而，他們很快意識到這種方法太繁瑣且成本高。列維爾和他的團隊決定尋找一種更有效的方法來生產干擾素。經過大量實驗，他們發現了他們要找的東西：貝塔（β）干擾素基因。[18]一旦找到了它，他們還需要一個宿主來大量繁殖它。

他們在一個不尋常的地方發現了它。一九七五年，當列維爾在耶魯大學度學術假的時候，他得知中國倉鼠的卵巢可以在不改變其結構的情況下，容納和繁殖異體細胞。他興高采烈地提出了要求並得到耶魯大學的許可，從實驗室裡拿出一組中國倉鼠卵巢細胞，並將它們從美國帶回去。他把它們裝進一個裝有液化空氣的特殊容器裡，然後把這些細胞放在他的隨身行李裡，以便搭乘飛機返回以色列。[19]但是當他在蘇黎世停留期間，海關官員搜查了他的包，迫使他讓容器通過X光機。

他同意了，然後緊張地看著真空密封罐沿著輸送帶移動。列維爾突然看見煙和蒸氣從機器上冒出來。安全官們擔心列維爾帶的是個爆炸裝置。而這位以色列科學家擔心的是他的寶貴細胞發生了什麼事。保安人員惱怒地問他罐子裡裝著些什麼。當他向他們說明了自己的身份以及他在研究什麼時，他們鬆了一口氣。然而，在放他走之前，他們問他這些細胞是否值錢。

不值錢，他笑著說。[20]

奴隸監工

一九八〇年，列維爾開始用他利用中國倉鼠卵巢成功產生出來的干擾素進行試驗。這是人類首次用哺乳動物細胞生產人類蛋白質。而列維爾的貝塔（β）干擾素與人體內的天然蛋白質是相同的。[21]他說：「這項技術目前在世界範圍內被廣泛用於生物製藥。」[22]這也是現今生產貝塔（β）干擾素的主要方法。

同年，列維爾成功地吸引了紐澤西州羅氏研究所（Roche Institute）的一位名叫梅納赫姆．魯賓斯坦（Menachem Rubinstein）的年輕科學家加入他在魏茨曼的研究部門。魯賓斯坦成為列維爾成功的關鍵。魯賓斯坦發明了一種純化干擾素的獨特方法。但是加入列維爾部門的決定實在不易。原因是列維爾的同事們都認為他要求苛刻。「對於我來說這並不重要，因為我是獨立運作的，」魯賓斯坦回憶道。「但是（對於）與他共事的人來說，他就是個『奴隸監工』。」

魯賓斯坦花了一年時間來完善一種特殊的方法，使他能夠將干擾素中的各種蛋白質和糖分離開來。他說：「要獲得美國食品藥物管理局（FDA）要求的那種可注射到病人體內的純度，是個要求極高的過程……」[23]列維爾和他的團隊稱這種合成干擾素為「貝塔-1a」，雪蘭諾給它的商業名稱為「利比扶」（Rebif）。

隨著干擾素β的純化方法確立，列維爾和他的公司把他們的科研運作計畫移交給了雪蘭諾。該公司開始大量生產這種新藥，開始進行臨床試驗，以確定什麼樣的疾病對該藥品的反應最佳。

一九八二年，雪蘭諾的和列維爾的團隊碰上了好運氣。在得到美國食品藥物管理局批准之前，羅斯威爾公園紀念研究所（Roswell Park Memorial Institute）的勞倫斯·雅各布斯（Lawrence Jacobs）發表了一篇關於他對十名病人實施的β干擾素試驗的論文，所用干擾素是他自己獨立生產的。「今天沒有人敢（進行這種類型的研究），」魯賓斯坦說，因為這不符合美國聯邦科學安全標準。

雅各布斯證明了自我注射過干擾素的病人，減緩了由多發性硬化症引起的身體健康惡化。[24]「基於這個研究成果的發表，」魯賓斯坦說，「公司（雪蘭諾）開始了生產。」

列維爾和他的團隊成員們都知道，干擾素β能夠強化免疫系統。現在，他們希望它或許能夠阻止導致多發性硬化症（ＭＳ）的自體免疫攻擊。列維爾說服了雪蘭諾進行臨床試驗。他想檢驗他的理論。

經過幾十年的研究，他改變世界的機會終於到來了。

後果將伴隨終身

在自體免疫性疾病患者中，免疫系統會超時工作，同時攻擊入侵病毒和身體。拿多發性硬化症來說，大腦和脊髓的細胞都會受到影響，因為神經的保護鞘逐漸毀壞。病人的病情逐步惡化。那些患有這種可怕疾病的人，全世界大約有兩百五十萬人，逐漸經歷極度疲勞、口齒不清、身體機能難以控制、思維和說話困難，以及極端情況下完全癱瘓。[25]列維爾希望消除或者至少抑制這種病情緩慢惡化的現象。從二十世紀八十年代初到九十年代中期，雪蘭諾試圖證明列維爾的理論，即「利比扶」（Rebif）對那些多發性硬化症患者能有幫助。

雪蘭諾投入巨額資源建造了一座既先進又有能力生產可治療數十萬人的藥品量的工廠。一旦他們具備了生產藥物的能力，該公司就開始進行臨床試驗，以證明它是安全有效的。雪蘭諾科學地證明了藥物「利比扶」能夠降低多發性硬化症的發作頻率，並延緩了身體殘障。[26]根據魯賓斯坦介紹，這項工作耗時大約十五年，耗資超過二十億美元。[27]

病人越早被診斷出多發性硬化症並開始服用適當的藥物，就越有機會減緩其發展。患者採用預裝電子注射器每周注射「利比扶」三次。臨床試驗表明，接受這種藥物治療可以減少多發性硬化症發作率超過百分之五十。

一九九八年，歐洲衛生當局下發了該藥物的分銷許可。幾年後，美國、加拿大和其他九十個國家也准許該藥物銷售。[28]如今，「利比扶」是世界上最受歡迎的多發性硬化症治療藥物之一，其年銷售額超過二十五億美元。[29]大約六十萬人使用過「利比扶」及採用其專利的相關藥物。[30]「最令我感動的是病人推薦詞，」默克集團（Merck Group）研究與開發前執行副總裁伯恩哈德・科斯巴姆（Bernhard Kirschbaum）說。「『利比扶』為改善數十萬多發性硬化症患者的生活做出了非常重要的貢獻。」[31]另一種受歡迎的多發性硬化症治療藥物是「醋酸格拉替雷」（Copaxone），它也是由魏茨曼研究所的洛斯・阿儂（Ruth Arnon）和邁克爾・瑟拉（Michael Sela）開發的。「醋酸格拉替雷」和「利比扶」一起治療了世界上許多多發性硬化症患者。[32]

和大多數藥物一樣，「利比扶」並不完美。有包括類似流感樣症狀在內的副作用，[33]干擾素β也不是對每個多發性硬化症患者都有效，科學家也不認為它能治癒該病症。德國漢堡的一位頂尖神經學家沃爾夫岡・埃利亞斯（Wolfgang Elias）說：「我的病人的病情復發次數減少了百分之五十，這意味著他們無法工作的天數減少了，神經退化降低了。我認為多發性硬化症的陰魂，在這些可能性中變得不再恐怖。」[34]

如今，列維爾年已近八十歲，被認為是「科學界的一位活生生的巨人，」哈達沙醫學中心（Hadassah Medical Center）神經病學部主任塔米爾・本—呼爾（Tamir Ben-Hur）說。「他通過研究干擾素蛋白的工作改變了醫生治療多發性硬化症的方法，從而改變了歷史進程。」[35]但他的研究還沒有結束。從他開始尋找一種讓世界變得更美好的途徑後，雖歷時數十載，他仍未放棄。

儘管他取得了成功，但他仍在嘗試發現新的藥物化合物，以幫助抗擊多發性硬化症及其他破壞性的神經系統疾病。

當我兒子長大成人的時候，我希望這能夠成為現實。果真能夠如願以償，我們都要感謝像列維爾這樣的人。

第十五章　崇高的使命

凡活著的動物，都可以作你們的食物，這一切我都賜給你們如同蔬菜一樣。

——《創世紀》9：3

大麻葉（洛德・范德費爾德（Lode Van de Velde））

那是什麼氣味？

一九六三年一個普通的早晨，拉斐爾．梅舒朗（Raphael Mechoulam）走出了特拉維夫的國家警察局，他的包裡藏著十一磅黎巴嫩大麻。[1]在沒有車可開的情況下，回到他的家鄉的最快方式是乘坐公共汽車。於是，他上了一輛公共汽車，在接下來的一個小時左右的時間裡，隨著汽車在路上隆隆地行駛著，他緊緊地抱住他的包裹。[2]一些乘客盯著他看。有些人嗅著空氣或者問：「這是什麼味道？」最後，當公共汽車到達雷霍沃特（Rehovot），特拉維夫郊區一個塵土飛揚的小鎮時，他拖著包裹下了車。到了他送貨的時間了。[3]

梅舒朗不是毒販或臥底警察，他是一名科學家。警察給他的大麻在擴大我們對大麻的理解方式發揮了重要作用。大約在五十年前，梅舒朗是第一個分離、分析和合成大麻中的主要精神活性成分四氫大麻酚（THC）的人。如今，大約有一億四千七百萬人在使用這種藥物來減輕與癌症、愛滋病和多發性硬化症及其它病症相關的疼痛。[4]專家們認為這些數字在未來幾年內將會呈指數級增長，而梅舒朗現在被廣泛認為是醫療大麻的教父，他所在領域的大祭司。

梅舒朗成為一名頂尖大麻科學家及被許多人（包括美國國家藥物濫用研究所所長諾拉．沃爾考（Nora Volkow）在內）稱為「大麻及內源性大麻素研究之父」的人生之旅本是不太可能的事情。[5]他於一九三〇年出在保加利亞的一個地位顯赫的猶太家庭，長大成人之際適逢希特勒政權在接管歐洲及滅絕猶太人的時代。二戰爆發時，保加利亞通過了反猶法，梅舒朗的家人被迫逃亡。他們移居到巴爾幹半島，從一個村子流浪到另一個村莊，以躲避迫在眉睫的威脅。

戰後，一九四四年，共產主義政府執掌保加利亞政權，年輕的梅舒朗開始學習化學工程。然而在那些日子裡，他的家人覺得這個國家對猶太人來說仍然不安全，因此他們於一九四九年逃到了以色列。當了一段短暫時間的土地測量師工作之後，梅舒朗應召參加以色列軍隊，加入了一個研究部隊，並主要從事殺蟲劑研究。他正是在軍隊裡找到了他的使命。他說：「我發現研究工作的獨立性是一種我不想被治癒的癮。」[6]

一九五六年，三年兵役期滿之後，梅舒朗開始在著名的魏茨曼科學研究院攻讀化學博士學位，該研究院是高居世界排名榜的研究機構之一。[7]

四年後，魏茨曼研究所任命他為化學系初級教師。當他開始尋找研究計劃時，這位年輕教授驚訝地發現，科學家們尚未發現大麻中的精神活性物質和非精神活性成分。

一百五十年前，人們從鴉片中分離出嗎啡，約五十年前從可可葉中分離出可卡因。但是就大麻來說，科學家們對它幾乎一無所知。[8]

究其原因各不相同。在大多數大學裡，研究人員不能不遵守安全規定，製藥公司也不希望背負上試圖從大麻中獲利的壞名聲。[9]純化學形式的大麻活性部分也不存在。粗植物提取物是很複雜的混合物，因此該研究很難進行重複和解釋。而鴉片和可可很容易蒸餾。

但是，梅舒朗下定決心。在從警察那裡獲得大麻後，他開始對其進行廣泛測試。

一九六三年，他取得了突破性進展：他發現大麻中活性化合物的準確化學結構。其中之一是大麻二酚（CBD），[10]它不會令人產生「幻覺」，[11]但梅舒朗測定它能降低易患糖尿病的老鼠的血糖水準，且能緩解心臟供血不足的症狀。[12]如今，每天經歷數次癲癇發作的癲癇患兒可接受大麻二醇治療，醫生開出高劑量的這種化學物質來治療精神分裂症。[13]

梅舒朗並未就此止步。一九六三年，這位教授開始找同事幫助他辨認大麻的其他活性成分。他說服了兩個人來幫助他：有機化學專家耶以埃爾・高沃尼（Yehiel Gaoni），以及以色列政府國防研究院生物研究所的藥理學主任哈比布・埃德里（Habib Edery）。[14]經過廣泛測試，三位教授用他們的大麻來鑒別出四氫大麻醇（THC）為大麻的活性成分。這種化合物是就是令人產生幻覺（high）從而導致該藥物大受歡迎的物質。他們使用色譜分離法，即一種用於分離各種化合物的科學方法，成功合成了四氫大麻醇，這一飛躍讓科學家們能夠更好地研究大麻。[15]

同年，他們在猴子身上對該物質進行了測試。埃德里通過他的實驗室接觸到猴子。科學家們認為獼猴是好鬥的動物。但是當梅舒朗的團隊給它們注射了四氫大麻醇時，它們變得平靜下來。[16]

接著，他們轉向人類試驗。在猴子試驗後不久，梅舒朗邀請了十人到他在耶路撒冷的家裡參加一個小型聚會。[17]他妻子達莉亞（Dahlia）準備了一個「非常美味的蛋糕」，並且在每塊蛋糕上添加了四氫大麻醇。[18]「那個，」希伯來大學口腔病理學教授伊泰．巴布（Itai Bab）回憶說，「才是名副其實的四氫大麻醇試驗。」

在初次試驗中，包括梅舒朗的妻子在內的五人食用了含有四氫大麻醇的糕點。另外五人吃的烘焙食品則沒有添加四氫大麻醇。梅舒朗說，他自己沒有參加試驗，也從未嘗試過這種藥物。[19]「我們當中沒有人曾經使用過大麻，」他說。「可每個人受到影響的方式都不相同。她（梅舒朗的妻子）做了一些夢，從那以後她就沒再碰過大麻。另外有個人沒有興奮感，但他會不停地說話……還有個人出現焦慮發作。」[20]有些人感覺奇怪，就像在一個不同的世界裡，而有些人只是想放鬆，或情不自禁地傻笑。[21]

換言之，他們發現，大麻的效力有史以來是一模一樣的。

煙（天）啊！

在梅舒朗的人類試驗之後不久，這位以色列科學家向美國國立衛生研究院（NIH）申請一筆撥款。他得到了不是很受歡迎的回覆。「大麻對我們來說並不重要，」他回憶該研究院的一位官員對他這樣說。「等你有合適的東西時再打電話給我們吧……大麻不是美國人關心的問題。」[22]

「他們所知真少啊！」[23]梅舒朗記得自己當時這樣想。那時候，沒有一家美國實驗室在研究大麻。但是在一年後，美國國立衛生研究院決定資助梅舒朗的研究。這位教授很快就發現了背後的原因。美國國家心理健康研究所藥理學負責人丹・埃夫朗（Dan Efron）到梅舒朗在耶路撒冷實驗室來見他。「發生了什麼事嗎，你們怎麼突然有這麼大的興趣？」梅舒朗問道。[24]「有個重要人物的兒子，一名參議員或（類似這樣身份的）什麼人，打電話到美國國立衛生研究院問，『你們瞭解大麻嗎？』他的兒子被發現吸食大麻，他想知道他的大腦是否受損。」[25]

值得慶幸的是，有人還記得一位以色列教授曾經提出撥款申請來研究該植物。梅舒朗剛剛首次分離出四氫大麻醇（THC），並發現了它的結構。埃夫朗承諾為進一步的研究提供資金支持，而作為回報，梅舒朗把全世界僅有的約十克四氫大麻醇送給了美國國立衛生研究院。美國國立衛生研究院用梅舒朗的四氫大麻醇樣品在美國進行了許多原始試驗。

作為回報，「他們非常客氣，我得到了一筆撥款，從那以後我一直都得到經費。」[26]

從那時起，梅舒朗想要多少大麻，美國國立衛生研究院和以色列當局就免費給他多少。[27]穩定的供應幫助他創造了一個新的科學領域，對治療疼痛、食慾不振、噁心、和其它醫學病症的影響意義深遠。美國國家藥物濫用研究所所長諾拉・沃爾考（Nora Volkow）博士說：（拉斐爾）梅舒朗與許多美國和國際科學家合作。他所做的工作激勵著許多年輕以及不太年輕的科學家們。」[28]

人體內在的興奮源

人類使用大麻的歷史已經有幾千年了。[29]但是直到二十世紀八十年代，沒有人知道為什麼大麻能給人類帶來快感和減輕痛苦。第一個使用大麻的物理證據，是在位於耶路撒冷城外約二十英里的一座西元四世紀時期的家族古墓中發現的。以色列考古學家於一九八九年在現代的伯示麥（Beit Shemesh）城附近發現了該墓。墓中一個十四歲的女孩與一個完全發育到四十周的胎兒遺骸埋葬在一起，乾燥的土壤令屍骨保存完好。以色列科學家分析了屍骨，發現了大麻的證據。他們的結論是，女孩在分娩期間吸食了大麻以減輕疼痛。[30]

當這個女人的遺體被發現時，一位美國的科學家艾琳・豪利特（Allyn Howlett）發現了內源性大麻素系統（endocannabinoid system），這是大腦中讓人類感覺到愉快的部分。

它還在記憶的激發到形成等各個方面起著關鍵生理作用。[31]甚至有證據表明這個系統對我們的個性有影響。據豪利特說，如果沒有梅舒朗此前對大麻的研究，她在工作上的突破「將不可能實現」。[32]科學家們廣泛持有這個觀點。

一九九二年，即以色列將醫用大麻合法化的同一年，梅舒朗在豪利特的研究基礎上，做出了另一項重大發現：人在吸食大麻時，體內會釋放兩種化合物：AEA和2-AG兩種內源性大麻素。[33]這兩種化學物質都會讓人感到興奮——無論他們是否聽到了一些令人振奮的消息，或是跑步了十英里與否。四氫大麻醇模擬這些化合物，因此會產生極大的快感。[34]

通過研究大腦的這個部分，梅舒朗說，科學家們最終將解開治療許多神經退化性精神病和腫瘤疾病等病症的密碼。[35]他說：「我認為大麻素相當於一個待發掘的醫藥寶藏。」[36]

天香

如今，多虧有了梅舒朗的研究成果，世界各地的醫生能夠為各種疾病開出大麻治療處方，其中包括青光眼、抑鬱症、和創傷後精神緊張性心理障礙症。現在人們已經知道，醫療大麻可以減輕疼痛和噁心，這種藥物可以幫助那些失去食慾的病人（例如因為化療原因）恢復正常飲食。

梅舒朗的工作把以色列推向醫學大麻測試領域的前列。「以色列是世界上的大麻研究之都，」美國有線新聞網（ＣＮＮ）的衛生、醫療和健康部首席醫療記者桑杰・古普塔（Sanjay Gupta）說。雖然該國認為大麻是一種危險的非法藥物，但以色列衛生部向符合醫療目的者頒發了數以千計的許可證。梅舒朗說：「我不會給所有的病症都開醫療大麻處方。以色列針對不同疾病逐步發放許可證的方向是正確的。我們不可能知道那些說自己很痛苦的人（是否真的痛苦），因為它是主觀表達出來的，無法衡量。我推測會有一些濫用的情況。」[37]

他認為該風險是值得去冒的。但是醫療大麻在世界範圍獲得廣泛接受的主要障礙在於醫生們自身。這位教授認為，這種藥物之所以未成為標準是因為大多數醫生還不熟悉它。他還認為，絕大多數醫生對於可以通過吸入其煙霧的方式來消耗的藥物感到不舒服。梅舒朗說：「問題是許多年來，大麻被放在與可卡因海洛因和嗎啡（相同）的標準上。這不公平。從阿司匹林（aspirin）開始到安定劑（valium）的所有藥物都（有）副作用。人們必須知道如何使用它們。」[38]

儘管四氫大麻酚（ＴＨＣ）和大麻二酚（cannabidiol）都是潛在的神奇藥物，但絕大多數醫生都遲遲未能以梅舒朗的方式去看待事情。因為大麻是非法的，因此缺乏大量的雙盲、安慰劑對照的人體研究，而這是科學研究的關鍵。「如果沒有這些類型的研究，大麻仍然達不到我們所期望的藥物最低門檻，」勞爾・岡薩雷斯（Raul Gonzalez）說，他是佛羅里達國際大學的教授，研究大麻對愛滋病患者的影響。[39]

製藥公司也不熱衷於對該藥物進行應用研究。關於大麻的法律含糊不清，以及植物專利申請方面的困難由來已久，這些都限制了他們賺錢的能力。[40]「人們仍然普遍認為：大麻是毒品，它會讓你瘋狂，讓你發瘋，它沒有醫療價值，它讓人上癮，」曼努埃爾大衛・古茲曼（Manuel Guzman）說，他是世界上研究大麻對癌細胞的影響的頂尖科學家之一，在西班牙馬德里康普頓斯大學（Complutense University）生物化學和分子生物學系擔任教授。「但這是胡說。都是無知的話……知識要被社會和臨床醫學界吸收是需要時間的。」[41]

現在，越來越多的研究人員希望大麻二酚和四氫大麻酚能不辜負它們的潛力。「我認為大麻二酚（CBD）是個非常有前途的化合物，它可能已經幫助了很多人，」《美國安全使用醫療大麻》倡導小組的高級科學顧問賈汗・馬庫（Jahan Marcu）說。[42]但是其他人仍然持懷疑態度，並且在該藥物被證明安全有效、以及有指導醫生和病人的明確劑量規定及副作用列表之前，將繼續懷有疑慮。

人們在這方面取得了相當大的進展。在美國聯邦政府層面上，大麻在美國仍然被視為是非法的，這妨礙了對四氫大麻酚和大麻二酚進行深入和持續研究。但是，美國有二十三個州及哥倫比亞特區已經將某些醫用大麻合法化，民意調查數據顯示，大多數美國人現在都贊成將大麻作為娛樂用品合法化。[43]在世界其它地方，其勢頭更加強勁。以色列、加拿大和荷蘭都有醫療大麻計劃。烏拉圭已經將大麻合法化，葡萄牙也已經將該藥物合法化。

據梅舒朗說，所有這一切都讓人有理由對醫療大麻研究的未來保持樂觀，他目前正在調查這種藥物對哮喘病的治療效果。[44]在他扛著十一磅大麻搭乘公共汽車大約五十年後，這位以色列科學家認為，他畢生的工作正在慢慢改變他同齡人的思想。「如果要給大麻研究頒發諾貝爾獎的話，」古茲曼博士說，「梅舒朗將成為主要的候選人。」

第十六章　平衡天地

神說：「水要多多滋生有生命的物；要有雀鳥飛在地面以上，天空之中。」神就造出大魚和水中所滋生各樣有生命的動物，各從其類；又造出各樣飛鳥，各從其類。神看著是好的。神就賜福給這一切，說：「滋生繁多，充滿海中的水；雀鳥也要多生在地上。」

——《創世紀》1：20-22

搭乘機動滑翔機觀測鳥類（艾亞爾．巴托夫，以色列自然保護協會）

十噸之力

飛行員從他的眼角看到了什麼東西。然後，他聽到一聲響亮的爆炸聲，突然間他價值七百萬美元的天鷹戰鬥機擋風玻璃破裂了。那是一九八三年五月五日，一隻南飛的候鳥撞上了飛機，撞到了彈射手柄上。飛行員亞伊爾．哈列夫（Yair Harlev）被彈射到冰冷的空氣中，不省人事，他的自動降落傘被吹開。天鷹被籠罩在煙霧中，以接近每小時四百英里的速度繼續飛行，最終撞上一座小山的旁側。[1]幾分鐘後，飛行員在約旦河西岸城市希伯倫（Hebron）附近醒來，被以色列特種部隊發現，他滿身是血跡和羽毛，頸椎骨折。他們把他送到了一家醫院，事故分析結果證實，一隻兩磅多重的鵰頭蜂鷹（honey buzzard）以十噸重的力量撞上了飛機。[2]這位年輕飛行員的主治醫生告訴他，他險些癱瘓，甚至喪命。[3]

哈列夫並非第一個因為候鳥遷徙而導致飛機墜毀的飛行員，也不會是最後一個。在過去三十五年裡，曾經發生過禿鷹、鸛、鵜鶘和鷹撞毀以色列噴氣機的事件，它們或撞裂了機翼和引擎，或完全撞毀了整架飛機，造成數億美元的損失。事實上，鳥類毀壞的以色列飛機超過所有阿拉伯敵人毀壞的總和。[4]

以色列之所以遇到這個問題，其原因在於每年有超過十億隻鳥通過其領空在三大洲之間穿行。[5]在秋季，隨著天氣變冷和食物供應萎縮，鳥類就會展開其從歐洲和西亞至非洲

（春天則相反）長達五至六千英里的遷徙旅程。以色列的海岸平原以及在該國境內部分的東非大裂谷（由土耳其延伸至莫桑比克的一個三千七百英里長的地理海溝）上的氣流，是尋求最短及最有效路線的鳥類的理想選擇。這些遷徙模式造就了世界頂級鳥類遷徙專家尤西・萊謝姆（Yossi Leshem）所說的「政治噩夢和觀鳥者的樂園」。[6]

在二十世紀八十年代初，擁有該地區最大規模空軍的以色列不知道如何解決這一問題。軍事領導層聽任飛機和人員發生損失。正是在這種背景下，尤西・萊謝姆，一位頂尖鳥類專家，提出了一個新的想法：發現鳥類遷徙時採用什麼飛行路線並且避開它們。

鳥瞰

萊謝姆是執行這項任務的合適人選。他於一九四七年出生在地中海城市海法，在兒童時期就對鳥類著迷。他母親經常帶他和他兄弟到卡梅爾山遠足。他就是在那裡初步學會了如何發現和辨認不同種類的鳥。「我母親都不知道驢和鳥之間的區別何在，」萊謝姆開玩笑說。「但正是因為她，我才愛上了大自然。」[7]

就在他即將參軍服役前夕，萊謝姆碰上塑造了他人生歷程的重要經歷。一九六三年，在他十七歲時，便決定和三位朋友一起去內蓋夫沙漠的斯德伯克（Sde Boker）地區徒步旅行。他們在那裡碰見了大衛・本—古里安（David Ben-Gurion），他剛剛卸任總理職務。

五個人於是在接下來的兩小時裡邊徒步行走邊分享故事。「對我來說，這就像見到了上帝，」萊謝姆說。「我從來沒想到能這麼坦率地和本—古里安談話。」[8]這位前總理被這些孩子們深深吸引住了，他邀請他們到家中做客，他妻子帕拉（Pola）為他們倒茶和上糕點。萊謝姆從他與本—古里安一起渡過的時間中學習到了一條重要經驗：他可以和有權勢的人交流他的想法，他們會願意聽。[9]

萊謝姆開始在部隊服役時，想成為空軍飛行員。但因視力不佳使他無法實現自己的夢想。至少他是這麼想的。[10]在軍隊中服役三年後，他就讀耶路撒冷希伯來大學，開始學習動物學和遺傳學。[11]但萊謝姆忍不住想到鳥，他母親對此頗為不悅。「她畢竟是位猶太母親，」他回憶道。「她會對我說，『你靠鳥兒能怎麼謀生？』她希望我做一名醫生或律師。」[12]

他於一九七一年完成學業後，在以色列自然保護協會工作，他的主要任務是保護國家的野生動物和荒野。萊謝姆喜歡這份工作，也喜歡戶外活動。一九七二年春天，一位同事邀請他參加一個實地考察，追踪長腿禿鷹及其生活模式。他們前往耶路撒冷西北部的撒瑪利亞山脈，萊謝姆很快發覺自己來到了一個狹窄的壁架上，蹲在一個巨大的鳥巢裡，裡面有三隻小禿鷹。牠們的父母盤旋在上空尖叫著，萊謝姆把幼鳥從巢裡拿出來，放在袋子裡，然後快速把它們移走。二人對禿鷹進行秤重和測量，並在牠們腿上綁上小環。萊謝姆然後重新爬上鳥巢，把小鳥放回裡面。在他離開之前，他拍下了幾張照片，做出了一個重大決定：他將用他的餘生來研究鳥兒，並努力拯救他們。「鳥兒對世界和以色列來說都很重要，」他說，「因為牠們美麗、牠們在歌唱、牠們在飛翔。我認為，牠們對我們的靈魂影響非常大。」[13]

共享天空

二十世紀八十年代初，萊謝姆決定重返校園，並在特拉維夫大學攻讀動物學博士學位。他想把重點放在候鳥和他們所面臨的危險上。那時候沒有人確切知道每年有多少隻鳥飛過以色列。萊謝姆和大約六十名志願者開始計數。然而，他們很快就意識到有許多鳥是他們無法統計到的，因為這些動物飛得太高了。冉・拉皮德（Ran Lapid）是萊謝姆的同事和以色列空軍直升機飛行員，他建議萊謝姆從飛機上去統計鳥類數量。「去找空軍，要他們提供一架飛機，」他說。[14]

一九八三年一月，拉皮德幫助萊謝姆安排與負責飛行安全的以色列空軍上校施洛莫・艾過澤（Shlomo Egozi）見面。三人在位於特拉維夫的空軍總部裡艾過澤的辦公室進行了會談。萊謝姆講述了他的研究建議，上校對此表示懷疑。他認為這對軍隊沒有好處。但是，他願意探討不同的想法。「哇，尤西，你來得正是時候啊，」艾過澤說道。[15]艾過澤剛剛接到了一個小型絕密文件，裡面有自一九七二年到一九八二年期間數以千計撞上了飛機的鳥類數據。「你想看嗎？」

萊謝姆點了點頭，然後看了統計數據和曲線圖。「我簡直不敢相信，」他說。「（空軍）感到束手無策。」[16]每年造成重大破壞的碰撞至少有四起，以色列空軍在過去十年裡損失了五架飛機。三十三架飛機遭受嚴重損壞，一名飛行員死亡。在過去的十年中，以色列空軍損失達數千萬美元。

當上校解釋這個問題時，萊謝姆興奮地看著他。

他問道：「你在用這些數據做什麼？」

上校氣惱地瞪了他一眼。他說：「我們能做什麼呢？這是我們生活的一部分。如果你要開飛機，我們就在分享天空，你（必須學會忍受）碰撞。」[17]

萊謝姆被驚呆了，他從來沒有想過鳥的飛行模式如何會影響到飛機，但他立即意識到這是個巨大的研究機會。萊謝姆從瀏覽數據中，看到鳥類在遷徙季節經常會撞擊飛機。他推斷，如果能更好地理解鳥類的遷徙模式，以色列就可以大大減少碰撞的次數。他要求艾過澤上校根據這些思路提供計畫資助。「我在找一個博士研究課題，」萊謝姆說。「我們合力來做這件事吧。各出一半力，你提供資金，我來做研究。」[18]但上校不願意做出承諾。

然而，在萊謝姆離開會議之前，他預計在當年春天將會有一百萬隻蜂鷹飛越以色列。他補充說，牠們當中的每一隻撞上飛機的機會都很大。

我們又損失了一架飛機

一九八三年五月五日接近午夜時分，萊謝姆家的電話鈴響了。他妻子接了電話。是艾過澤上校打來的。他說需要與她丈夫通話。事情很緊急。萊謝姆當時不在家去聽講座，當他回到家裡時，立刻給艾過澤回了電話。「說起來你可能都不信啊，尤西，」上校說。「正如你所預測的那樣，我們今天上午又損失了一架飛機，是一架天鷹，在靠近希伯倫（Hebron）的地方。」[19]第二天，空軍就開始資助萊謝姆的博士研究計畫。

萊謝姆和空軍都知道，如果他們沒有找到解決方案，碰撞會繼續下去，而且很快就會再發生。在六日戰爭之後，以色列的疆域規模翻了兩番，占領著西奈半島，該國西南部的一個廣袤的沙漠地區。但是在一九七九年，該國與埃及簽署了一項和平協定，並於一九八二年撤出西奈半島。[20]該協定的犧牲品之一就是：空軍的訓練空間。

萊謝姆明白，在遷徙季節限制空軍的飛行能力是不可行的。但改變鳥類的飛行模式同樣不可行。飛行員們將不得不學習如何更好地與他們長著羽毛的朋友們共享他們的小小國土。

延遲的夢

一個人是難以勝任追蹤數以百萬鳥兒的行跡這項工作的。萊謝姆需要有人幫忙——而且要很多。為了收集準確的數據，他需要多種方法來追蹤這些鳥類，而每個方法都不足以獨立完成這項任務。他的解決方案是爭取特拉維夫大學、以色列自然保護協會、以色列空軍和來自十七個國家的六百位觀鳥者的支持。

一九八四年秋季，萊謝姆在以色列北部建立了二十五個觀察站——從地中海到約旦河，每個站相距大約一英里。每個觀察站有一到三位觀鳥者，其任務是使用望遠鏡來對鳥類的數量進行計數並記錄它們的飛行模式。各站之間採用對講機通訊，以確保他們沒有對相同的鳥重複多次進行計數。這項工作於日出之前開始，直到日落以後許久方才結束。但是當天太黑的時候，觀鳥者無法在夜晚對觀測目標進行計數，或者白天鳥在天空中飛得太高時，也無法計數。

同年，萊謝姆向本─古里安機場雷達站的代表求助。萊謝姆回憶說：「他們告訴我，你無法用雷達看到鳥兒。但是我帶來了來自荷蘭和瑞士的兩位專家，他們展示如何使用（他們現有的）設備。」[21]雷達無需借助陽光來跟蹤運動物體，可從大約六十五英里外的距離日夜跟蹤其行跡。[22]唯一的問題：雷達不能夠識別鳥類的種類，登記鳥群中確切的數字，或者識別鳥兒飛得有多高。因此，每年在鳥兒大量遷徙期間，軍方會專門派四名工作人員，花六個月時間，晝夜不停地跟蹤這些鳥類。

萊謝姆終於回到拉皮德一年前分享的觀點上——瞭解鳥兒的唯一方式就是和他們一起飛翔。一九八四底，以色列空軍為萊謝姆提供一架單引擎賽斯納（Cessna）飛機，他用它來收集有關各種鳥類的速度、位置、高度和方向的數據。在空軍拒絕了他二十年後，萊謝姆兒時的夢想終成現實。他說：「與數以千計的鳥兒一起飛翔，翼尖對翼尖，那種體驗妙不可言。」[23]

耗資十三億美元的解決方案

可惜這些有翅膀的生物並沒有相同的感覺。飛機的引擎噪音嚇跑了大部分鳥兒。萊謝姆遇到的另一個問題，是飛機飛行速度不能慢到與鳥群同步。它總是會飛到前面去，把鳥兒拋在後面。

萊謝姆並未因此退縮，他嘗試使用其它類型的飛機。起初，他使用懸掛式滑翔機。但它無法在空氣中停留足夠的時間。接下來，他嘗試用一架超輕型飛機，但它聲音很嘈雜，不能抵禦強風。最後，萊謝姆跳上了一架機動滑翔機——混合動力效果非常完美。「以前沒有人這樣幹過，」萊謝姆回憶說。[24]

有些鳥兒調整得很好，而有些則不盡如意。但是駕駛滑翔機與鳥群一起飛行讓萊謝姆能夠數出他所看到的每隻鳥，而儀錶盤給了他極佳的數據。唯一的障礙是：飛行好幾個小時會讓飛行員精疲力竭，當然也沒有衛生設施，因此他們不得不使用一個特殊的袋子來解決問題。在接下來的幾個月的時間裡，萊謝姆花費了超過一千四百個小時的時間，利用機動滑翔機來跟蹤鳥類。

一九八七年，以色列國防軍向萊謝姆提供了一架常用於軍事偵察的無人機。這個系統可通過遙控操作，在離開地面五千英尺的高空橫跨以色列跟隨一個鳥群。它唯一的缺點是：如果操作員丟失了跟蹤目標，就不容易再找到它們了。

萊謝姆利用這一切方法，繪製出了一幅非常精確的鳥類遷徙圖譜。他發現，跨越以色列遷徙的鳥類的總數相當於最初估計數量的四倍。他還成功顯示出鳥類飛越該國時會使用三條飛行路線的其中之一，而且它們的路線沒有大幅度改變。鳥類從第一條路線由以色列東北部飛往該國的中部，再下到貝爾謝瓦進入西奈半島北部。沿著第二條路線，鳥類飛過東非大裂谷在以色列境內的部分，穿過朱迪亞和內蓋夫沙漠，並進入西奈半島中部。沿著第三條路線，鳥兒從約旦南部經由埃拉特飛往西奈半島南部。他們選擇的飛行高度依賴於天氣狀況。

萊謝姆的研究結果表明，在遷徙季節裡，鳥與飛機相撞的機率成倍增加。其解決方案很明確，那就是飛行員們需要改變他們的行為，因為鳥兒是不會這樣做的。萊謝姆創建了兩張圖譜，詳細描述鳥類集中的區域——一張顯示的是秋季遷徙情況，另一張是春季的。每一張圖都顯示何時何地可能會碰上鳥類，以及飛行員可能遇上的各種鳥的類型。萊謝姆還提供了鳥群穿越以色列的通行時間。

在二十世紀八十年代中期，以色列空軍利用萊謝姆的數據、地圖和日曆，制定了一個時間表，禁止飛機在遷徙期間在鳥類泛濫的地區飛行。據以色列前空軍指揮官阿維胡・本—儂（Avihu Ben-Nun）說，以色列國防軍策劃了首選路線和規避策略來幫助飛行員避開鳥類，並確保對訓練計劃的改動最小。[25]

以色列空軍前指揮官依多・內胡施坦（Ido Nehushtan）少將說，自該禁令生效以來，鳥類碰撞數量減少了百分之七十六。拯救了飛行員和鳥類的生命，估計避免的經濟損失達十三億美元。[26]匹坦構（Pitango）風險投資公司創始人、前以色列空軍飛行員那海米亞（海米）・佩雷斯（Nehemia（Chemi）Peres）說，尤西・萊謝姆將會作為「忽視環境的先進世界與大自然界之間，促進兩者和平的一人軍隊」而被人們銘記。

以色列空軍飛行員每年都要聽鳥類專家的講座，這些專家與他們分享照片和最佳實踐。[27]每個飛行中隊裡都會展示特製的地圖。萊謝姆說：「我認為我們已經讓飛行員們更好地意識到我們與鳥類共享著天空。」[28]

這位教授的工作也在全球產生出乎意料的影響。安曼和平與發展中心（Amman Center for Peace and Development）主席，退役將軍曼蘇爾・阿布・拉希德（Mansour Abu Rahid）說：它在國際上是「幫助防止鳥類碰撞飛機的金標準」。但除此之外，「他的遠見還團結以色列、約旦和巴勒斯坦人共同追求和平。」[29]

曾經任飛行員的以色列前總統艾澤爾・魏茨曼（Ezer Weizman）同意這種說法。「多虧了（萊謝姆所做的工作），戰鬥機和候鳥之間的碰撞數量已經銳減，這個計畫已經成為西方空軍的榜樣。」[30]

這一次，萊謝姆的猶太母親似乎是看錯了。

第十七章　起死回生

一顆椰棗樹種子在一個古老的罐子裡住了大約兩千年後，經培育恢復了生命。多麼奇妙啊！瑪士撒拉（Methuselah）是通往過去的鮮活窗口，通往中東椰棗林繁茂的時期，一個椰棗作為經濟的重要組成部分的時代。

——簡・古多爾（Jane Goodall）博士，私人通信

古朱迪亞錢幣上的椰棗（Zegomo提供）

徹底瘋狂的想法

西元七十二年，被圍困的猶太反抗者們在馬薩達（Masada）進行大規模自殺，他們為了不被羅馬人奴役而選擇死亡。近兩千年後，在一九六三年十一月十四日，前以色列軍事戰略家伊嘉爾・亞丁（Yigael Yadin），率領有史以來第一支由研究人員和志願者組成的團隊進入該地點——猶太—羅馬國王希律王大帝（Herod the Great）建設在懸崖頂端的古老堡壘。[1]

亞丁的團隊並不知道他們會發現些什麼。但是當他們在廢墟中挖掘時，他們看見了大規模破壞的證據：破碎的壁畫、燒焦的屋梁、金幣、青銅箭和襤褸的衣衫。後來，當亞丁沿著臨時搭建的一條簡易木製階梯進入搖搖欲墜的宮殿的下層時，一些挖掘者叫他過去。在一個小浴池裡，他們發現了類似血跡的深色污漬。當他們繼續搜尋這一地區時，亞丁的團隊偶然發現了一個年輕女子的骸骨，它被一些人當作大規模自殺的證據。該地區的乾燥氣候保存了她的棕色長髮辮超過兩千年。[2]

女人的頭髮並非唯一被氣候所保存下來的東西。在山的頂端，在他們挖掘的第三十四層，亞丁和他的同事們在一個古羅馬的罐子裡發現了一些古老的種子。科學家後來確定它們屬猶太椰棗種子，是個已經滅絕的植物品種，在大約兩千年前就已經消失了。[3]

挖掘之後，亞丁把種子交給了以色列的古董管理署，把它們存放在巴伊蘭大學（Bar-

Ilan University）。幾十年來，沒有人太在意它們。但是在二〇〇五年，一位出生於英國，名叫薩拉・薩隆（Sarah Sallon）的科學家聯繫了該大學，想瞭解與其收集的種子相關的事宜。作為植物學和生態學專家，薩隆在十年前開始中東藥用植物研究計畫，研究植物治癒人類疾病的潛力。她知道以色列大多數考古發掘物品中都收集了植物標本，她開始想是否有可能讓這些古老種子的生命復甦，以檢驗它們的藥用價值。[4]

在與全國各地的考古學家交流過之後，薩隆得知以色列最著名的考古學家之一艾木德・耐澤爾（Ehud Netzer）是馬薩達發掘期間發現的種子的保管人。薩隆很走運，因為她母親認識耐澤爾的母親，這位以色列科學家利用了這一家庭關係來打開話題。[5]

事情進展並不順利。至少在第一次是如此。

「你是徹底瘋了，」耐澤爾說。「你為什麼要這樣做呢？」

「嗯，為什麼不行呢？」[6]

薩隆告訴他，她可以證明她的直覺是有科學根據的，耐澤爾最終說他對這個想法持開放態度。在過去的幾十年裡，有許多報導表示科學家可以讓遠古的種子發芽。薩隆瞭解到其中的許多報導都是神話。但也有些是真實的。例如在一九九五年，加州大學洛杉磯分校的簡・沈—米勒（Jane Shen-Miller）和一支由國際植物學家組成的團隊，成功讓她在中國北方一個乾涸的湖床上發現的一顆一千三百年前的神聖蓮子發芽。[7]然而，尚無人曾讓一種絕種植物的生命復甦。

經過六個月的研究，薩隆向耐澤爾介紹了她的發現，他被深深打動了，於是安排她到巴伊蘭大學植物學和考古與植物學教授莫德海．吉斯列夫（Mordechai Kislev）那裡去取種子。二〇〇五年十一月，吉斯列夫前往薩隆在耶瑁．摩西（Yemin Moshe）的家，這是耶路撒冷最古老的居民區之一。他帶著幾個精心貼好標籤的塑膠容器來到這裡。薩隆給了吉斯列夫一杯茶，他們二人坐在她的客廳裡聊起了那些種子。當她第一次看著那些種子時，一種莫名的興奮感散布她的全身。「我喜歡這種發現的刺激感，」她說。「它來自作為第一個把一件東西拿在手裡的人……一件也許有上千年沒有被拿在人類手中的東西。」[8]

本來開始是個關於猶太歷史的問題，卻轉變成為一種試圖讓一種死亡已久的植物復活的探索，並且改變了人類對滅絕意義的理解方式。

奶蜜之地的瘋狂科學家

猶太椰棗樹的果實富含維生素、礦物質、營養素和纖維，被認為是古地中海地區最重要的食物之一。歷史學家們說，幾千年前，從加利利海到死海的聖地區域都被椰棗樹林覆蓋著。椰棗樹木和它們的果實滿足了該地區人民的許多需要。[9]有些人將棗汁發酵成酒，也有人將樹幹的木料用於建築。《聖經》中關於以色列是「奶和蜜之地」的經文實際上是指棗，而非蜜蜂。[10]根據《利未記》書記載，以色列人在住棚節（Sukkot，一個秋收節日）期間攜帶著椰棗樹枝。[11]

當羅馬人在西元第一和第二世紀的時候把古猶太人趕出他們的家園時，猶太人離開時都帶著他們的樹和種子。但是在猶太人流亡後不久，猶太椰棗就滅絕了。專家們仍然不明白其原因。然而，他們確切地知道，當猶太復國主義拓荒者們在十九世紀末回到以色列這塊土地時，他們帶回來的椰棗都來自伊拉克、摩洛哥和埃及（通常是通過加利福尼亞中轉）。[12]

薩隆想在全國各地種植以色列的原始椰棗。但她不知道該怎麼做。她的第一步行動是諮詢伊蓮・索羅維（Elaine Solowey），以色列的頂尖可持續農業專家之一。她本人也痴迷於椰棗這一點也並無壞處。

在薩隆通過電話聯繫了她之後，索羅威的最初反應是感到難以置信。她說：「你想讓我做什麼來著？」

「嗯，你看，這不是不可能。只不過是要碰對運氣，」薩隆回答說。她向索羅威講述了一些成功恢復遠古種子的歷史事例：沈—米勒讓蓮子發芽，以及美洲原居民儲存在葫蘆裡的種子，經千年後被考古學家發現並讓其復甦。索羅威被她說服了。「我常做瘋狂的事情，」她說。[13]

索羅威花了大約三個月時間來擬定一個讓棗籽脫離休眠狀態的計劃。首先，她將種子浸泡在溫水裡來軟化它們的包衣。然後，她用一種富含激素的酸性調和物來處理它們，接著又用富含酶和營養素的肥料調理。[14]索羅威接著把它們放在一個富含土壤的盆子裡，並加入滴灌系統，使該植物保持良好的水份。然後她「有點忘記了它們」。[15]她不知道試驗是否會有效。但是「為了圖個好運氣」，二〇〇五年一月十九日，在「圖布施瓦特」（Tu b'shevat）那天，即猶太植樹節，她把種子種了下去。[16]從歷史上來看，這是樹木從冬眠狀態甦醒之日。大約六周後，她驚訝地發現其中一粒種子開始發芽。「我……極度興奮」，索羅威說。「我不再是每隔三天去看那玩意兒一次，而是每隔三十分鐘看它一次。」[17]

頭兩片葉子幾乎是白色的，顯得古怪、蒼白、扁平。但從第三片葉子開始，以及隨後的每一片，看起來像都是正常的棗樹芽。其他種子都沒有發芽，但到了六月份，索羅威知道她的椰棗樹苗會存活下來。[18]「這就像個奇蹟，」她回憶道。[19]

男人相當過剩

當薩隆和索羅威的同齡人瞭解到他們在做什麼時，許多人都持懷疑態度。有人認為他們是瘋子。有人懷疑這些種子是否真的有他們所聲稱的那樣古老。為了證明這些人看錯了，這兩位科學家送了一小塊種子到瑞士進行ＤＮＡ進行檢測。結果顯示它有一千九百九十歲，正負差距為五十年。這意味著，她所種植種子的年份可追溯到西元前三十五年至西元六十五年之間的時間，也就是在羅馬圍攻之前，使它成為有史以來最古老的發芽種子。[20]

索羅威在這棵樹生命的頭兩年將其隔離在她的植物苗圃中，來保護它免受現代疾病的侵害。之後將它移至戶外，它至今仍然生長在該地點，周圍由籬笆和運動探測器保護著。[21]薩隆和索羅威把它叫做「瑪士撒拉」（Methuselah），聖經中最古老人物的名字，是個活到了九百六十九歲的男人。如今，這棵十英尺高的樹和它的長綠葉變得極受歡迎，已經「真正成為一個旅遊景點，」伊萊恩的丈夫邁克爾·索羅威（Michael Solowey）說。[22]

唯一的問題是：「瑪士撒拉」是一株雄性椰棗，所以它只會產生花粉。雌性才生產果實。薩隆說：「男人在椰棗裡相當過剩。」[23]令人欣慰的是，索羅威已經用另外六種棗籽，以及在該地區發現的其它植物，成功地重複了她的試驗。在接下來的幾年裡，她應該知道她是否已經成功地種植了一株雌性椰棗樹來供「瑪士撒拉」進行授粉。她說：「我得到一個女孩（雌樹）的機會有六次。」[24]

專家們說，「瑪士撒拉」的性別實際上是件好事，因為雄性植物會產生花粉。利雅得沙特國王大學（King Saud University in Riyadh）前教授，椰棗專家泊拉納·維德雅瑟格（Polana Vidyasagar）對猶太椰棗的重生感到非常興奮。「有生命力的種子在二〇〇〇年後重生。這是個新穎的想法。它打開了其它技術可遵循的大門。」[25]維德雅瑟格教授甚至認為，在整個阿拉伯世界，特別是阿聯酋，將有人有興趣採用「瑪士撒拉」的花粉和現有品種進行雜交，看看哪種雜交品種能生產出最佳品質的椰棗。

如果薩隆和索羅威能讓一棵雌樹種子發芽，他們將要回答另一個重要問題——生產出來的椰棗應該叫什麼呢？「有些人說，『你應該叫它們耶穌棗，』」索羅威說。「我可不敢這麼說。我想如果我們叫它們『希律棗』的話，人們可能就不想吃這些棗了。」[26]

聖經醫學

自從實現猶太椰棗樹復活以來，薩隆和索羅威也在其他已滅絕和瀕危植物上使用了類似的技術。薩隆描述一支由考古學家、遺傳學家、和來自三大洲的放射性碳專家組成的龐大團隊，他們正在共同努力對遠古的種子進行試驗。[27]這個團隊成功地讓古代以色列人和早期基督徒所使用的精油植物復活，其中包括乳香樹（frankincense）、麥加樟樹（balm of Gilead）和沒藥樹（myrrh）。聖經中的人物很珍視這些小喬木或灌木的樹脂副產品，因為它們有著誘人的香味和康復治療作用。索羅威說：「在聖經時代，香是用這些植物做的。但是它們顯然具有對現代醫學非常有用的特性——特別是作為抗炎症藥物」。[28]

這三種植物在歷史上對基督徒和猶太人來說都非常重要。根據《馬太福音》書記載，在西元第一世紀，三位智者跟隨著東方天空中一顆明亮的星走到伯利恆（Bethlehem）。在那裡，他們找到了嬰孩時期的耶穌，跪下來獻給他（嬰兒）禮物：黃金、乳香和沒藥。[29]一些學者認為，這三種植物是這三位東方賢士帶給瑪麗和耶穌的「金子」，用於醫治他們。

這些植物也包括在大祭司為所羅門聖殿製造香火用的十一種成分中，祭司們對該配方保守秘密，世世代代，口口相傳。[30]

祭司們的秘密也許能幫助醫生創造新形式的醫藥。薩隆認為，來自過去的植物基因組有可能對人們找到治癒致命疾病的方法有幫助。《摩西五經》和《聖經新約》、《古蘭經》、《詩篇》和《先知》中列出了位於該地區的數以百計的植物、灌木和樹木。該地區的居民將許多這些本地植物應用於食物、儀式、和民間醫學之中。在過去的二十年裡，薩隆和她的團隊研究了古代內科醫生的作品，如邁蒙尼德（Maimonides）、老普林尼（Pliny the Elder）、和阿維森納（Abu Ali al-Husayn ibn Abdullah ibn Sina）。他們依靠植物來醫治病人，其中許多植物已經滅絕或瀕臨絕種。如今，薩隆和索羅威正在研究這些植物，努力將它們融入傳統醫學，並重新引入在以色列已經滅絕的物種。

薩隆和索羅威對猶太椰棗可能有什麼藥用功效進行猜測。然而ＤＮＡ測試顯示，該植物的遺傳標記只有約一半與其它類型的椰棗是共有的。[31]猶太椰棗的藥用功效可能是其基因類型所特有的，因此丟失了。因為以色列科學家還沒有讓雌性棗樹發芽，現在還不清楚他們的發現可能產生什麼樣的結果。但專家表示，古代植物療法可能對現代醫學產生重大影響。近幾十年來，一些病毒和細菌的抗藥性已經變得非常高，開始戰勝類固醇和抗生素。而且，由於沙漠植物具有獨特化學成分，使它們能在惡劣的氣候中生存下來，因此有人說它們可以為醫生對抗疾病提供另一種途徑。本—古里安大學的癌症、遺傳學和幹細胞專家里夫卡·歐菲爾（Rivka Ofir）說：「這是未來新藥的發展方向之一。」[32]

拯救瀕危植物使之免於滅絕對人類的未來來說至關重要。人類有史以來就使用植物來治療各種疾病。事實上，超過百分之四十的處方藥物來自植物提取物或合成植物化合物。[33]當植物面臨滅絕時，人類在發現和科學進步方面的選擇就會受到威脅。耶路撒冷植物園的首席科學家奧利·弗拉格曼—撒皮爾（Ori Fragman-Sapir）博士說，已經滅絕了數百年的猶太椰棗「從時間機器裡出現了」。「這棵植物象徵著在以色列這塊土地上待發現的考古和科學寶藏，正在召喚著人們去發現它們。」[34]對《紐約時報》耶路撒冷分社前社長史蒂文·厄蘭格爾（Steven Erlanger）來說：「以色列以其農業科學和研究著稱，尤其是如何在沙漠環境下用極少量的水進行植物種植方面。」他接著說：「猶太椰棗是這種獨創性和毅力的絕妙範例。」[35]

索羅威博士同意這一觀點。「我想確保我們的瀕危物種不會消失，因為現在拯救他們比攥著我們的手說，『唉、他們已經滅絕了』更容易做到，」她說。「如果我能夠為我們的瀕危物種做到這一點，我會十分高興。」

薩隆也會高興的。「讓死者復活是非常困難的，」她說。「最好在它們滅絕之前把它們保存下來。」[36]

第十八章
做個受尊敬的人

完成這項任務非你義不容辭的責任，但是你無放棄它的自由。

——《聖哲箴言》2：21

微弱之光可驅散大片黑暗

——施那佐曼拉比（Rabbi Schneur Zalman of Liadi）（1745-1812）

作者（左前方）坐在以色列前總理梅納赫姆．貝京（Menachem Begin）的膝上，照片拍攝於1979年3月，就在作者的家人移居聖地前一天，埃及總統薩達特簽署《埃及—以色列和平協定》簽署的幾天之後（美聯社）

讓世界變得更加美好

幾年前，在華盛頓特區的一個美麗春天的晚上，在晚餐後我妻子獨自一人帶著我們的三孩子步行回家，此時，我最年長的孩子艾登（Eiden），從一個衣衫襤褸、被塑膠袋包圍的流浪漢身旁走過。「你是個壞人，」我那五歲的兒子說。我妻子聽了極為震驚，讓他道歉，他雖然照做，但甚為勉強。

過了不久，我回到家裡，發現孩子們像平常一樣穿著睡衣，但是我妻子臉上的表情告訴我有些什麼事情不對勁。當她解釋發生什麼事的時候，我告訴艾登穿好鞋子，在他的睡衣上套上一件輕便的外衣。

「我們要去哪兒啊？」他問道。感到有些困惑。

「去執行個任務，」我答道。

我們沿著街區走到大約一半路程的時候，我蹲下身來，眼睛與他平視著。

「你知道你為什麼要告訴那個人他是壞人嗎？」我問道。「是因為他身上氣味難聞？還是因為他穿著破衣服？」

他並不明白是什麼原因。

我們於是又走了半個街區，然後再次停了下來。這次，我在路肩上坐了下來，要求艾登也坐下。汽車在匆忙的黃昏中呼嘯而過。

「我們在家裡講的五個規則是什麼來著？」

他想了一會，興奮而輕快地把它們背誦了出來：「做個受尊敬的人、讓世界變得更加美好、盡你最大的努力、永不放棄、生活得愉快。」

我點頭贊同。

「我明白我說過的那些話不像受人尊敬的人應該說的，」艾登說，他承認自己沒有表現得像個受尊敬和正直的人。他建議我們去找到那個人，並給他一些「策達卡」（tzedakah）。這是個可大致翻譯為「慈善」的希伯來語單詞，但其實際意義是「正義」。

我們找到那流浪漢時天已經黑了。繁忙的交通已歸於平靜，我們只能聽到蟋蟀在黑暗中的鳴叫聲。他蜷縮在角落裡，與另外兩個衣衫襤褸的男人在靜靜地聊天。空氣中彌漫著尿騷氣味。我遞給了兒子幾塊錢，心跳開開始加快。我不認識這些人，擔心會出問題。他們喝醉了嗎？是否有暴力傾向？會生我兒子的氣嗎？我把那些想法都擱置在一邊。「先生們，」我說道，並隨著艾登一起走上前去。「謝謝你們抽些時間和我們聊聊天。我兒子有話想和你們說說。」

那些人看著我，表情有些困惑。艾登來到他曾經侮辱過的人跟前。他把錢給了他，並且道了歉。他說：「上帝保佑你。」然後他伸出手來握手。

那男子回頭看著艾登，微笑著，並且握手了他的手。他的朋友也露出了笑容。在接下來的幾分鐘裡，他們對我兒子極盡讚美之能事，稱他為天使。然後我們道了別，艾登和我開始往回走。

我們離家只有幾個街區遠的時候，我再次蹲下對著艾登。

「剛才發生了什麼事情？」我問道。

艾登帶著深深的自豪感說：「爸爸，我讓世界變得更美好了。這種感覺真好。」

我為什麼寫這本書

在一本描述十五位了不起的創新者的書中談論自己，感覺有傲慢之嫌。但這也是必要的，主要是為了讓你能明白我為什麼會寫這本書，它對我來說意味著什麼。

我出生於一個大屠殺倖存者的家庭，主要是在紐約市長大。但是從我的童年、青少年時代到成年時期，也有大段時間是在以色列生活，因為我的家人與那裡的文化、歷史、和宗教有著千絲萬縷的聯繫。我的記憶所及，以色列雖然明顯存在著缺點和瑕疵；但是它也同樣擁有奇蹟般的希望和驚人的成就。

我最早的記憶是一九七九年三月二十八日，離我四歲的生日只差幾個月。兩天前，以色列總理梅納赫姆・貝京（Menachem Begin）在白宮草坪上與埃及總統安瓦爾・薩達特（Anwar Sadat）簽署了歷史性的和平協定。我的家人應邀到紐約市的華爾道夫（Waldorf-Astoria）酒店與貝京見面。我們當時正在著手移居以色列，總理要求會見一些正在辦理移居的家庭。我們走進了他的寬敞套房，貝京，一個帶著厚框眼鏡、如爺爺般慈祥的老人，迎接了我們並請我們坐下。他給我一小塊皮塔餅來咀嚼，我於是跳上他的大腿。他問我是否會講希伯來語，我告訴他我唯一知道的一個單詞：「沙落姆」（Shalom，問候語，你好、平安的意思，譯者注）。他甚為歡喜，使勁地擁抱了我，並告訴我生活在以色列對這個國家的未來很重要。我妹妹也加入到我們當中，一位攝影師拍了幾張照片。那次談話，以及埃及與以色列之間的和平的到來，深深地影響我及我的人生歷程。

第二天我們就來到了以色列，那種興奮、喜悅和恐懼至今歷歷在目。飛機著陸後，我們直接去了特拉維夫的一個移民接待中心，在那裡，來自各大洲的猶太人都有。我明白自己是個移民，但我也感覺到自己終於回到了家。

幾年後，我的家人又返回了美國，我最終在紐約北部的賓漢姆頓（Binghamton）大學上學。但是，當我攻讀碩士學位時，又返回到耶路撒冷在希伯來大學學習。從那裡開始，我擴大了研究領域，開始探索阿拉伯世界。最終，我踏上了通往埃及之路，住在開羅，就讀美利堅大學（American University）和艾資哈爾大學（al-Azhar University），這是遜尼派伊斯蘭（Sunni Islam）的傑出學府。二〇〇一年，我到華盛頓從事公共政策工作，重點是激進伊斯蘭教派、恐怖主義和非法金融。我在華盛頓近東政策研究所開始了我的職業生涯，這是個著名智囊團，我開始經常在政策工作和政府之間來回穿梭。我很幸運能在美國國防部和財政部工作。

到二〇一四年夏天，當我第一次開始構思這本書的時候，我在華盛頓已經居住了將近十五年，寫了四本書，其中兩本受以色列和大屠殺的影響頗深。我的第一個關注點是真主黨（Hezbollah）的艾爾馬納電視臺（al-Manar television）以及恐怖分子支持的媒體的影響力。《仇恨的燈塔：真主黨的艾爾馬納電視臺內幕》（二〇〇四）的內容主要是以對真主黨成員的採訪記錄，以及觀看數千小時的「對猶太復國主義敵人的心理戰」節目為基礎的。我感到極度恐懼。真主黨官員告訴我，該電視臺的目標之一是宣傳「西方所謂的自殺任務」。艾爾馬納電視臺的節目巧妙地結合了新聞、脫口秀和宣傳音樂視頻來宣揚恐怖主義、仇恨和極端主義意識形態。該電視臺一度曾播出了一部共有二十九個部分組成的系列節目，該節目是基於惡名昭彰的反猶太性質的捏造文件《猶太人賢士議定書》（*Protocols of the Elders of Zion*）製作的，聲稱猶太人密謀接管世界。在一個特別生動的場景中，一位守教規的猶太人把一個基督徒的孩子帶到地下室，割斷了他的喉嚨，用他的鮮血來做逾越節儀式用的無酵餅（Passover matzah）。

我無法安穩。於是決定組織首次宣傳活動，試圖讓衛星供應商屏蔽艾爾馬納電視臺。我建立了一個志同道合的非營利組織聯盟，並說服歐洲和美國的政府官員將該電視臺定性為恐怖主義支持者。我們還說服了全球十四家衛星頻道提供商將艾爾馬納電視臺從其節目頻道中移除，包括可口可樂、百事可樂、西聯和寶潔在內的約二十家公司停止了贊助該台。最終在二〇一六年，兩家收視率最高的衛星提供商，沙特阿拉伯的阿拉伯衛星

（Arabsat）和埃及的尼羅河衛星（Nilesat），也從他們的節目頻道中刪除了艾爾馬納，有效地遏止了它在全球散布其充滿仇恨資訊的能力。

我的第四本書《伊朗的骯髒銀行業務》（*Iran's Dirty Banking*）（二〇一〇），是對德黑蘭的金融領域及其濫用國際銀行，在全球各地調動資金以獲得核武器及從事犯罪與恐怖主義的深入揭露。在為寫這本書做研究時，我發現了伊朗在全球範圍內的五十九家代理銀行業務合作夥伴，其中包括日本的住友三井（Sumitomo Mitsui）、德國的德意志銀行（Deutsche Bank）、荷蘭國際集團（ING）以及法國的興業銀行（Société Générale）。我還發現了伊朗的帳號、SWIFT/BIC碼和交易貨幣。利用我在美國財政部的經驗，我起草了一項戰略，只要該伊斯蘭共和國試圖發展核武器，就阻止它在國際上轉移資金。

該書出版後，我在世界各地舉行會議，試圖說服銀行割斷與伊朗的金融聯繫。有些人樂於接受我的建議。也有人不接受。但是在整個過程中，我一直在想起我的祖父母，以及我家族裡許多在大屠殺期間死去的親人。若有人在一九三六年公布了納粹政權的銀行資訊，世界強國是否會遏止他們的財政，或許還能挽救更多的生命？我記得有次會議是在德國駐華盛頓大使館會見該國的主要經濟和制裁專家。在解釋完對伊朗的國際制裁安排後，我提醒我的德國同事們，他們對全世界的猶太人負有特殊責任；七十年前，他們的祖先對我的民族和我的直系親屬犯下了人類歷史上最殘酷的暴行之一。現在，他們有意或無意地在幫助伊朗威脅另外六百萬猶太人的生命。我很快就被他們請出了門。

數月後，我非常高興地得知，所有德國銀行都結束了與其伊朗同行的關係。大多數被我點名和指責過的歐洲和亞洲銀行也都這樣做了。我與國會議員密切合作，在二〇一〇年通過了全面的《伊朗制裁問責和撤資法案》（Comprehensive Iran Sanctions Accountability and Divestment Act）。這項法案及隨後通過的法律，最終抓住伊朗及其銀行業夥伴的咽喉，並且可能對迫使德黑蘭與美國及其盟國進行核協議談判起到了作用。

在伊朗銀行業運動之後，我的滿足感至深。我想繼續寫作和演講，但我想做的不僅僅是政策工作。我一直想自己創業，幾年後，我和我的妻子有了我們的第一個孩子，我創立了一家公司，主要從事銀行合規軟體及執行制裁。我和合夥人一起籌集了資金，並向世界各地的主要金融機構推廣。該項業務最終沒有成功。但我明白必須繼續努力嘗試，最終我創辦了IMS，一家商業服務公司，專注幫助企業降低費用結構，及保證遵守銀行卡品牌的規定。

如今，我常開玩笑說信用卡業務資助了我非常奢華的中東習慣。我在繼續從事有關以色列和它的未來、以及該國的成功和存在問題方面的寫作和演講，其中有些問題是它自己造成的。然而，正是一個國家的理想，及其踐行理想的嘗試，才會成就其偉大。

指數級增長

以色列在其歷史上的多個時期，一直都努力在締造者的理想與維持自身存在所面臨的險境中保持平衡。在這方面，我經常想到關於國際象棋是如何發明的傳說，以及它與現代以色列國的故事之間的聯繫。那是在西元第三世紀，印度國王施含（Shihram）的宮殿裡燈火通明。高級大臣希薩．伊本．達一爾（Sissa ibn Dahir）異常緊張，他即將要向國王展示一個新遊戲：象棋。希薩．伊本．達一爾準備向國王證明他需要善待他的國民；他希望自己在該過程中不至於掉腦袋。玩過該格子遊戲後，國王施含龍顏大悅，他詔令所有印度寺廟都提供該遊戲。他還下令說，這是訓練將軍打仗的最佳方式，並認為這是獻給世界的禮物。「說說你想要什麼賞賜吧，」國王說道。大臣喜形於色，要求施含在棋盤的第一個正方形格子裡放一粒麥子，第二格放兩粒，第三格放四粒，然後每天一次在後續格子上放上相當於其前面格子兩倍數量的麥粒，直到全部六十四個格子都放上了麥粒為止。

這個要求很不起眼，國王爽快地答應了。「真是個白痴，」施含心想。「這個獎賞微不足道。我本來願意給他更多的。」國王於是下令奴隸們拿出棋盤和第一粒麥子。這樣持續了大約一個月，到了第三十二天，奴隸門已經拿出來了四十億粒麥子，重量超過一百噸。而希薩．伊本．達一爾已顯得不再那麼愚蠢，國王也信守諾言，繼續把他的糧食當禮物送出去。然而，國王最終明白他不能繼續下去了。他提供的小麥數量太龐大了。如果他繼續進行下去的話，將會讓帝國破產。

未來學者們經常引用這個傳說來證明指數級增長的驚人力量。以色列在過去七十年中的演變，可以說與之類似，它證明了該國的毅力、決心和膽識。即便是存在著它所面臨的一切挑戰，這個猶太國家自一九四八年以來仍然取得了驚人的進步，不僅是在開發極其稀少的自然資源方面，還體現在造福國民和世界各地人民的創新上面。許多行業和國家都在依賴以色列幫助他們解決所面臨的問題：各個領域的跨國公司在以色列擁有三百多個研究和開發中心，其中包括蘋果（Apple）、亞馬遜（Amazon）、臉書（Facebook）、谷歌（Google）、英特爾（Intel）、和微軟（Microsoft）；中國、印度和美國現在期待著這個猶太國家幫助解決他們正在顯現的水需求問題；世界各地的大學正在與以色列最好和最優秀的機構建立強有力的夥伴關係和聯合創新中心，在包括工程學、生物學、物理和化學在內的領域裡努力開展共同合作；醫院、製藥公司和農業企業正在主動與以色列建立聯繫，來幫助他們醫治病人和養活窮人。這個國家是希望的燈塔，它的人民願意幫助解決考驗著當地和全球的難題。

當各國向以色列尋求關於如何創造或加強現有的創新文化指導時，他們應該從猶太文化中來尋求這種類型的深刻見解。生活在第二聖殿某個時期（BC.586 - AD.70）的正義西蒙（Shimon the Righteous）大祭司曾經說過：「世界立於三件事之上：律法、工作和善行。[1]換言之，為了創新，各國將需要打造一種終生學習的文化和高效能學校體系。千百年來，猶太人被稱為「書之民族」。以色列文化的這個部分對該國的成功來說是不可或缺的。

但是，良好的教育體系雖有必要，尚嫌不足。據說美國前總統卡爾文．庫利奇（Calvin Coolidge）對勤奮工作的重要性做過如下總結：「這個世界上沒有什麼能夠取代堅持。才能不能取代堅持；有才能卻不成功的人比比皆是。天才不能取代堅持；一無所成的天才幾乎眾所周知。教育不能取代堅持；這個世界充滿了受過教育的流浪者。只有毅力和決心才是萬能的。」

當一種文化與高能量的教育、努力工作、慈善捐贈和志願服務相結合時，就無法阻止人類所能企及的無窮力量。利用核磁共振成像技術，科學家已經證明了偉大的猶太聖人希勒爾拉比（Rabbi Hillel）的智慧，他認為，整個猶太律法的基礎是在《利未記》的十九：十八節中所述的「愛你的同胞如愛己」規則。當一個人做慈善捐贈時，大腦中負責欲望和愉悅的區域就會亮起來。換句話說，做善事實際上使人類更快樂。[2]

好的想法或恰當的執行力並非為以色列所獨有。所有國家都將受益於挖掘自己的文化，將自己的經驗教訓應用到他們數百年來所擅長的行業和專業。話雖如此，這個猶太國家造福人類的成就應該受到國際社會的讚揚和仿效。

隨著以色列進入象棋盤的後半部分，我期待著它對全球的正面影響將會在未來延續下去。這本書所介紹的創新者們及其他人，將會繼續開拓進取，盡自己的一份努力，讓這個國家和世界變得更加美好。

能夠生活在猶太人回歸他們歷史家園的時代，我充滿感激之情。大衛・本—古里安曾經說過：「在以色列，要想成為一名現實主義者，你必須相信奇蹟。」以色列是奇蹟確實會發生的鐵證。這個猶太國家把以色列的子孫們從地球的角落聚攏到一起，兌現了一個古老的諾言。這個國家雖然相對年輕，但它又非常熟悉，集自由民主理想與古老經文於一體。當我現在把我的孩子們帶到以色列，就像我父母當年帶著我一樣，看著他們與這個國家複雜的現實角力之時，我很清楚，這個故事的下一個篇章將會留給他們，以及所有那些珍惜生命而非死亡、自由而非暴政、繁榮而非戰爭的人。他們是我的希望所在。

鳴謝

我非常幸運地擁有一群同事和朋友，他們教會了我很多關於創新、以色列生態系統和這個國家對改善全球數十億人生活的影響。本書得以成形，完全得益許多人的慷慨相助和深刻見解。為了寫這本書我有幸採訪了過百人，其中很多人還不止一次接受採訪。受訪者包括創新者、首席執行長、政策制定者、軍方人員、非政府組織高管、工程師、計算機程式員、銀行家、風險投資人、智囊團成員等。他們當中的每個人都從以色列的創新能力，及其在改善人類方面的作用中獲得極大滿足。

從我第一次開始構思這本書的那一刻起，阿維夫和艾納特・埃子拉（Aviv and Einat Ezra）就成為它的支持者。在本書寫作的每個階段，他們都是寶貴的資源且不斷為我提供支持。他們為我介紹無數個連絡人，更加重要的是幫助我度過這個計畫的高潮與低谷階段。我深深地感謝他們陪伴在我身邊。

美國——以色列公共關係委員會（ＡＩＰＡＣ）戰略行動計劃主任喬納森・凱斯勒

（Jonathan Kessler）本人就不亞於一種自然力量。他是我的老師、同事和朋友。我們每隔幾周就會在華盛頓特區的許多中國城餐館共進午餐，我們曾經有兩次一起到以色列旅行，其間他常和我分享他的深刻見解，促使我思考得更遠，在情感上挖掘得更深，來觸及最終成為本書內容的事情本質。

在分享時間和人脈關係方面要數斯坦．米切爾（Stein Mitchell）律師事務所的管理合夥人喬納森．密斯納爾（Jonathan Missner）最為慷慨。通過數以百計的電子郵件、簡訊和電話，他幫助我打開了接觸幾大洲上一些最有趣之人的大門。羅斯．施耐德爾曼（Ross Schneiderman）全程擔任我的總編輯和知識夥伴。他盡其所能來教我講故事的藝術、提新問題及搜尋那些待發掘的有趣事實。

創新者本身才是源源不斷的靈感源泉。當我在採訪時，確實感覺到我的基因成分在改變——我覺得我在學習用全新的眼光來看待這個世界。我很珍惜與尤西．瓦爾迪（Yossi Vardi）在他特拉維夫的家中以及在拿撒勒和漢普頓的金納互聯網大會（Kinnernet）的聚會上度過的時光。伊萊．畢爾（Eli Beer）和多夫．麥希爾（Dov Maisel）不僅多次在聯合救護（United Hatzalah）中心（及其它地方）接受我採訪，而且還不遺餘力地在有關拯救生命的重要性，以及成為受尊敬的人的意義上啟發我的孩子們。阿爾法歐米茄公司的依瑪德和里里姆．尤尼斯以及他們可愛的孩子們——向我的家人敞開了他們的家門與心扉，我很感謝他們的友誼之禮。尤西．萊謝姆（又名「鳥人」）及Rewalk公司創始人阿米特．高佛爾二人都是永不放棄的重要性的典範。

不知疲倦的以色列經濟與工業部新技術與生態系統署署長歐代德・迪斯特爾（Oded Distel），為我所做的遠不止幫助我與以色列生態系統中的有關人士建立聯繫及加深了我對實施政府行動計劃所要付出的犧牲的理解。索爾和溫迪・辛格爾（Saul and Wendy Singer）夫婦以及丹・西納爾（Dan Senor）先生對我更是寬容和支持有加——他們的作品《新創企業之國》（*Start-Up Nation*）一書及其後成立的組織「新創企業之國中心」一直是我靈感的來源。我在本書創作伊始就認識了歐文・庫拉（Irwin Kula）拉比。我時常感覺到他在我身邊，以及他對我極力追夢的溫馨鼓勵。

紅點資本管理合夥人及前以色列八二〇〇軍事情報官員雅尼夫・斯特恩（Yaniv Stern）是我就本書構想與之交流過的第一批人。我清楚地記得在新墨西哥州阿爾伯克基（Albuquerque）遠眺著蒼穹之州，和他談及所有我意識到的讓世界變得更好的以色列創新的情景。通過我們之間在華盛頓特區、紐約和特拉維夫的數百次交談、WhatsApp資訊交流、及無數杯黑阿拉伯咖啡，雅尼夫表現出來的熱情和幽默感讓我堅持了下來。

如果沒有喬治城大學（Georgetown University）法學教授布拉德・斯奈德（Brad Snyder），我將無法安然度過出版界過山車般的起起落落。布拉德與我經常見面，見面場合或者是早上送孩子到學校後在校園內的操場上；或者是在許多家庭聚餐、野餐、和「不給糖就搗蛋」（trick-or-treat）的歷險過程中，我常告訴他書稿寫作的進展情況，我正在採訪的人，以及我待辦事項清單上的各種事情。我對他的友誼之禮和令人愉快的性情尤為感激，更不用說他那直接了當的態度了。

《猶太圖書委員會》的卡羅琳・斯達曼・赫塞爾（Carolyn Starman Hessel）對我悉心指導，在我試圖找到合適的出版代理人和出版商的過程中給了我幫助。她常定期給我打電話，問候一聲，看看我什麼時候會在紐約以便約時間見面。出版代理人黛博拉・哈里斯（Deborah Harris）在引導我熟悉出版界方面也發揮了關鍵作用。她極盡真誠與慷慨，本書得以見天日，是她的洞察力發揮了關鍵作用。是黛博拉最終把我引向了出版商。

我對自己與格芬出版社（Gefen Publishing House）之間的關係滿意之至。我清楚地記得我第一次打電話給格芬的所有人伊蘭・格林費爾德（Ilan Greenfeld）的情景，我在電話上描述了這本書、書中特別介紹的創新者們、以及本書的基本前提。我們約定第二天在他位於耶路撒冷中央汽車站附近的辦公室見面，他立刻領會了我想要達到的目標。他希望儘快出版此書，並且盡一切努力親自確保本書傳遞的資訊成為主流思想的一部分。格芬的計畫經理艾米莉・文德（Emily Wind）在引導過程中做了很好的工作。與擁有敏銳眼光和高超編輯技巧的凱姿雅・拉斐爾・普萊德（Kezia Raffel Pride）一道工作非常令人愉快。我也非常感謝麗莎・門德婁（Lisa Mendelow）和丹・可汗（Dan Kohan），他們共同為我的書設計了精美的封面。

有許多人在不同階段閱讀過本書的書稿，他們的意見是無價的：我非常感謝美國外交政策中心副主任伊蘭・博爾曼（Ilan Berman），我在該中心擔任高級研究員。伊蘭是我多年的支持者和朋友，總是大力支持我。為我提供過幫助的讀者還包括艾倫大腦研究所（Allen Institute for Brain Research）的加布・墨菲（Gabe Murphy），他是一位優秀的朋友和出色的科學家；舊金山大學（University of San Francisco）的亞倫・泰泊爾（Aaron Tapper）教授盡他所能分享了當代大學生的世界觀及與以色列有關的自由主義思想；布羅沃德學院（Broward College）副教授馬琳・卡茲爾（Marlene Kazir）的見解十分精闢；美國海軍上校（退役）馬修・夏普（Matthew Sharpe）為本書提供了一些重要補充，與他多年的友誼是我的福氣；還有朱迪・海布羅姆（Judy Heiblum），她對書稿的結構做出了重要貢獻。

我的幾位優秀研究助理幫助我啟動這個計畫。亞當・巴西亞諾（Adam Basciano）作為研究員和同事無人能及，他的不懈努力讓這本書成為現實。我也要感謝凱拉・沃爾德（Kayla Wold）、亞歷山德拉・茲莫爾恩（Alexandra Zimmern）和勞拉・阿德金斯（Laura Adkins）。

衷心感謝《耶路撒冷郵報》主編和《武器奇才：以色列如何成為高科技軍隊》（*The Weapon Wizards: How Israel Became a High-Tech Military*，聖馬丁出版社，二〇一七）的作者雅科夫・卡茲（Yaakov Katz），我常在巴卡卡盧咖啡館（Baqa's Kalu Café）與他見面和聊天，目的是從他那裡瞭解以色列體制的來龍去脈，並用他的幽默感來為我一天的生活增添趣味。同樣，《創水記》（*Let There Be Water*，聖馬丁出版社，二〇一五）作者賽斯．M．西格爾（Seth M. Siegel）也提供大力幫助。在一次美國以色列公共事務委員會（AIPAC）政策會議期間的幕後安靜聚會時，我第一次告訴賽斯我在寫這本書。他與我分享了他自己的書的成功策略，並鼓勵我也採用他的策略。他的創造力為我提供真正的動力，並且讓我能判斷怎樣才能成功。我在耶路撒冷的鄰居大衛．羅森（David Rosen）拉比總是願意在他陽臺上面對著最美麗、最永恆的風景，分享他的深刻見解、相冊和曲奇餅乾。每次訪談及與他家人共享受安息日晚餐後，我離開時都充滿著能量。

在多次訪問以色列的過程中，我開車走遍了全國，日程十分繁忙。有四個人不斷地向我敞開他們的家門與心扉，給了我關愛和支持：施羅米特．舒山（Shlomit Shushan），其美麗的「布斯坦」（bustan，農藝園）裡有奇妙的樹木和來自世界各地的熱帶水果；伊利特．勒納（Irit Lerner），他在以色列北部的家完全就是個庇護所；阿維．利特（Avi Lichter）的家人格外慷慨大方，從他的大院眺望著美景，很容易讓人誤認為是托斯卡納（Tuscany）；還有我妹妹西蒙．平斯基（Simone Pinsky）對我關懷備至，無人可比。

我採訪了許多位來自約旦河西岸和整個阿拉伯世界的人，他們都要求匿名——我當然尊重他們的意願，因為正面評價以色列可能會使他們／或他們的家庭成員受到傷害。我希望在今後的歲月裡，創新將會成為以色列與鄰國之間和平和解的橋樑之一。

我非常感謝與以下人士進行的一些特別對話及其所做的有益介紹：美國以色列公

共事務委員會前中西部地區主管布萊恩・亞伯拉罕（Brian Abrahams），希拉蕊・柯林頓（Hillary Clinton）總統競選團隊的猶太外聯主任薩拉・巴德（Sarah Bard），美國以色列公共事務委員會政治主任羅布・柏森（Rob Bassin）；胡佛研究所（Hoover Institution）高級研究員彼得・伯科威茨（Peter Berkowitz）；以色列前首席科學家、現任戴爾EMC副總裁奧納・貝利（Orna Berry）；以色列計劃首席執行官兼總裁喬希・布洛克（Josh Block），帕羅奧圖猶太社區中心（Palo Alto JCC）首席執行官扎克・博得耐（Zack Bodner）；哈德森研究所（Hudson Institute）國家安全戰略中心高級研究員兼主任道格・費斯（Doug Feith）；全球風險管理數據網（World Check）創始人阿利・費恩斯坦（Ari Feinstein）；美國以色列公共事務委員會政策和政府事務主任馬文・福伊爾（Marvin Feuer）；來自亞馬遜公司的艾瑪・弗里德曼（Emma Freedman）和克里斯・蓋爾（Chris Gile）；Pivotal公司副總法律顧問蘇西・吉爾菲克斯（Susie Gilfix）；世界經濟論壇資訊技術產業前負責人喬安娜・戈登（Joanna Gordon）；美國以色列公共事務委員會前政策和政府事務副主任喬納森・卡爾特・哈里斯（Jonathan Calt Harris）；中東民主計劃（POMED）研究副主任艾米・霍桑（Amy Hawthorne）；美國猶太人主要組織主席會議（Conference of Presidents of Major American Jewish Organizations）執行副主席馬爾科姆・胡恩萊恩（Malcolm Hoenlein）；洛伊特研究所（Reut Institute）創始人基迪・格林斯坦（Gidi Grinstein）；古爾薩・侯賽因（Gulzar Hussein）；以色列駐美國大使館商務參贊阿納特·卡茨（Anat Katz）；以色列公共外交部副部長邁克爾·奧林（Michael Oren）的高級顧問耐塔·科林（Netta Korin）；前耐克內部商標高級律師（Ken Kwartler）；慈善家、商人、以色列美國委員會（Israeli American Council）的創始人亞當·米爾斯坦（Adam Milstein）；默里·艾登（Mooly Eden），英特爾以色列公司前總經理多弗·莫蘭（Dov Moran），格羅夫風險投資公司（Grove Ventures）管理合夥人；比爾特（BILT）公司總裁兼首席運營官阿邁德·庫萊西（Ahmed Qureshi）；杰西卡·萊恩（Jessica Rine）；美風險投資人和國以色列公共事務委員會前任總裁李·羅森博格（Lee Rosenberg）；前美國中東特別協調員丹尼斯·羅斯（Dennis Ross）；MicroOffice創始人、經驗豐富的企業家兼首席執行官大衛·洛特巴德（David Rotbard）；阿密特·沙夫利（Amit Shafrir）；保衛民主國家基金會研究（Foundation for Defense of Democracies）副總裁喬納森·斯庫策（Jonathan Schanzer）；美國以色列公共事務委員會國際事務主任斯蒂芬·施耐德（Stephen Schneider）；賓漢姆頓大學猶太學生生活哈巴德（Chabad）中心的教育主任里弗卡·斯洛尼姆（Rivkah Slonim）；現在時（PresenTense）集團以色列分部首席執行官蓋·斯比格爾曼（Guy Spigelman）；社會企業家尼爾·促科（Nir Tzuk）；美國教育學會會長及美國以色列公共事務委員會前任主席大衛·維克多（David Victor）；前紐約時報貝魯特辦事處主任羅伯特·沃思（Robert Worth）；我尤其要對他們每個人的鼎力相助表示深深地感謝。

我在ＩＭＳ公司的合夥人拉里・格里克（Larry Glick）實屬天賜。他給我的指導、支持和友誼之禮是無價的。他理解我寫這本書的激情，從頭到尾都支持我。

最後，如果沒有我的家人和岳父母，尤其重要的是我妻子埃琳娜（Eleana）的鼓勵，我不可能寫好《改變世界的以色列創新》這本書。在過去的三年裡，我不斷地向埃琳娜和我的三個孩子埃登、奧倫和亞尼夫講述以色列改變人類的創新。他們是我最大的支持者和靈感來源。

當我想到支持這個過計畫的所有來自世界各地的好朋友、同事和家人時，我怎能不相信我們每個人都有能力利用我們的智慧來修繕這個世界呢？

阿維・尤利什
美國華盛頓特區
二〇一八年一月

附錄　以色列的五十大貢獻

1948年——自衛武術。伊姆利・利赫滕費爾德（Imre Lichtenfeld）發明了「馬伽術」（Krav Maga），意思為徒手搏鬥。這種自衛系統結合了合氣道、柔道、拳擊和摔跤術。

1955年——太陽能集水器。哈利・茲維（Harry Zvi）博士開發了用於收集太陽能的黑色條帶，並將其連接到一個裝置上來收集加熱的水。這種新型的太陽能加熱器也被稱為「杜德舍麥什」（dud shemesh），能夠比渦輪機產生更多的熱水和電能。

1955年——《動中覺察》身心訓練法。摩西・費登奎斯（Moshe Feldenkrais）設計一套稱為「費登奎斯方法」的整體訓練體系，來幫助人們塑造更美的體態。

1958年——創造舞蹈語言。諾亞・艾什科爾（Noa Eshkol）和亞伯拉罕・瓦赫曼（Abraham Wachman）創造了一個革命性的運動記錄符號系統，該記錄方式可以被普遍理解和複製。有了運動語言，專家就可以用它來記錄舞蹈、理療、和動物行為。

1961年——地熱渦輪機。哈利．茲維塔波（Harry Zvi Tabor）博士和西恩．耶胡達．布朗尼基（Lucien Yehuda Bronicki）發明了太陽能渦輪機，它使用一種替代液體來驅動發電機——即使在太陽的光線不強的天氣情況下也能工作。布朗尼基和他妻子蒂塔（Ditta）通過他們的跨國公司歐瑪特（Ormat）將這種創新應用於地熱能源，並且取得了巨大成功。

1963年——發現大麻的化學結構。拉斐爾．梅舒朗（Raphael Mechoulam）發現大麻中的活性化合物的化學結構，其中包括大麻二酚（CBD）和四氫大麻酚（THC），這些物質後來被用於治療癲癇及其他疾病。

1965年——現代滴灌技術。西姆哈．布拉斯（Simcha Blass）與哈澤林基布茲（Kibbutz Hatzerim）簽署了一項合約，成立了耐特菲姆公司並大規模生產世界上首個現代滴灌器，它幫助農民、合作社和政府節約更多的水。

1967年——多發性硬化症藥物。邁克爾．瑟拉（Michael Sela）、洛斯．阿儂（Ruth Arnon）、與德沃拉．泰特鮑姆（Dvora Teitelbaum）開始採用合成物質進行減少與多發性硬化症相關症狀的試驗。近三十年後，美國食品藥物管理局（FDA）與梯瓦（Teva）製藥同時批准了三人開發的藥物醋酸格拉替雷（Copaxone）。

1973年—堅不可摧的門和鎖。亞伯拉罕．巴赫利（Avraham Bachri）和摩西．多列夫（Moshe Dolev）發明了「拉夫巴里亞赫」（Rav Bariach）幾何門鎖，該鎖的鎖芯與門框整體連接在一起。四年後，兩人又發明了「普拉德萊特」（Pladelet），一種帶有其發明的鎖頭的鋼製安全門。

1976年—天然驅蚊劑。尤艾爾．馬加利斯（Yoel Margalith）博士發現了蘇芸金芽胞桿菌以色列亞種（Bti），這種微生物菌劑可殺死大多數蚊子和黑蠅。該天然藥劑比殺蟲劑便宜且具有同樣功效。而且不會危害環境。

1976年—鏈接圖書館和書籍。一個由來自希伯來大學的圖書館員、系統分析員和計算機程式員組成的團隊，開始創建世界上第一個自動化圖書館系統，稱為「阿勒夫」（Aleph，希伯來文首字母）。

1979年—超級電腦芯片。英特爾海法公司生產世界上首個個人電腦微處理器，即英特爾8088處理器。

1979年—多發性硬化藥物。米歇爾．瑞夫爾（Michel Revel）採用包皮實驗發現了一種新的治療多發性硬化症的方法。他開發出了藥物「利比扶」（Rebif），是治療治療多發性硬化症的主要藥物之一。

1980年—櫻桃番茄（「聖女番茄」）。哈依姆．拉賓諾維奇（Chaim Rabinovitch）

與納胡姆・凱達爾（Nahum Keidar）通過修改基因將番茄改造成一種稱為「櫻桃番茄」的微型品種。

1983年—消滅害蟲的「生物蜂」大軍。馬里奧・摩西・列夫（Mario Moshe Levi）和雅各布・那卡什（Yaakov Nakash）推出「生物蜂」生物系統，它用於培育蜜蜂、黃蜂和蟎蟲來防治害蟲和進行植物自然授粉，同時確保這些昆蟲不會控制周圍環境並造成有害副作用。

1985年—穀物儲存袋。什洛莫・納瓦羅（Shlomo Navarro）博士開發了「穀物繭」，一種無需殺蟲劑就能儲存並保鮮大米、穀物、香料、和豆類的大型密封袋。

1987年—防止鳥類和飛機相撞。利用雷達、機動滑翔機、無人機和鳥類觀察者網絡，尤西・萊謝姆（Yossi Leshem）為每年飛越以色列的十億隻鳥類創建了精確地圖。他的研究成果將鳥類和飛機之間的碰撞率降低了76％，減少了將近十億美元損失。

1989年—閃存驅動器。多夫・莫蘭（Dov Moran）博士發明了世界上首個閃存驅動器，稱為「鑰匙上的磁盤」（DiskOnKey）（後被閃迪公司收購）。該設備比光碟更小、更快、並且儲存容量要大許多。

1990年—改良繃帶。伯納德・本—納坦（Bernard Ben-Natan）開發出急救繃帶，一種可在救傷時瞬間控制大量出血和防止感染的獨特救生產品。

1991年—嬰兒呼吸監測器。利用安裝在嬰兒床下的傳感墊，哈伊姆·什塔利德（Haim Shtalryd）發明了首個現代嬰兒呼吸監測器。

1993年—互聯網防火牆。吉爾·史威德（Gil Shwed）、施洛莫·克萊默（Shlomo Kramer）、和馬里斯·納赫特（Marius Nacht）發明了防火牆技術，用於保護公司和個人在線數據。

1993年—腦部手術GPS定位系統。依瑪德和里里姆·尤尼斯（Imad and Reem Younis）創立了以色列境內最大的阿拉伯高科技公司阿爾法歐米茄（Alpha Omega）。它為腦深部刺激治療手術中充當全域定位系統（GPS）的設備建立了行業標準，該手術用於治療特發性震顫、帕金森症、和其他神經系統疾病。

1995年—卵巢癌治療藥物。耶赫茲凱爾·巴倫霍爾茲（Yechezkel Barenholz）和阿爾貝托·加比宗（Alberto Gabizon）博士共同開發獲得美國食品藥物管理局批准的第一種奈米藥物「鹽酸多柔比星脂質體」（Doxil）。採用注射劑給藥，多柔比星在延長卵巢癌患者的生命的效果方面超出其它同類藥物25%到33%。

1996年—即時聊天技術。亞伊爾·哥德芬格爾（Yair Goldfinger）、阿蒙·阿米爾（Amnon Amir）、阿力克·瓦爾迪（Arik Vardi）、和尤西·瓦爾迪

（Yossi Vardi）創立了「米哈布利斯」（Mirabilis神奇）公司，該公司創建發明即時通信技術ICQ，世界上首個在線即時訊息程式。

1996年—帕金森氏症治療藥物。穆薩・尤迪姆（Moussa Youdim）發表了一篇論文，聲稱「複合雷沙吉蘭」（Rasagiline）可以在帕金森氏病的治療中發揮作用。三年後，梯瓦製藥公司開發出名為「阿茲萊克特」（Azilect）的雷沙吉蘭片，並開始在美國和歐洲市場銷售。

1997年—生態友好型養魚場。雅阿普・凡・利因（Jaap van Rijn）為一種獨特的養魚場廢水零排放回收系統申請了他的第二個專利。通過使用特別開發的細菌和生物過濾器，凡・利因研究出可在任何地方使用極少量的水來繁殖魚類，同時又不會危害環境的技術。

1998年—膠囊內視鏡。加夫里埃爾・依丹（Gavriel Iddan）博士發明了一種可吞嚥的照相機和無線電發射器，它可以通過胃腸道來拍攝人體內臟照片。膠囊內視鏡（PillCam）為醫生在篩查、診斷和治療胃腸相關疾病時提供了一個減少侵入式治療手段的有效工具。

1998年—抗擊牙齦疾病。美國食品和藥物管理局批准銷售牙齦護理片（PerioChip），這是首個減少成人牙周炎的可生物降解藥物釋放系統。該產品是由邁克爾・弗里德曼（Michael Friedman）、邁克爾・瑟拉（Michael Sela）、多倫・斯坦伯格（Doron Steinberg）、和奧布里·索斯科尼（Aubrey Soskolny）發明的。牙齦護理片可直接插入牙周囊中。

1999年——移動眼（mobileye）汽車安全系統。阿儂·沙舒阿（Ammon Shashua）和茲維·阿維哈姆（Ziv Aviram）發明了「移動眼」。這是一個通過向駕駛人員發出周圍危險環境警告來避免交通事故的系統。如果前方的車輛離得太近或者司機以不安全的方式偏離車道，該設備就會發出聲音警報。

2001年——機器人背部手術技術。「嘜作」（Mazor）機器人創始人摩西·肖海姆（Moshe Shoham）和伊萊·澤哈維（Eli Zehavi）發明了一個引導系統，讓脊椎手術轉變得更為科學。採用「嘜作」的革命性技術，醫生在手術前可拍攝CT影像來並創建一個三維脊椎藍圖。醫務人員藉此能夠高度精確地進行手術規劃。

2004年——醫院智能病床。丹尼·蘭格（Danny Lange）博士、尤西·格羅斯（Yossi Gross）、蓋·希納爾（Guy Shinar）、和艾夫納·哈柏林（Avner Halperin）發明了一個平板傳感器，能把醫院病床墊變成一張智能床。這個iPad大小的設備可監控病人的心跳、呼吸速度、睡眠階段和動作，然後通過無線通信把監測數據傳輸到智能手機應用程式上面。

2004年——外骨架行走裝置（機器人）。阿米特·高佛爾（Amit Goffer）博士發明了「再行走」（ReWalk）外骨架行走機器人，讓半身癱瘓者可再次獲得行走能力。

2005年——讓滅絕種植物復活。利用二十世紀六十年代初在馬薩達（Masada）發現的遠古種子，沙拉・薩隆（Sarah Sallon）博士和伊蓮・索洛維（Elaine Solowey）找到了一種方法來讓大約兩千年前消失了的東西復活：猶太椰棗棕櫚，它是古地中海地區最重要的植物之一。

2006年——痴呆症治療藥物。瑪爾塔・魏因斯托克—羅森（Marta Weinstock-Rosin），邁克爾・克萊夫（Michael Chorev）和吉夫・塔—什瑪（Zeev Ta-Shma）博士開發出「艾斯能」（Exelon），世界上第一種獲得批准用於治療與帕金森氏症相關的輕度至中度痴呆症的藥物。

2006年——首個急救人員地理定位器和救護摩托車。伊萊・畢爾（Eli Beer）組建了一支由志願急救人員組成的聯合救護組織（United Hatzalah），他們的手機上都裝有一個作為調度工具的標準化應用程式，（在接到求救資訊時）可立即通知離需要急救者最接近的五個人。這些急救醫生經常以急救摩托為交通工具，這是一種改裝為微型救護車的摩托車，它非常靈活，可在繁忙交通中穿行。

2007年——奈米聖經。尤利・斯凡（Uri Sivan）和歐哈德・祖哈爾（Ohad Zohar）博士使用聚焦離子激光束用九十分鐘時間完成了通常需要幾年才能完成的工作：即由一本由一百二十萬個字母組成的完整希伯來聖經。它與普通版本聖經的唯一區別在於該聖經版本的尺寸是奈米級的。

2007年──盲人視覺輔助技術。阿米爾・阿美迪（Amir Amedi）博士發明了一種叫做「眼音樂」（EyeMusic）的技術，它讓盲人能使用其他感官來識別包括顏色在內的日常物品。用戶佩戴配備有照相機的特殊眼鏡，可掃描環境並將掃描對象轉換為特定的音樂代碼。

2008年──「位子」（Waze）社交導航地圖。尤利・萊文（Uri Levine）、埃胡德・沙布泰（Ehud Shabtai）和阿米爾・希納爾（Amir Shinar）開發出「位子」（Waze）社交導航地圖，世界上使用最廣泛的交通導航應用程式。該系統採用道路狀況實時更新，幫助司機減少通勤時間和汽油消耗（該公司已經被谷歌收購）。

2008年──防漏水技術。阿米爾・皮萊格（Amir Peleg）推出了一個軟體平臺，將大數據和雲技術結合起來，用於監測供水管道網絡。他的「塔卡杜」（Takadu）系統，讓城市、市政機關和國家機關能檢查他們的供水基礎設施及檢測泄漏和管道爆裂情況，從而節省數百萬加侖的水。

2008年──革命性的馬桶。歐代德・綏瑟尤夫（Oded Shoseyov）和歐代德・哈柏林（Oded Halperin）發明了「糞便淨」（AshPoopie）馬桶，這是一種不需要用水或電且不會留下任何廢物的馬桶。

2009年──遏制愛滋病技術。為了減少感染HIV的人數，奧倫・富爾斯特（Oren Fuerst）、依多・奇萊姆尼克（Ido Kilemnick）和紹爾・碩哈特（Shaul Shohat）發明了「普里派科斯」（Prepex）包皮環切器，該包皮環切裝置為非外科手術器具，使用時無需麻醉、絕對安全、不流血、幾乎無痛。

2010年──管內水動輪。丹尼・皮萊格（Danny Peleg）發明了「水動輪」（Hydrospin），一種安裝在水管內的小轉輪，用於產生電流，從而成為永久清潔能源來源。

2010年──耐旱馬鈴薯。大衛・利維（David Levy）開發出一種馬鈴薯新品種，可以生長在炎熱、乾燥、缺水的環境中。

2010年──生物降解食品包裝。達芙娜・尼森鮑姆（Daphna Nissenbaum）和塔爾・紐曼（Tal Neuman）發明了「梯帕」（TIPA），一種具有與普通塑膠相同機械性能的生物降解食品包裝材料。

2011年──鐵穹導彈防禦系統。丹尼・戈爾德（Danny Gold）準將和莎諾赫・萊文（Chanoch Levine）採用革命性的鐵穹（Iron Dome）防禦系統、成功擊落一枚從加薩走廊射來的哈馬斯火箭。該裝置採用先進的雷達和軟體系統預測火箭的軌跡，並將其從空中擊落。

2011年──免提智慧手機。歐代德・本──多夫（Oded Ben-Dov）和吉亞拉・利夫那

（Giora Livne）開發出「芝麻手機」（Sesame Phone），世界上第一部供手部功能受限的人使用的智慧手機。

2011年——高效沼氣機。亞伊爾·特勒爾（Yair Teller）和歐西克·埃夫哈提（Oshik Efrati）發明了「家用生物質氣體」裝置（HomeBioGas），它是世界上第一台可將寵物糞便及廚房和花園有機廢料變成可再生氣體的高效率、易組裝的機器。

2012年——傷員背負工具。埃利·艾薩克森（Elie Isaacson）和伊扎克·奧本海姆（Itzhak Oppenheim）發明了一個實用受傷人員背負工具，以取代消防員使用的背負工具。其功能與背包類似，救援人員可使用它來背負或疏散無行為能力的人而無須占用自己的雙手。

2015年——癌症嗅測技術。霍薩姆·哈伊克（Hossam Haick）開發出「納鼻」（NA-Nose），這是一種通過人類呼吸檢測肺癌的設備，採用的技術能檢測到人類嗅覺系統通常無法識別的化合物。

2016年——穩定且可生物吸收的繃帶。以色列的核心科學（Core Scientific Creations）公司向市場推出一種稱為「創傷凝」（Wound Clot）的繃帶，它能吸收大量的血液，然後被人體吸收。

榮譽提名

2014年——「修繕世界」創客大賽（湯姆，tikkun olam makers）。第一個「創拉松」（Make-a-thon）原型製造和設計大賽在拿撒勒舉行，創建了首個彙集思想家、工程師、設計師和專案經理的平臺，以解決弱勢社群中未得到滿足的社會需求問題。這些技術馬拉松現在在世界各地都在舉行，為殘疾人生產定製模型和產品原型。解決方案上傳到網上，可免費使用。

各章註釋

前言——要有光

1 G.K. Chesterton, *What I Saw in America* (New York, 1922), 12.

第一章——以色列的DNA

1 Avi Yaron, author's interview, Nazareth, April 16, 2016.
2 Ibid.
3 Ibid.
4 Ibid.
5 Reem Younis, author's interview, Washington, DC, September 13, 2016.
6 Jill Jacobs, "“The History of Tikkun Olam,” *Zeek*, June 2007, www.zeek.net/706tohu/index.php?page=2e?.
7 Rabbi David Rosen, author's interview, Jerusalem, July 21, 2016.
8 Yossi Vardi, author's interview, Hamptons, NY, July 3, 2017.
9 “Declaration of the Establishment of the State of Israel,” May 14, 1948, www.mfa.gov .il/mfa/foreignpolicy/peace/guide/pages/declaration%20of%20establishment%20of%20state%20of%20israel.aspx0t.
10 Theodor Herzl, “Excerpts from *The Jewish State*,” February 1896, www.jewishvirtual library.org/jsource/Zionism/herzlex.htmltxz.
11 Theodor Herzl, “Quotes on Judaism and Israel,” *Jewish Virtual Library*, www.jewishvirtuallibrary.org/jsource/Quote/herzlq.htmltl.
12 “Tikkun Olam,” Israel Ministry of Education [in Hebrew], http://meyda.education.gov.il/files/Tarbut/

PirsumeAgaf/KitveEt/kitaHBenGoryon.pdf. See also "Herzl's Better Society," Israel Ministry of Education [in Hebrew], http://cms.education.gov.il/NR/rdonlyres/7D90F636-B63F-443C-84A0-CF6C9C9C6FC6/148474/hahevra_hametukenet.pdf. And see Charles Ward, "Protestant Work Ethic That Took Root in Faith Is Now Ingrained in Our Culture," *Houston Chronicle*, September 1, 2007, www.chron.com/life/houston-belief/article/Protestant-work-ethic-that-took-root-in-faith-is-1834963.php-.

第二章——猶太人不能無動於衷

1 Jake Wallis, "Saving Their Sworn Enemy," *Daily Mail*, December 8, 2015, www.dailym ail.co.uk/news/article-3315347/Watch-heart-pounding-moment-Israeli-comman dos-save-Islamic-militants-Syrian-warzone-risking-lives-sworn-enemies.htmlok.

2 "IDF Medical Units Treat Wounded Syrians," *The Tower*, August 9, 2016, www.thetow er.org/3759-watch-idf-medical-units-treat-wounded-syrians/.

3 Eugene Kandel, author's email exchange, December 28, 2016.

4 Batsheva Sobelman, "One Country That Won't Be Taking Syrian Refugees: Israel,"*Los Angeles Times*, September 6, 2015, www.latimes.com/world/middleeast/la-fg- syrian-refugees-israel-20150906-story.htmlo.

5 Golda Meir, *My Life* (New York: G.P. Putnam's Sons, 1975), 317-37. See also D. Ben- Gurion, "Trends in State Education" [in Hebrew], lecture at Nineteenth National Pedagogical Conference of the Teacher's Union, October 17, 1954, *Hahinukh* 27 (1954): 3-8, quoted in Ronald W. Zweig, *David Ben-Gurion: Politics and Leadership in Israel* (Oxford, UK: Routledge, 1991), 272n61.

6 Meir, *My Life*, 319-20.

7 Ibid., 317-18.

8 Ehud Avriel, "Some Minute Circumstances," *Jerusalem Quarterly* (winter 1980): 28, quoted in Aliza Belman Inbal and Shachar Zahavi, *The Rise and Fall of Israel's Bilateral Aid Budget, 1958-2008* (Tel Aviv: Tel Aviv University Hartog School for Government and Policy with the Pears Foundation, 2009), 27.

9 Meir, *My Life*, 18.

10 Inbal and Zahavi, *The Rise and Fall of Israel's Bilateral Aid Budget, 1958-2008*, 16.

11 Ibid., 9.

12 Ibid., 19.

13 Ibid., 9.

14 Meir, *My Life*, 333.

15 Ibid., 337.

16 Ibid.

17 Ibid., 336. This trip took place in 1964.

18 Joel Peters, *Israel and Africa: The Problematic Friendship* (London: British Academic Press, 1992), 15, quoted in Inbal and Zahavi, *The Rise and Fall of Israel's Bilateral Aid Budget, 1958-2008*, 27.

19 Meir, *My Life*, 318.

20 Mordechai E. Kreinin, *Israel and Africa: A Study in Technical Cooperation* (New York: Frederick A. Praeger, 1964), 11, quoted in Inbal and Zahavi, *The Rise and Fall of Israel's Bilateral Aid Budget, 1958-2008*, 30.

21 Ibid., 9, 19.

22 Meir, *My Life*, 325.

23 But MASHAV did continue to train Africans if their expenses were covered. And about fifty Israelis continued to train on the continent under the auspices of the UN and other multilateral organizations. See Inbal and Zahavi, *The Rise and Fall of Israel's Bilateral Aid Budget, 1958-2008*, 41.

24 Judy Siegel-Itzkovich, "Is This Where Charity Ends?" *Jerusalem Post*, October 24, 2004.

25 "Mapof IDFDelegationsaroundtheWorld,"*IDFBlog*,www.idfblog.com/blog/2013/11/27/idfwithoutborders-map-idf-aid-delegations-around-world/. And for a detailed map of IDF aid missions around the world, please google #IDFWithoutBorders.

26 Avi Mayer, "Another Side of Israel: The Impact of Tikkun Olam," Jewish Policy Cen- ter, spring 2013, www.jewishpolicycenter.org/2013/02/28/israel-tikkun-olam/o.

27 Dov Maisel, author's phone interview, September 1, 2016.

28 Ruth Eglash, "A Light among the Nations," *Jerusalem Post*, May 7, 2008.

29 Dr. Dan Engelhard, author's phone interview, November 10, 2016. See also Eglash, "A Light among the Nations."

30 "A Dropof Hopeina Seaof Despair," CSPAN, January 13, 2014, www.c-span.org/video/?c4480721/ariel-bar-aipacab.

31 Viva Sarah Press, "WHO Ranks IDF Field Hospital as World's Best," Israel21c, Novem- ber 14, 2016, https://www.israel21c.org/who-ranks-idf-field-hospital-as-worlds-best/-.

32 "Bill Clinton Hails Israel Relief Mission to Haiti," *Haaretz*, January 28, 2010, http://www.haaretz.com/news/bill-clinton-hails-israel-relief-mission-to-haiti-1.262274-t.

33 As of November 2016. Judah Ari Gross, "UN Ranks IDF Emergency Medical Team as 'No. 1 in the World,'" *Times of Israel*, November 13, 2016, http://www.timesofisrael.com/un-ranks-idf-emergency-medical-team-as-no-1-in-the-world/t-.

34 Judah Ari Gross, "Masters of Disaster, IDF Field Hospital May Be Recognized as World's Best," *Times of Israel*, October 18, 2016, www.timesofisrael.com/masters-of-disaster-idf-field-hospital-may-be-recognized-as-worlds-bestrd.

35 "Israeli Humanitarian Relief: MASHAV-Israel's Agency for International Develop- ment Cooperation," Israel Ministry of Foreign Affairs, http://mfa.gov.il/MFA/ForeignPolicy/Aid/Pages/Israeli%20Humanitarian%20Relief-%20MASHAV%20-%20the%20Israel%20F.aspx#countries. See also "Israel's Agency for International Development Cooperation," Embassy of Israel in China, http://embassies.gov.il/beijing-en/mashav/Pages/MASHAV.aspx/. 36 CSPAN, "A Drop of Hope in a Sea of Despair."

第三章——救護車優步

1 Eli Beer, author's interview, Washington, DC, March 20, 2016.

2 TEDMED, "The Fastest Ambulance? A Motorcycle," April 2013, www.ted.com/talks/eli_beer_the_fastest_ambulance_a_motorcycle?language=en. See also Allison Josephs, "The Orthodox Man Who Saved a Life with His Yarmulke," Jew in the City, May 29, 2014, http://jewinthecity.com/2014/05/the-orthodox-man-who-saved-a-life-with-his-yarmulke; "Behind Israel's Fast Response to Medical Emergencies," *San Diego Jewish World*, April 6, 2014, www.sdjewishworld.com/2014/04/06/be hind-israels-fast-response-medical-emergencies; "Bus Bomb Toll: Six Dead, 19 Injured," Jewish Telegraphic Agency, June 5, 1978, www.jta.org/1978/06/05/arch

ive/bus-bomb-toll-six-dead-19-injured; "Scattered Saviors," *Economist*, January 28, 2012, www.economist.com/node/21543488844.

3 TEDMED, "The Fastest Ambulance?" See also United Hatzalah, "Ambucycle Zooms into AIPAC 2015 Conference," March 1, 2015, www.youtube.com/watch?v=iYAolB 9lZf U; Josephs, "The Orthodox Man."

4 United Hatzalah, "Ambucycle Zooms." See also Josephs, "The Orthodox Man."

5 "Behind Israel's Fast Response to Medical Emergencies," *San Diego Jewish World.*

6 Eli Beer, author's interview, Washington, DC, March 20, 2016.

7 TEDMED, "The Fastest Ambulance?"

8 Greer Fay Cashman, "Rivlin Salutes First Responders as the 'Light in the Darkness,'" *Jerusalem Post*, December 8, 2015, www.jpost.com/Israel-News/Rivlin-salutes-first- responders-as-the-light-in-the-darkness-436641e.

9 "Six Minutes to Save a Life," *Harvard Health Publications,* January 2004, www.health.harvard.edu/press_releases/heart_attack_advicedt.

10 TEDMED, "The Fastest Ambulance?"

11 United Hatzalah, "Ambucycle Zooms." See also Josephs, "The Orthodox Man." 12 TEDMED, "The Fastest Ambulance?" See also Josephs, "The Orthodox Man."

13 United Hatzalah, "Ambucycle Zooms."

14 TEDMED, "The Fastest Ambulance?" See also United Hatzalah, "Ambucycle Zooms."

15 United Hatzalah, "Ambucycle Zooms."

16 Judy Siegel-Itzkovich, "Capital's Light Rail Survives First Simulated Terror Attack," *Jerusalem Post*, July 26, 2012.

17 Eli Beer, author's phone interview, May 31, 2016.

18 "Ministry of Health: United Hatzalah Authorized to Train Ambulance Drivers," United Hatzalah, https://israelrescue.org/detail.php?nid=176&m=p.

19 Judy Siegel-Itzkovich, "Ambucycle Zooms into AIPAC Conference," *Jerusalem Post*, March 3, 2015, www.jpost.com/Diaspora/Ambucycle-zooms-into-AIPAC-conference-392729. See also Judy Siegel-Itzkovich, "Opening Their Eyes," *Jerusalem Post*, December 20, 2015, www.jpost.com/Business-and-Innovation/Health-and-Science/Opening-their-eyes-437828; TEDMED, "The Fastest Ambulance?"

20 TEDMED, "The Fastest Ambulance?"

21 Eitan Arom and Erica Schachne, "Just an Ambucycle Ride Away," *Jerusalem Post*, January 2, 2015.

22 Dov Maisel, author's phone interview, June 1, 2016.

23 Peter Bloom, author's phone interview, May 23, 2016.

24 Dov Maisel, author's phone interview, June 1, 2016.

25 Siegel-Itzkovich, "Opening Their Eyes." See also Keren Ghitis, *Jerusalem SOS*, 2010, www.gaaal.com/films/jerusalem-sos. The "GPS" system is called the LifeCompass system, which was developed with NowForce. Nowforce is an Israeli-headquartered company that was founded in 2008 (see the company website, www.nowforce.com).

26 Arom and Schachne, "Just an Ambucycle Ride Away."

27 Roland Huguenin, "Courage under Fire," *Magazine of the International Red Cross and Red Crescent Movement*, http://www.redcross.int/EN/mag/magazine2000_4/Palestina.html; A. Harpaz, "United Hatzalah: Thirty Arab Volunteers from East Jerusalem Join the Organization with the Encouragement of the Organization's Senior Executives," *Actuality* [in Hebrew], October 24, 2009, www.actuality.co.il/articles/art.asp?ID=3684&SID=7&CID=14&MID=14. And for their part, the Palestinian Red Crescent Society have asked MDA to operate in the West Bank or East Jerusalem. Tovah Lazaroff, "Int'l Red Cross Slams MDA for Operating in East Jerusalem, West Bank," *Jerusalem Post*, July 5, 2013, www.jpost.com/Diplomacy-and-Politics/Intl-Red-Cross-slams-MDA-for-operating-in-e-Jlem-West-Bank-318827.

28 See also Sam Sokol, "Fighting Together to Save Lives," *Jerusalem Post*, December 12, 2012.

29 Ghitis, *Jerusalem SOS*.

30 Muhammad Asli, author's phone interview, May 25, 2016.

31 Abigail Klein Leichman, "Peace Prize for Jewish and Muslim Leaders of United Hatzalah," Israel21c, July 24, 2014, www.israel21c.org/peace-prize-for-jewish-and-muslim-leaders-of-united-hatzalah/. See also Sokol, "Fighting Together"; Greer Fay Cashman, "United Hatzalah Leaders Receive Prize for Peace in the Mid East," *Jerusalem Post*, June 25, 2013, www.jpost.com/National-News/United-Hatzalah-le aders-receive-prize-for-peace-in-the-Mid-East-317610Eta.

32 Leichman, "Peace Prize." See also Sokol, "Fighting Together."

33 Muhammad Asli, author's phone interview, May 25, 2016.

34 Ibid.
35 TEDMED, "The Fastest Ambulance?"
36 Muhammad Asli, author's phone interview, May 25, 2016.
37 Siegel-Itzkovich, "Opening Their Eyes."
38 Muhammad Asli, author's phone interview, May 25, 2016.
39 United Hatzalah, "Eli Beer and Murad Alian Win Victor Goldberg Prize for Peace," July 2, 2013, www.youtube.com/watch?v=oj_0CDKTWlk. See also United Hatzalah, "IBA News in Arabic from Jerusalem," June 27, 2013, www.youtube.com/watch?v=4 MmN8QZn2WQ&feature=youtu.beuu.
40 Dov Maisel, author's phone interview, June 1, 2016. See also Dov Maisel, author's email exchange, January 3, 2017.
41 Judy Siegel-Itzkovich, "30 E. J'Lem Arabs Become Hatzalah Emergency Medics," *Jerusalem Post*, October 16, 2009.
42 TEDMED, "The Fastest Ambulance?"
43 Judy Siegel-Itzkovich, "Before the Ambulance Comes," *Jerusalem Post*, September 13, 2009.
44 TEDMED, "The Fastest Ambulance?"
45 United Hatzalah, "Eli Beer and Murad Alian Win Victor Goldberg Prize for Peace."
46 Mark Gerson, author's interview, New York, October 27, 2016.
47 Siegel-Itzkovich, "Ambucycle Zooms." See also Siegel-Itzkovich, "Opening Their Eyes"; "Eli Beer," Schwab Foundation for Social Entrepreneurship, www.schwabfound.org/content/eli-beere-.
48 Alan Dershowitz, author's email exchange, November 19, 2016.
49 "When Seconds Count," United Hatzalah, www.israelrescue.org/faqs.phpp.
50 Siegel-Itzkovich, "Before the Ambulance Comes."
51 There are only two places that have made serious headway in replicating the Israeli model: Jersey City, New Jersey, and Panama City, Panama. Other chapters that are starting to duplicate the Israeli model include Australia, Argentina, Brazil, Ban-gladesh, Dubai, Ethiopia, Ghana, India, Lithuania, Mexico, Rwanda, United King- dom, and Ukraine. Sometimes these organizations are called United Rescue. Dov Maisel, author's phone interview, June 1, 2016. See also Eli Beer, author's interview, Washington, DC, March 20, 2016; Siegel-Itzkovich, "Ambucycle Zooms"; Greer Fay Cashman, "The Ties That Bind," *Jerusalem Post*, May 30, 2014;

United Hatzalah, “United Hatzalah’s Partnership in Dubai,” *Youtube*, July 19, 2015, www.youtube.com/watch?v=yJRmeya5SLw); United Hatzalah, “A Great Moment from Eli Beer’s Visit with Panama’s United Hatzalah Crew,” *Youtube*, December 8, 2015, www.youtube.com/watch?v=57U7zuuV_lc_u.

52 Eli Beer, author’s phone interview, May 31, 2016. 53 TEDMED, “The Fastest Ambulance?”

第四章——一次一滴

1 “Inventors: Simcha Blass,” Netafim.com, www.netafimlegacy.com/people. See also “CEOs: Uri Werber,” Netafim.com, www.netafimlegacy.com/people; Sharon Udasin, “A Drip Revolution around the World,” *Jerusalem Post*, April 22, 2015, www.jpost.com/Israel-News/A-drip-revolution-around-the-world-398660.

2 Naty Barak, author’s interview, Kibbutz Hatzerim, July 5, 2015.

3 “Inventors: Simcha Blass,” Netafim.com.

4 Alastair Bland, “Hiding in the Shallows,” *Comstock’s*, September 15, 2015, www.comstocksmag.com/longreads/hiding-shallowswa.

5 David Tidhar, *Encyclopedia of the Founders and Builders of Israel* [in Hebrew], vol. 7 (1956), 2945, www.tidhar.tourolib.org/tidhar/view/7/29459.

6 Ibid.

7 Maureen Gilmer, “Dry Land Thrives with Drip Irrigation: Systems Traced to Dis- covery in Arid Israel in 1960s,” *Dayton Daily News*, May 7, 2015. See also Uri Drori, “Danny Retter: Co-Founder,” https://vimeo.com/channels/netafim/420673787.

8 Alon Tal, *Pollution in a Promised Land: An Environmental History of Israel* (Berkeley: University of California Press, 2002), p. 228

9 Seth M. Siegel, *Let There Be Water* (New York: St. Martin’s Press, 2015), 56.

10 Siegel, *Let There Be Water*, 58.

11 Gilmer, “Dry Land Thrives.”

12 Yael Freund Avraham, “A Drop of Respect: Who Really Invented Drip Irrigation?” *Makor Rishon* [in Hebrew], June 7, 2015, www.nrg.co.il/online/1/ART2/698/679.html..

13 Dr. V. Praveen Rao, "History of Irrigation," Netafim Legacy, www.netafimlegacy.com/exhibitions?history-of-irrigation. See also "The History of Drip Irrigation," Drip Depot, www.dripdepot.com/a/529cbef775eb51467e8c14000.

14 According to Netafim, drip irrigation is 30 percent more efficient than flooding; the combination of drip irrigation and fertigation (i.e., fertilization and irrigation together) increases productivity up to 200 percent. Netafim, "7 Facts about Drip," January 25, 2015, www.youtube.com/watch?v=1R_1rjgVezEe.

15 Udasin, "A Drip Revolution."

16 "CEOs: Uri Werber," Netafim.com, www.netafimlegacy.com/people. Seealso"Simcha Blass," Netafim.com, www.netafimlegacy.com/peoplel.

17 "CEOs: Uri Werber," Netafim.com; Naty Barak, author's interview, Kibbutz Hatzerim, July 5, 2015.

18 Siegel, *Let There Be Water*, 60.

19 "CEOs: Uri Werber," Netafim.com.

20 Naty Barak, author's interview, Kibbutz Hatzerim, July 5, 2015.

21 Netafim, "The Evolving Story of Netafim and Drip Irrigation," May 27, 2012, www.youtube.com/watch?v=QAGlTo0quR4R.

22 "Timeline: 1966," Netafim Legacy, www.netafimlegacy.com/timeline.

23 "Timeline: 1967," Netafim Legacy.

24 David Shamah, "What Israeli Drips Did for the World," *Jerusalem Post*, August 20, 2013, www.timesofisrael.com/what-israeli-drips-did-for-the-world.

25 "Founders: Oded Winkler," Netafim.com, www.netafimlegacy.com/people.

26 He filed the patent December 22, 1966, and it was issued on January 7, 1969. See USPTO patent number 3420064.

27 "CEOs: Avinoam ("Abie") Ron," Netafim.com, www.netafimlegacy.com/people.

28 Siegel, *Let There Be Water*, 62.

29 "CEOs: Uri Werber," Netafim.com.

30 Siegel, *Let There Be Water*, 63.

31 Diana Bkhor Nir, "Flowing," *Calcalist* [in Hebrew], March 19, 2015, http://tx.techn ion.ac.il/~presstech/newsletter/mehudar.pdfhr.

32 Bkhor Nir, "Flowing."

33 Ibid.

34 Udasin, "A Drip Revolution."

35 "Inventors: Rafi Mehoudar," Netafim.com.

36 Udasin, "A Drip Revolution."

37 According to the Food and Agricultural Organization (FAO) of the United Nations, the world population will increase from 6.9 billion people today to 9.1 billion in 2050. "The State of the World's Land and Water Resources," Food and Agriculture Orga- nization of the United Nations, 2011, www.fao.org/docrep/017/i1688e/i1688e.pdf..

38 Lain Stewart, "How Can Our Blue Planet Be Running out of Fresh Water," BBC, www.bbc.co.uk/guides/z3qdd2p2.

39 In 2017, USAID's Famine Early Warning System Network, an initiative that tracks acute food insecurity around the world, revised its estimate of the maximum number of people requiring food aid from 70 million people to 81 million people. The new estimate is 20 percent higher than food assistance needed in 2016, and 70 percent higher than food assistance needed in 2015. This alarming increase in numbers comes despite the $2.2 billion the global community has committed to emergency food security assistance to date. "Already Unprecedented Food Assistance Needs Grow Further; Risk of Famine Persists," Famine Early Warning Systems Network, June 21, 2017, www.fews.net/global/alert/june-20170e.

40 Seth M. Siegel, author's email exchange, October 29, 2016.

41 Arin Kerstein, "The Impact of Drip Irrigation: 'More Crop per Drop,'" *Borgen Mag- azine*, July 20, 2015, www.borgenmagazine.com/impact-drip-irrigation-crop-per-drop. See also Associated Press, "Farms Waste Much of World's Water," March 19, 2006, www.wired.com/2006/03/farms-waste-much-of-worlds-water; Netafim, "Netafim Corporate Image Video," December 19, 2012, www.youtube.com/watch?v=IGHFdsDVLDgDs.

42 Oded Distel, author's email exchange, November 16, 2016.

43 Naty Barak, author's interview, Kibbutz Hatzerim, July 5, 2015.

44 David Shamah, "Israel's Drip Irrigation Pioneer Says His Tech Feeds a Billion People," *Times of Israel*, April 21, 2015, www.timesofisrael.com/israels-drip-irrigation-pione er-our-tech-feeds-a-billion-people-e.

第五章——真鐵人

1 Aharon Lapidot, "The Gray Matter behind the Iron Dome," *Israel Hayom*, February 23, 2012, www.israelhayom.com/site/newsletter_article.php?id=6509. See also Charles Levinson and Adam Entous, "Israel's Iron Dome Defense Battled to Get off Ground," *Wall Street Journal*, November 26, 2012, https://www.wsj.com/articles/SB10001424127887324712504578136931078468210. Gold headed the Ministry of Defense's Administration for the Development of Weapons and Technological Infrastructure.

2 Lapidot, "The Gray Matter."

3 Levinson and Entous, "Israel's Iron Dome Defense." See also Bill Robertson, "Israel's Iconic Iron Dome: General Danny Gold, Father," *Huffington Post*, December 4, 2015, www.huffingtonpost.com/billrobinson/israels-iron-dome-by-gene_b_8411436.html6_.

4 Abigail Klein Leichman,"The Maverick Thinkerbehind Iron Dome," Israel21c, August 3, 2014, https://www.israel21c.org/the-maverick-thinker-behind-iron-dome/h.

5 Uzi Rubin, "Hezbollah's Rocket Campaign against Northern Israel: A Prelim- inary Report," *Jerusalem Center for Public Affairs* 6, no. 10 (August 31, 2006), www.jcpa.org/brief/brief006-10.htm..

6 Chanoch Levine, author's interview, Washington, DC, May 27, 2016. 7 Ibid.

8 Ibid.

9 "Middle East Crisis: Facts and Figures," BBC, August 31, 2006, http://news.bbc.co.uk/2/hi/middle_east/5257128.stm85.

10 "Recovery and Reconstruction Facts," Presidency of the Council of Ministers - Higher Relief Council, https://web.archive.org/web/20071227165718/ http://www.lebanonundersiege.gov.lb/english/F/Main/index.aspn?.

11 Chanoch Levine, author's interview, Washington, DC, May 27, 2016.

12 Ibid. Other companies proposed creating laser systems, among other things.

13 Levinson and Entous, "Israel's Iron Dome Defense."

14 Chanoch Levine, author's email exchange, June 27, 2016.

15 Lapidot, "The Gray Matter."

16 Ibid. See also Stewart Ain, "Iron Dome Ready for Future," *Jewish Week*, February 9, 2015, www.

thejewishweek.com/features/jw-qa/iron-dome-ready-futuref.

17 "Dedication, Zionism, and a Few Pieces from Toys R Us: An Interview with the Team That Oversees the Iron Dome, All the Members of Which Are Graduates of the Technion, and the Secret of the Project's Success," *Hayadan* [in Hebrew], July 9, 2014, www.hayadan.org.il/interview-iron-dome-rp09071417.

18 Chanoch Levine, author's interview, Washington, DC, May 27, 2016.

19 Ibid.

20 *Hayadan*, "Dedication, Zionism, and a Few Pieces from Toys R Us."

21 Because "Colonel Chico" is still in the military, Mr. Levine preferred to keep his last name anonymous. Chanoch Levine, author's interview, Washington, DC, May 27, 2016.

22 Yael Livnat, "One Year after the First Iron Dome Interception: Success, Thanks to the Warriors" [in Hebrew], Israel Defense Forces, April 5, 2012, accessed September 3, 2016.

23 *Hayadan*, "Dedication, Zionism, and a Few Pieces from Toys R Us."

24 Levinson and Entous, "Israel's Iron Dome Defense."

25 Ibid.

26 Chanoch Levine, author's interview, Washington, DC, May 27, 2016.

27 Chanoch Levine, author's email exchange, June 27, 2016.

28 Chanoch Levine, author's interview, Washington, DC, May 27, 2016.

29 Ibid.

30 Ibid.

31 "Brig. Gen. (Res.) Dr. Danny Gold went against Defense Ministry directive 20.02 when he decided in August 2005 to develop the anti-missile defense system Iron Dome, to set a timetable for this development and ordered a 'telescopic accelera- tion' of the project," accused Lindenstrauss. "[These steps], which are not under the authority of the Administration for the Development of Weapons and Techno- logical Infrastructure . . . were, in this instance, under the authority of the IDF chief of general staff, the defense minister and the government of Israel." See Lapidot, "The Gray Matter."

32 Ben Hartman, "Iron Dome Doesn't Answer Threats," *Jerusalem Post*, May 9, 2010, www.jpost.com/Israel/Iron-Dome-doesnt-answer-threatsr.

33 Chanoch Levine, author's interview, Washington, DC, May 27, 2016. See also Yuval Azulai, "Eight Facts about

Iron Dome," *Globes* (Israel), October 7, 2014, www.globes.co.il/en/article-everything-you-wanted-to-know-about-iron-dome-1000953706. Many have compared the Raytheon Patriot missile system-used extensively in the First Gulf War to counter Saddam Hussein's Scud missiles - to the Iron Dome. But while the two share the same mission, they have key differences. First, a single Patriot missile reportedly costs more than $2 million, and the Tamir missile costs about $75 thousand.

34 Reuters, "Obama Seeks $205 Million for Israel Rocket Shield," May 14, 2010, http://www.reuters.com/article/us-israel-usa-irondome/obama-seeks-205-million-for-israel-rocket-shield-idUSTRE64C5JO20100513. In total, US investment in Iron Dome production since fiscal year 2011 has been over $1 billion. See "Department of Defense Appropriations Bill, 2015," United States Senate, July 17, 2014, www.gpo.gov/fdsys/pkg/CRPT-113srpt211/html/CRPT-113srpt211.htm11.

35 Aviv Ezra, author's email exchange, July 5, 2016.

36 Leichman, "The Maverick Thinker." See also Lapidot, "The Gray Matter."

37 Within three days of the original hit, Israel had managed to knock eight more Hamas rockets out of the sky. Lapidot, "The Gray Matter." See also Lazar Berman, "Israel's Iron Dome: Why America Is Investing Hundreds of Millions of Dollars," American Enterprise Institute, September 24, 2012, http://www.aei.org/publication/israels- iron-dome-why-america-is-investing-hundreds-of-millions-of-dollars/; Anshel Pfeffer and Yanir Yagna, "Iron Dome Successfully Intercepts Gaza Rocket for the First Time," *Haaretz*, April 7, 2011, www.haaretz.com/israel-news/iron-dome- successfully-intercepts-gaza-rocket-for-first-time-1.354696.

38 Yair Ramati, author's phone interview, March 2, 2016.

39 Dusco25, "Iron Dome Intercepts Rockets from Gaza during Wedding 11-14-2012," November 15, 2015, www.youtube.com/watch?v=2M-BQtp4WwwW.

40 Michael Oren, author's phone interview, January 8, 2017.

41 Dennis Ross, author's interview, Washington, DC, January 6, 2017.

42 Ain, "Iron Dome Ready for Future."

43 "Iron Dome Developers Named as Israel Defense Prize Recipients," Israel Defense Forces, June 25, 2012, www.idf.il/1283-16384-en/Dover.aspx.

44 Leichman, "The Maverick Thinker."

45 Ibid.

第六章——現代的約瑟夫

1 Shlomo Navarro, author's email exchange, December 24-26, 2015.

2 Laurence Simon, author's phone interview, October 29, 2015.

3 "Montreal Protocol on Substances That Deplete the Ozone Layer," United Nations Environment Programme, January 1, 1989, http://ozone.unep.org/en/treaties-and- decisions/montreal-protocol-substances-deplete-ozone-layer. See also Laurence Simon, author's phone interview, October 29, 2015.

4 Caspar van Vark, "No More Rotten Crops: Six Smart Inventions to Prevent Har- vest Loss," *Guardian* (UK), October 27, 2014, www.theguardian.com/global-development-professionals-network/2014/oct/27/farming-post-harvest-loss-solutions-developing-worldoi.

5 Shlomo Navarro, author's email exchange, December 24-26, 2015. See also Shlomo Navarro, author's interview, Rehovot, June 25, 2015.

6 Laurence Simon, author's phone interview, October 29, 2015.

7 "2015 World Hunger and Poverty Facts and Statistics," World Hunger Education Ser- vice, www.worldhunger.org/articles/Learn/world%20hunger%20facts%202002.htm2%.

8 "Save Food: Global Initiative on Food Loss and Waste Reduction," Food and Agri- culture Organization of the United Nations, www.fao.org/save-food/resources/keyfindings/en/i.

9 "E! 3747 IPM-RICE," Eureka Network, March 16, 2011, www.eurekanetwork.org/content/e-3747-ipm-ricei.

10 Because he was an Israeli government employee, Navarro could only legally receive a small, symbolic amount of stock and a consulting role within the company. Simon meanwhile became chairman of the board, and the Volcani Center (the Agricultural Research Organization) received all the royalties from the company's patents.

11 "GrainPro: About the Company," GrainPro.com, www.grainpro.com/index.php/layout/company/profile. A geo map detailing the specific locations can be found at "GrainPro: Global Cocoon Locations," http://gpmap.grainpro.com/gpimap/index.phppe.

12 "Israeli Agro Expert Offers Farmers Bug-Free Solutions," Xinhua News Agency, November 29, 2011, www.soyatech.com/news_story.php?id=262172.

13 Martin Gummert, author's phone interview, November 17, 2015.

14 Shlomo Navarro, author's phone interview, December 16-17, 2015. See also Shlomo Navarro, *Seventieth Birthday Book*, 2010, unpublished manuscript.

15 Shlomo Navarro, author's phone interview, December 16-17, 2015. See also Navarro, *Seventieth Birthday Book*.

16 Navarro, *Seventieth Birthday Book*.

17 Shlomo Navarro, LinkedIn page, retrieved March 8, 2016.

18 Navarro, *Seventieth Birthday Book*.

19 Shlomo Navarro, author's email exchange December 16-17, 2015. See also Navarro, *Seventieth Birthday Book*.

20 Laurence Simon, author's phone interview, October 29, 2015.

21 "Studies on the effect of alterations in pressure and composition of atmospheric gases on the tropical warehouse moth, Ephestia cautella (Wlk.), as a model for stored- product insect pests," PhD thesis submitted to the Senate of Hebrew University, Jerusalem (1974).

22 Shlomo Navarro, author's phone interview, December 16-17, 2015.

23 Ibid.

24 Ibid.

25 Ibid.

26 For twenty years, these trenches held thirty to sixty thousand tons of grain, which the country sold on the market depending on supply, demand, and rainfall. But starting in 2000, Israel decided to no longer store any strategic grain reserves - the US made a similar decision in 2008. The vast majority of Israel's domestic cereals consumption, about 1.5 million tons annually, is imported from abroad. Once the cereal industry was privatized in Israel, and in an effort to streamline business, excess grain was no longer stored for long periods of time to cut cost - only what is necessary for the market is bought and immediately stored. It is also worth noting that Australia, Argentina, Brazil, Cyprus, Jordan, Turkey, and the United States have all successfully utilized Israeli bunker technology. Frederick Kaufman, "How to Fight a Food Crisis," *Los Angeles Times*, September 21, 2012, http://articles.la times.com/2012/sep/21/opinion/la-oe-kaufman-food-hunger-drought-20120921. See also Francisco Cayol, "Argentine Bunker Silo Dry Storage Grain," January 23, 2011, www.youtube.com/watch?v=6muQXBLhRJ8); P. Villers, S. Navarro, and T. de. Bruin, "New Applications of Hermetic

Storage for Grain Storage and Trans- port," GrainPro, June 2010, grainpro.com/gpi/images/PDF/Commodity/NewA pplicationsOf HermeticStorage4GrainStorage_Compressed_PU2044PV0310-3C.pdf; "Bunker Storage Technology," Food Technology Information Center, http:// ftic.co.il/Bunker%20Storage-en.php; Shlomo Navarro, author's phone interview, December 16-17, 2015.

27 Laurence Simon, author's phone interview, October 29, 2015. See also Laurence Simon, author's phone interview, December 16, 2015.

28 Shlomo Navarro, author's phone interview, December 16-17, 2015.

29 Laurence Simon, author's phone interview, October 29, 2015. See also Laurence Simon, author's phone interview, December 16, 2015.

30 Bella English, "For Phil Villers, Helping Feed the World Is in the Bag," *Boston Globe*, December 17, 2013, www.bostonglobe.com/lifestyle/2013/12/17/concord-based-company-aims-help-alleviate-world-hunger/aIGEHu8DbD3nI2yViuiABP/story.html. And according to Tom de Bruin, the CEO of GrainPro's wholly owned sub- sidiary in the Philippines, the company is now focusing on three segments of the market. The first is storage. Government agencies, particularly in Africa, are buying the cocoons to stave off potential famine, ensure food security, and prevent signif- icant price fluctuations. The company is also focusing on coffee and cocoa bean storage using a smaller product, called the SuperGrain bag, which can hold up to 150 pounds. This product is attractive to private farmers who don't have a need for or want to spend money on large cocoons. The third segment is the organic market.

31 "GrainPro: Order Form," GrainPro.com, http://shop.grainpro.com.

32 Maria Otília Carvalho, author's phone interview, January 7, 2016.

33 And Gummert, the IRRI researcher, says another hurdle is that the bag system takes much more time and effort than storing grain in silos, which is the preferred method in developed countries. Martin Gummert, author's phone interview, November 17, 2015. See also Laurence Simon, author's phone interview, October 29, 2015.

34 Stephen Daniels, "US Organic Food Market to Grow 14% from 2013-2018," *Food Navigator*, January 3, 2014, www.foodnavigator-usa.com/Markets/US-organic-food-market-to-grow-14-from-2013-18.

35 Shlomo Navarro, author's email exchange, December 24-26, 2015. See also Laurence Simon, author's phone interviews, October 29, 2015, and December 16, 2015.

36 Shlomo Navarro, author's phone interview, December 16-17, 2015.

37 It is clear that large parts of thedevelopingworldandanincreasingnumberoffarmers are relying on hermetic storage technology. In Rwanda, for example, post-harvest losses of maize and rice fell in 2013 from 32 percent to 9.2 percent and 25 percent to 15.2 percent, respectively. "Post Harvest Handeling and Storage Task Force," Rwan- dan Ministry of Agriculture and Animal Resources, www.minagri.gov.rw/index.php?id=571. In Rwanda's Kabarore district, famers gained a 40 percent increase in profit because they were able to store grain for at least four months. As more farmers adopt this technology, their post-harvest losses will be reduced and net profits will increase. See "Hermetic Storage a Viable Option," *New Agriculturist*, January 2008, www.new-ag.info/en/developments/devItem.php?a=349a.

38 Gadi Loebenstein, author's phone interview, December 7, 2016.

第七章——第四日

1 "Solar Energy Water Heating System Monitoring," Adventech.com, September 2013, http://www2.advantech.com/EDM/e1bd89e4-c89a-2497-db18-0e7c3915cf5e/ap pstory02ga.html?utm_source=eCampaign&utm_medium=E_mail&utm_campa ign=Advantech%20September%202013%20iAutomation%20Link%20(GA%20Ver sio)_1-0&CampId=a7133440cd&UID=rt2.

2 "A Thriving Green Economy," *Ynet* [in Hebrew], December 15, 2015, http://www.yn et.co.il/articles/0,7340,L-4739893,00.html09-.

3 Harry Zvi Tabor, "Answers to a Journalist's Questions," Zvi Tabor Private Collection, January 1996.

4 Harry Zvi Tabor, *Selected Reprints of Papers by Harry Zvi Tabor, Solar Energy Pioneer* (Rehovot: Balaban Publishers and International Solar Energy Society, 1999), ix.

5 He served in this position from 1945 to 1948. See "Sambursky, Samuel," Jewish Virtual Library, https://www.jewishvirtuallibrary.org/jsource/judaica/ejud_0002_0017_0_17390.html0_.

6 Ehud Zion Waldoks, "Bright Ideas," *Jerusalem Post*, October 1, 2008, http://www.jp ost.com/Features/Bright-idease-g.

7 Waldoks, "Bright Ideas."

8 *Ynet*, "A Thriving Green Economy."

9 Harry Zvi Tabor, "Answers to a Journalist's Questions," Zvi Tabor Private Collec- tion, January 1996. See also Abigail Klein Leichman, "A Lifetime in Solar Energy," Israel21c, May 5, 2009, http://www.israel21c.org/a-lifetime-in-solar-energy/r.

10 Waldoks, "Bright Ideas."

11 Paul Sánchez Keighley, "96-Year-Old Solar Energy Genius Harry Zvi Tabor Talks to NoCamels about Pioneering Solar Power," NoCamels, August 13, 2006, http://nocamels.com/2013/08/96-year-old-solar-energy-genius-harry-zvi-tabor-talks-to-nocamels-about-pioneering-solar-power/. See also "A Center of Exactness Has Been Established in the Israeli Physics Lab," *Mishmar* [in Hebrew], January 4, 1953, http://goo.gl/jLc83w3.

12 *Ynet*, "A Thriving Green Economy."

13 Leichman, "A Lifetime in Solar Energy." See also John Perlin, *Let It Shine: The 6000 Year Story of Solar Energy* (2013), http://john-perlin.com/let-it-shine.htmlhi.

14 Perlin, *Let It Shine*.

15 John Perlin, "Solar Thermal," California Solar Center, http://californiasolarcenter.org/history-solarthermal//a.

16 "A Brief History of the American Solar Water Heating Industry," Contractors Insti- tute.com, http://www.contractorsinstitute.com/downloads/Solar/Contractors'%20Domestic%20Hot%20Water%20Educational%20PDF's/History%20of%20SDHW.pdf. See also http://www.google.com/patents/US45138485.

17 John Perlin, "Solar Thermal."

18 Cutler J. Cleveland, *Concise Encyclopedia of the History of Energy* (San Diego: Elsevier, 2009), 270.

19 Waldoks, "Bright Ideas."

20 Ibid.

21 Leichman, "A Lifetime in Solar Energy."

22 "Weizmann Prize Winners for 1956," *Davar* [in Hebrew], July 20, 1956, http:// goo.gl/XzQiBq.

23 "Black Brings Light," *Davar* [in Hebrew], July 26, 1961, http://goo.gl/fwIZqc.

24 Harry Zvi Tabor, author's interview, Jerusalem, July 16, 2015.

25 "Why Do Users of the *Dud Shemesh* Get Special Electric Meters?" *Ma'ariv* [in Hebrew], January 1, 1960, http://goo.gl/8HWWEJ.

26 *Ynet*, "A Thriving Green Economy."

27 "The Opposition to Installing the *Dud Shemesh* in the Workers Housing Union's Apartments," *Davar* [in

Hebrew], May 27, 1971, http://goo.gl/VPCs6I.

28 *Ynet*, "A Thriving Green Economy."

29 Rhonda Winter, "Israel's Special Relationship with the Solar Water Heater," Reuters, March 18, 2011, www.reuters.com/article/idUS3116121536201103188.

30 Amit Shafrir, author's email exchange, January 11, 2017.

31 Dr. Yaniv Ronen, "The Possibility of Installing the *Dud Shemesh* in Tall Buildings above Nine Floors" [in Hebrew], The Knesset's Research and Information Center, November 29, 2012, 2, http://www.knesset.gov.il/mmm/data/pdf/m03028.pdf8.

32 Abraham Kribus, author's phone interview, June 27, 2016.

33 *Ynet*, "A Thriving Green Economy."

34 Waldoks, "Bright Ideas." See also Merav Ankori, "Solar Power unto the Nations," *Globes*, October 28, 2007.

35 Tabor, *Selected Reprints*, iii.

36 Abraham Kribus, author's phone interview, June 27, 2016.

37 SharonUdasin, "ZviTabor,SolarPioneer,Diesat98," *JerusalemPost*,December17,2015, http://www.jpost.com/Israel-News/Zvi-Tabor-solar-pioneer-dies-at-98-4375639.

38 Ibid.

39 Shimon Peres, Facebook, December 15, 2015.

第八章——讓跛腿的人能行走

1 Ari Libsker, "An Invention with Legs" (Hebrew), *Calcalist* (Israel), August 5, 2010, www.calcalist.co.il/local/articles/0,7340,L-3413629,00.html0.

2 Ibid.

3 Ibid. See also Issie Lapowsky, "This Computerized Exoskeleton Could Help Millions of People Walk Again," *Wired*, July 22, 2014, www.wired.com/2014/07/rewalkl.

4 Libsker, "An Invention with Legs."

5 Amit Goffer, author's interview, ReWalk Office, Yokneam, June 5, 2015.

6 Lapowsky, "This Computerized Exoskeleton."
7 Libsker, "An Invention with Legs."
8 Goffer, author's interview, June 5, 2015.
9 Christina Symanski, "Shitty Day," *Life; Paralyzed*, March 8, 2011, http://lifeparalyzed.blogspot.com/2011/03/shitty-day.html-.
10 Libsker, "An Invention with Legs."
11 Lapowsky, "This Computerized Exoskeleton."
12 Goffer, author's interview, June 5, 2015.
13 Ibid. See also Libsker, "An Invention with Legs."
14 Goffer, author's interview, June 5, 2015.
15 Ibid.
16 Dr. Bonita Sawatzky, "Wheeling in a New Millennium: The History of the Wheel- chair and the Driving Force of the Wheelchair Design of Today," www.wheelcha irnet.org/wcn_wcu/slidelectures/sawatzky/wc_history.htmlhy.
17 Interestingly, Dean Kamen went on to create the Segway. See Bill Sobel, "Segway Inventor Dean Kamen: Science Isn't a Spectator Sport," *CMS Wire*, January 6, 2015, www.cmswire.com/cms/customer-experience/segway-inventor-dean-kamen-sci ence-isnt-a-spectator-sport-027638.php-a-.
18 Lauri Wantanbe, "Independence Technology Discontinues the iBOT," *Mobility Management*, February 1, 2009, https://mobilitymgmt.com/Articles/2009/02/01/Independence-Technology-Discontinues-the-iBOT.aspxB-.
19 Goffer earned his BA from the Technion, his MS from Tel Aviv University, and his PhD from Drexel University.
20 Adam Robinson, "The History of Robotics in Manufacturing," *Cerasis*, October 6, 2014, http://cerasis.com/2014/10/06/robotics-in-manufacturing/r.
21 Goffer, author's interview, June 5, 2015.
22 Libsker, "An Invention with Legs."
23 Goffer, author's interview, June 5, 2015.
24 Ibid.
25 Ibid.

26 Ibid.

27 Ibid.

28 Dr. Ann Spungen, author's phone interview, November 10, 2015.

29 Ibid.

30 Ibid.

31 Ibid.

32 Nilufer Atik, "Claire Lomas' Inspiring Story: My Life Has Been Amazing since I Was Paralyzed," *Mirror* (UK), May 10, 2013, www.mirror.co.uk/news/real-life-stories/claire-lomas-inspiring-story-life-1879107. See also Bianca London, "Paralyzed Marathon Heroine Claire Lomas: 'Things Go Wrong in Life but You Have to Fight Back," *Daily Mail* (UK), May 16, 2013, www.dailymail.co.uk/femail/article-2325463/Paralysed-Marathon-heroine-Claire-Lomas-Things-wrong-life-fight-make-luck.html; "Fundraiser Claire Lomas to Set on Her Next Big Challenge from Notting- ham Trent University," Nottingham Trent University, April 22, 2013, www.ntu.ac.uk/apps/news/137066-8/Fundraiser_Claire_Lomas_to_set_off_on_her_next_big_challenge_from_Nottingha.aspxm.

33 "'Bionic' Claire Lomas Trained for London Marathon in East Yorkshire," *Hull Daily Mail* (UK), May 10, 2012, www.hulldailymail.co.uk/Bionic-Claire-Lomas-trained-London-Marathon-East/story-16040411-detail/story.html/1.

34 Ibid.

35 Chris Wickham, "'Bionic Woman' Claire Lomas Is First Woman to Take Robotic Suit Home," *Independent* (UK), September 4, 2012, www.independent.co.uk/news/science/bionic-woman-claire-lomas-is-first-woman-to-take-robotic-suit-home-8104838.html.

36 *Hull Daily Mail*, "'Bionic' Claire Lomas."

37 "IPO Preview," Seeking Alpha, September 12, 2014, http://seekingalpha.com/article/2489765-ipo-preview-rewalk-roboticso.

38 Wickham, "'Bionic Woman' Claire Lomas."

39 Ted Greenwald, "Ekso's Exoskeletons Let Paraplegics Walk, Will Anyone Actually Wear One?" *Fast Company*, March 19, 2012, www.fastcompany.com/1822791/eksos-exoskeletons-let-paraplegics-walk-will-anyone-actually-wear-onewt.

40 Dr. Ann Spungen, author's phone interview, November 10, 2015.

41 Dr. Arun Jayaraman, author's phone interview, October 15, 2015.

42 Adario Strange, "FDA Approved First Robotic Exoskeleton for Paralyzed Users," June 30, 2014, http://mashable.com/2014/06/30/fda-approves-robotic-exoskeleton-p aralyzed-ReWalk/#FUf Ho81qRgqIHWy.

43 Shane McGlaun, "ReWalk Robotic Exoskeletons Let Paraplegics Walk Again," Technabob, May 3, 2012, http://technabob.com/blog/2012/05/03/ReWalk-robotic-exoskeletonsl.

44 Dr. Zev Rymer, author's phone interview, October 4, 2015.

45 "What Is Rewalk?" Einstein Health Care Network, https://382.thankyou4caring.org/page.aspx?pid=374=?.

46 A. Esquenazi, M. Talaty, A. Packel, and M. Saulino, "The ReWalk Powered Exoskel- eton to Restore Ambulatory Function to Individuals with Thoracic-Level Motor- Complete Spinal Cord Injury," National Center for Biotechnology Information, November 2012, https://www.ncbi.nlm.nih.gov/pubmed/230857035/.

47 Einstein Health Care Network, "What Is Rewalk?"

48 Hiawatha Bray, "ReWalk Exoskeleton Puts the Disabled Back on Their Feet," *Boston Globe*, July 7, 2014, www.bostonglobe.com/business/2014/07/06/putting-disabled-back-their-feet/8gFcM33JyTuL92J2kReDeI/story.htmls2.

49 Dr. Arun Jayaraman, author's phone interview, October 15, 2015.

50 Danny Deutch, "The Israeli Innovation That Has Changed the Lives of the Disabled" [in Hebrew], Arutz 2 (Israel), March 15, 2013, http://www.mako.co.il/news-israel/health/Article-3e947df9a7f6d31004.htm07. 51 Ibid.

52 Ibid.

53 The 700 Club, "Made in Israel - Medicine," September 5, 2013, www.youtube.com/watch?time_continue=482&v=20Zfk8uQXakf&.

54 Deutch, "The Israeli Innovation."

55 David Shamah, "ReWalk's Benefits Go beyond Ambulation, Company Says," *Times of Israel*, May 20, 2015, www.timesofisrael.com/ReWalks-benefits-go-beyond-ambulation-company-says-o.

56 Jennifer L. Schenker,"Drivento Success: Amit Goffer's Questto Hold His Head High," Informilo, September 7, 2015, www.informilo.com/2015/09/driven-to-success-amit-goffers-quest-to-hold-his-head-highh.

第九章——大腦的衛星定位系統

1 “Evergreen Is Changing Lives with Expert Deep Brain Stimulation Programming,” Macmillan, May 26, 2010, http://macmillan.articlealley.com/dbs-programming- deep-brain-stimulation-programming-1568730.html3.

2 “Clinical Programs,” University of California San Francisco, http://neurosurgery.uc sf.edu/index.php/movement_disorders_parkinsons.html#how_surgery_mo.

3 TAUVOD, “Alpha Omega - The Journey,” December 4, 2011, www.youtube.com/watch?v=hTauLLZnUTQTZu.

4 The US Food and Drug Administration approved DBS as a treatment for essential tremor in 1997, Parkinson’s in 2002, dystonia in 2003, and OCD in 2009.

5 Hagai Bergman, author’s phone interview, January 1, 2016.

6 Vittorio A. Sironi, “Originand Evolution of Deep Brain Stimulation,” *Front Integrated Neuroscience* 5, no. 42 (2011), www.ncbi.nlm.nih.gov/pmc/articles/PMC31578 317Me.

7 Imad Younis, author’s interview, Nazareth, June 23, 2015. See also Tani Goldstein, “Arab High-Tech Blooming in Galilee,” *Ynet*, April 21, 2011, www.ynetnews.com/ar ticles/0,7340,L-4057013,00.html35..

8 Reem Younis, author’s interview, Washington, DC, February 29, 2016.

9 Imad Younis, author’s interview, Nazareth, June 23, 2015.

10 Reem Younis, author’s interview, Washington, DC, February 29, 2016. See also Avi- gayil Kadesh, “Unique Neuroscience Tools Developed in Nazareth,” Israel Minis- try of Foreign Affairs, January 12, 2014, http://mfa.gov.il/MFA/InnovativeIsrael/ScienceTech/Pages/Neuroscience-tool-company-12-January-20140112-5841.aspx. See also Drake Bennett, “What It’s Like to Be an Arab Entrepreneur in a Divided Israel,” Bloomberg, November 26, 2014, www.bloomberg.com/bw/articles/2014-11-26/what-its-like-to-run-an-arab-tech-startup-in-israel#pp.

11 TAUVOD, “Alpha Omega - The Journey.”

12 Imad Younis, author’s interview, Nazareth, June 23, 2015.

13 Hagai Bergman, author’s phone interview, January 1, 2016.

14 Ibid.

15 Imad Younis, author's interview, Nazareth, June 23, 2015. See also Reem Younis, author's interview, Latrun, July 17, 2015; Bennett, "What It's Like." Orthodox Chris- tians celebrate Christmas Day on or near January 7, following the Julian calendar, which predates the commonly observed Gregorian calendar.

16 Hagai Bergman, author's phone interview, January 1, 2016.

17 H. Bergman, T. Wichmann, and M.R. DeLong, "Reversal of Experimental Parkin- sonism by Lesions of the Subthalamic Nucleus," *Science* 249 (1990): 1436-1438, https://www.ncbi.nlm.nih.gov/pubmed/24026382.

18 Israel, "Alpha Omega: The Largest Arab Israeli Hi Tech Company," October 29, 2013, www.youtube.com/watch?v=fAvWODm3uaEa.

19 Reem Younis, author's interview, Washington, DC, February 29, 2016. See also TAU- VOD, "Alpha Omega - The Journey."

20 Hagai Bergman, author's phone interview, January 1, 2016.

21 Alim-Louis Benabid, author's phone interview, January 12, 2016. See also "History of Deep Brain Stimulation," The Parkinson's Appeal, http://www.parkinsonsappeal.com/dbs/dbshistory.htmlty.

22 Alim-Louis Benabid, author's phone interview, January 12, 2016.

23 Reem Younis, author's interview, Washington, DC. See also TAUVOD, "Alpha Omega - The Journey."

24 Abigail Klein Leichman, "GPS for Brain Surgeons," Israel21c, January 7, 2013, www.israel21c.org/health/gps-for-brain-surgeonse-.

25 Orr Hirschauge, "Israeli Tech Needs to Be More Inclusive, Says Yossi Vardi," *Wall Street Journal*, September 11, 2014, http://blogs.wsj.com/digits/2014/09/11/israeli- tech-needs-to-be-more-inclusive-says-yossi-vardi/y.

26 Ken Shuttleworth, "Biblical Nazareth Goes High-Tech Thanks to Arab Push," *USA Today*, February 20, 2015, www.usatoday.com/story/tech/2015/02/18/nazareth- tech-sector/224595032.

27 "The Unit," *Forbes*, February 8, 2007, www.forbes.com/2007/02/07/israel-military-unit-ventures-biz-cx_gk_0208israel.htmls.

28 Organizations include the Technion; the Israeli Employment Service; the ORT Braude College of Engineering; Tsofen, a nonprofit that integrates Israel's Arab citizens into the high-tech industry; the New Israel Fund; Breaking the Impasse (BTI), whose members are prominent Palestinian and Israeli businesspeople and civil society committed to a peaceful resolution of the Israeli-Palestinian conflict through a two-state solution; and Kav Mashve, which encourages Arab high school students to study engineering and helps Arab college

graduates to find employment in high-tech companies. Reem Younis, author's interview, Latrun, July 17, 2015.

29 Judith Sudilovsky, "Arabs Make Gains in Joining Israel's High-Growth, High-Tech Industries," Catholic News Service, January 7, 2013.

30 Goldstein, "Arab High-Tech Blooming."

31 Ibid.

32 President Reuven Rivlin, author's email exchange, January 1, 2017.

33 "Alpha Omega: The Largest Arab Israeli Hi Tech Company," October 29, 2013, www.youtube.com/watch?v=fAvWODm3uaEa.

34 Ibid.

35 Goldstein, "Arab High-Tech Blooming."

36 Leichman, "GPS for Brain Surgeons."

37 Ibid.

38 Israel Brain Technologies, "A Spotlight on the Israeli NeuroTech Industry," Novem- ber 7, 2013, www.youtube.com/watch?v=mo5qvZftpsw. See also Conexx, "2011 Professional Seminar: Imad Younis, CEO Alpha Omega," 2011, https://vimeo.com/282117242.

39 Goldstein, "Arab High-Tech Blooming."

40 Hagai Bergman, author's phone interview, January 1, 2016.

41 Imad Younis, author's interview, Nazareth, June 23, 2015.

42 Hagai Bergman, author's phone interview, January 1, 2016. 43 TAUVOD, "Alpha Omega - The Journey."

第十章——金色防火墻

1 "RocketKitten:ACampaignwith9Lives,"*CheckPointBlog*,November9,2015,https:// blog.checkpoint.com/wp-content/uploads/2015/11/rocket-kitten-report.pdf. See also David Sanger and Nicole Perlroth, "Iranian Hackers Attack State Department via Social Media Accounts," *New York Times*, November 24, 2015, https://www.nytimes.com/2015/11/25/world/middleeast/iran-hackers-cyberespionage-state-depa rtment-social-media.html-ee.

2 "Rocket Kitten: A Campaign with 9 Lives." See also David Shamah, "Bumbling Iran Hackers Target Israelis,

Saudis . . . Badly, Report Shows," *Times of Israel*, November 10, 2015, www.timesofisrael.com/bumbling-iran-hackers-target-israelis-saudis-bad ly-report-shows/; "Iran Said to Hack Former Israeli Army Chief-of-Staff, Access His Entire Computer," *Times of Israel*, February 9, 2016, www.timesofisrael.com/iran-said-to-hack-former-israeli-army-chief-of-staff-access-his-entire-computer; "Israeli Generals Said among 1,600 Global Targets of Iran Cyber-Attack," *Times of Israel*, January 28, 2016, www.timesofisrael.com/israeli-generals-said-among-1600-global-targets-of-iran-cyber-attack; Reuters, "Iran 'Rocket Kitten' Cyber Group Hit in European Raids after Targeting Israeli Scientists," November 9, 2015, www.jpost.com/Middle-East/Iran/Iran-Rocket-Kitten-cyber-group-hit-in-European-r aids-after-targeting-Israeli-scientists-432485e-rr.

3 Treadstone71,"Wool3NH4T-RocketKitten-RawVideos,"January16,2016,https:// cybershafarat.com/2016/01/16/woolenhat/. See also Jeff Bardin, "What It's Like to Be a Hacker in Iran," *Business Insider*, February 23, 2016, www.businessinsider.com/what-its-like-to-be-a-hacker-in-iran-2016-2.

4 "Hi-Tech: Gil Shwed," *Ynet* [in Hebrew], www.ynet.co.il/Ext/App/Ency/Items/Cd aAppEncyEconomyPerson/0,8925,L-3836,00.html/,.

5 "Checking in with Check Point's Gil Shwed," Israel21c, June 3, 2003, www.israel21c.org/checking-in-with-check-points-gil-shwed-.

6 Ibid.

7 *Ynet*, "Hi-Tech: Gil Shwed." See also Rupert Steiner, "Army Fired an Enthusiasm to Wage War on Hackers," *Sunday Times* (London), July 13, 1997.

8 Israel21c, "Checking in with Check Point's Gil Shwed." See also "A Fortune in Fire- walls," *Forbes*, March 18, 2002, www.forbes.com/forbes/2002/0318/102.htmlh.

9 Steiner, "Army Fired an Enthusiasm." See also Donna Howell, "Check Point Copes with Competition," *Investor's Business Daily*, May 13, 2002.

10 Steiner, "Army Fired an Enthusiasm."

11 *Forbes*, "A Fortune in Firewalls."

12 Currently Orbotech.

13 Steiner, "Army Fired an Enthusiasm."

14 *Forbes*, "A Fortune in Firewalls."

15 "Number 73: Marius Nacht," *Forbes Israel* [in Hebrew], April 14, 2014, www.forbes.co.il/news/new.

aspx?0r9VQ=IEEJ=?.

16 Hagai Golan, "I Work for the Interest and the Challenge," *Globes* (Israel), June 6, 2013.

17 Reinhardt Krause, "Check Point's Gil Shwed: He Joined Interest and Opportunity to Fill a Computer Niche," *Investor's Business Daily*, September 12, 2000.

18 Ibid. See also Israel21c, "Checking in with Check Point's Gil Shwed."

19 David Neiger, "Getting to the Point on Security Software," *The Age* (Australia), Octo- ber 21, 2003.

20 "Computer Niche," *Investor's Business Daily*, September 12, 2000.

21 *Forbes*, "A Fortune in Firewalls."

22 IP addresses allow computers (or other digital devices) to communicate through the internet. Similar to a mailing address when sending a letter, an IP addresses pinpoints the exact location of billions of digital devices that are connected to the internet in order to differentiate one from the other.

23 Howell, "Check Point Copes."

24 Stacy Perman, *Spies, Inc.: Business Innovation from Israel's Masters of Espionage* (Upper Saddle River, NJ: Pearson, 2005), 174.

25 Steiner, "Army Fired an Enthusiasm." See also *Forbes*, "A Fortune in Firewalls."

26 Avi Machlis, "Firm Building a 'Firewall' against Competitors," *Financial Post*, March 7, 1998.

27 Steiner, "Army Fired an Enthusiasm."

28 Ibid.

29 Israel21c, "Checking in with Check Point's Gil Shwed."

30 Neiger, "Getting to the Point."

31 *Forbes*, "A Fortune in Firewalls."

32 Ibid.

33 Perman, *Spies, Inc.*, 175.

34 Israel21c, "Checking in with Check Point's Gil Shwed."

35 "Check Point FireWall-1 Continues to Garner Top Industry Honors," *PR Newswire*, April 25, 1997, www.prnewswire.com/news-releases/check-point-firewall-1-conti nues-to-garner-top-industry-honors-75333602.html. See also Avi Machlis, "Firm Building a 'Firewall.'"

36 Perman, *Spies, Inc.*, 176.

37 Ibid.

38 Jared Sandberg, "Even '60 Minutes' Couldn't Turn Computer Crime into High Drama," Associated Press News Archive, February 24, 1995, www.apnewsarchive.com/1995/Even-60-Minutes-Couldn-t-Turn-Computer-Crime-Into-High-Drama/id-fd7547b1c7a6cf738de5ad02bfaf44315b.

39 "These Cybercrime Statistics Will Make You Think Twice about your Password: Where's the CSI Cyber Team When You Need Them?" CBS, March 3, 2015, www.cbs.com/shows/csi-cyber/news/1003888/these-cybercrime-statistics-will-make-you-think-twice-about-your-password-where-s-the-csi-cyber-team-when-you-need-them-es.

40 Jose Pagliery, "Half of American Adults Hacked this Year," *CNN Tech*, May 28, 2014, http://money.cnn.com/2014/05/28/technology/security/hack-data-breach-k.

41 Elizabeth Weise, "43% of Companies Had a Data Breach This Past Year," *USA Today*, September 24, 2014, www.usatoday.com/story/tech/2014/09/24/data-breach-companies-60/16106197/n.

42 "Net Losses: Estimating the Global Cost of Cybercrime," McAfee, June 2014, http:// www.mcafee.com/us/resources/reports/rp-economic-impact-cybercrime2.pdfmc.

43 Yoav Adler, author's phone interview, April 18, 2016.

44 "Customer Stories," Check Point, checkpoint.com/testimonials.

45 The market value of a company's outstanding shares is calculated by taking the stock price and multiplying it by the total number of shares outstanding. See Shiri Habib- Valdhorn, "Check Point Launches Malware Protection Solution," *Globes* (Israel), March 10, 2015. See also Neal Ungerleider, "How Check Point Became the Fortune 500's Cybersecurity Favorite," *Fast Company*, June 4, 2013, www.fastcompany.com/3012414/the-code-war/how-check-point-became-the-fortune-500s-cybersecurity-favorite; "Customer Stories," Check Point, www.checkpoint.com/testimonialsl.

46 Perman, *Spies, Inc.*, 172.

47 Orna Berry, author's phone interview, December 22, 2016.

48 David Rosenberg, "BRM Bets Big on the Internet," *Jerusalem Post*, March 5, 2000.

49 Steiner, "Army Fired an Enthusiasm."

第十一章——吞嚥照相機

1 Avishai Ovadia, "The Long and Winding Road," *Globes* (Hebrew), August 7, 2003, www.globes.co.il/news/article.aspx?did=7128167.

2 Endoscopy is a general term for any type of scope. Enteroscopy is endoscopy of the small bowel. Colonoscopy is of the colon, and gastroscopy is imaging of the esoph- agus and stomach.

3 Charles W.L. Hill, Melissa A. Schilling, and Gareth R. Jones, *Strategic Management: An Integrated Approach* (Boston: Cengage Learning, 2016), 75-83. See also Ovadia, "The Long and Winding Road."

4 Colm McCaffrey, Olivier Chevalerias, Clan O'Mathuna, and Karen Twomey, "Swallowable-Capsule Technology," *IEEE Pervasive Computing* 7, no. 1 (January- March 2008).

5 Rachel Sarah, "New Israeli Export an Easy Pill for Patients to Swallow," *Jewish News of Northern California*, November 4, 2005, www.jweekly.com/article/full/27605/new-israeli-export-an-easy-pill-for-patients-to-swallow/. See also "Going Live to the Small Intestine," *Hayadan* [in Hebrew], July 6, 2000, www.hayadan.org.il/given-imagings-breakthrough-technology0607001 7o.

6 The procedure also lowers the chances of incurring a life-threatening allergic reaction to sedatives or perforation of the intestine, which occur in rare instances during colonoscopy. Deborah Kotz, "Swallowable Imaging Capsules Not Widely Used," *Boston Globe*, August 19, 2013, www.bostonglobe.com/lifestyle/health-wellness/2013/08/18/swallowable-imaging-capsule-keeps-improving-but-still-not-routine-here-why/jVhJGvrS25u014saRdi8EK/story.htmlR/.

7 Gavriel J. Iddan and Paul Swain, "History and Development of Capsule Endos- copy," *Gastrointestinal Endoscopy Clinics of North America* 14 (2004), www.giendo.theclinics.com/article/S1052-5157(03)00145-4/abstract.

8 Donna Rosenthal, *The Israelis: Ordinary People in an Extraordinary Land* (New York: Free Press, 2003), 84-87.

9 "Inventor Makes New Strides in Medical Diagnostics Technology," European Patent Office, 2011, www.epo.org/learning-events/european-inventor/finalists/2011/iddan/impact.htmlca.

10 Ibid.

11 Iddan and Swain, "History and Development of Capsule Endoscopy." See also Miri Eder, "Live from the Small Intestine," *Ma'ariv* [in Hebrew], May 6, 2012, www.nrg.co.il/online/archive/ART/224/085.html. In this article Gavriel Meron has described Iddan's position as "senior scientist at Rafael . . . who contributed greatly to Israel's national security."

12 Hill, Schilling, and Jones, *Strategic Management*, 75-83.

13 Rosenthal, *The Israelis*, 84-87

14 Ibid.

15 Hill, Schilling, and Jones, *Strategic Management*, 75-83. Seealso Rosenthal, *The Israelis,* 84-87; *Hayadan*, "Going Live to the Small Intestine."

16 Hill, Schilling, and Jones, *Strategic Management*, 75-83.

17 Ovadia, "The Long and Winding Road."

18 *Hayadan*, "Going Live to the Small Intestine."

19 Ovadia, "The Long and Winding Road." See also Avishai Ovadia, "Taro and Given Imaging Set to Raise a Quarter of a Billion Dollars on the Nasdaq This Week," *Globes* [in Hebrew], September 30, 2001, www.globes.co.il/news/article.aspx?did=524787. See also *Hayadan*, "Going Live to the Small Intestine." "Given" is an acro- nym, according to Meron: *GI* is gastrointestinal, the *v* stands for video, and *en* for endoscopy. See "Gavriel Meron - Given Imaging," TWST, September 13, 2002.

20 Hill, Schilling, and Jones, *Strategic Management*, 75-83.

21 Rosenthal, *The Israelis,* 84-87. See also "Camera-in-a-Pill Gives a Closer Look," Israel21c, November 1, 2001, www.israel21c.org/camera-in-a-pill-gives-a-closer-look/-.

22 Ovadia, "The Long and Winding Road." See also Netta Ya'akovi, "Given Imaging Is Planning Another Giant Public Offering - Mostly Selling Shares of Interested Parties," *The Marker* [in Hebrew], January 28, 2001, www.themarker.com/wallstreet/1.9561996.

23 Rosenthal, *The Israelis*, 84-87.

24 Ibid.

25 Joseph Walker, "New Ways to Screen for Colon Cancer," *Wall Street Journal*, June 8, 2014, www.wsj.com/articles/new-ways-to-screen-for-colon-cancer-14020631240.

26 Eric Goldberg, author's phone interview, December 29, 2016.

27 Patients wear a sensor belt around the waist that records approximately fifty to sixty thousand images, which are sent directly to the attending physician. See Robin Eisner, "An Ingestible 'Missile' Helps Target Disease," *Forward*, November 14, 2003, http://forward.com/articles/7098/an-ingestible-missile-helps-target-disease/. See also Yoram Gabizon, "Given Imaging - 22 Million Insured within 10 Months," *Haaretz* [in Hebrew], July 3, 2002, www.haaretz.co.il/misc/1.806844. Most indi- viduals feel no sensation whatsoever as the PillCam travels through the GI tract. Some patients have insisted on getting X-rays to prove that the device has actually left their bodies through the stool, which usually occurs before the end of its ten- hour battery life. See Linda Bren, "Incredible Journey through the Digestive Sys- tem," *U.S. Food and Drug Administration Consumer Magazine*, March-April 2005, http://permanent.access.gpo.gov/lps1609/www.fda.gov/fdac/features/2005/205_pillcam.htmll.

28 Eder, "Live from the Small Intestine."

29 Doctors and hospitals spend $17,500 on each workstation needed for the procedure and $5,450 for a recorder. See Eisner, "An Ingestible 'Missile.'" See also "Colonos- copy," *Consumer Health Reports*, 2012, http://consumerhealthchoices.org/wp-content/uploads/2012/10/Colonoscopy-HCBB.pdf; Lily Hay Newman, "You Might Be Able to Avoid Colonoscopies Now That the PillCam Is FDA Approved," *Slate*, February 6, 2014, www.slate.com/blogs/future_tense/2014/02/06/fda_approval_for_pillcam_could_mean_swallowing_a_pill_instead_of_having.html; Ovadia, "The Long and Winding Road."

30 *Hayadan*, "Going Live to the Small Intestine."

31 Jeanne Whalen, "Tiny Cameras to See in the Intestines," *Wall Street Journal*, February 29, 2016, www.wsj.com/articles/tiny-cameras-to-see-in-the-intestines-14567761455i.

32 "Inventor Makes New Strides in Medical Diagnostics Technology," European Pat- ent Office. See also David Shamah, "Pillcam's Inventor Regrets Sale of 'Biblical' Tech Firm to Foreign Firm," *Times of Israel*, April 23, 2015, www.timesofisrael.com/pillcams-inventor-regrets-sale-of-biblical-tech-to-foreign-firm/n.

33 Kevin Flanders, "A Focus on Innovation - PillCam Colon Offers Some Unique Per- spective on the Future," *Health Care News*, February 2015, http://healthcarenews.com/a-focus-on-innovation-pillcam-colon-offers-some-unique-perspective-on-the-future/e.

34 In 2014, Ireland-based Covington, a medical device company, bought Given Imaging for approximately $860,000. A year later, US-based Medtronic purchased Coving- ton for $49.9 billion. Given Imaging now

has the resources and the salesforce to dominate and transform the gastrointestinal market, which is expected to reach$3.83 billion in 2020. See "3.8 Billion Smart Pills," *Business Wire*, February 12, 2016, www.businesswire.com/news/home/20160212005740/en/3.8-Billion-Smart-Pills- Capsule-Endoscopy-Drug. Iddan now increasingly looks to the future and the great innovations he expects to continue coming out of Israel in the fields of brain research, nanotechnology, biotechnology, and others. He predicts that Israelis will continue to innovate and change the world for the better: "New methods of treatment will yield solutions that we could never have envisioned before," he says. See also Shamah, "Pillcam's Inventor Regrets Sale"; Mor Shimoni, "Inspirers: Who Are the Researchers Lighting the Torch This Year?" *Walla* [in Hebrew], March 8, 2015, http://healthy.walla.co.il/item/28360340.

第十二章——脊椎上的眼睛

1 Mazor Robotics, "Standing Taller with Renaissance," May 3, 2013, https://www.you- tube.com/watch?v=4GWjcfOd9WU.
2 Avi Shauli, "Another Bonanza? The Innovator behind the Mazor Robot, Worth Today 1.3 Billion Shekels, Tells BizPortal about His Next Innovation," Bizportal
3 [in Hebrew], October 16, 2013, www.bizportal.co.il/capitalmarket/news/article/3708860e.
4 Atiya Zar, "Professor Moshe Shoham, Who Heads the Technion Robotics Lab, Believes That Everyone in the Future Will Have a Personal Robot," *Arutz Sheva*, July 15, 2010, www.inn.co.il/Besheva/Article.aspx/96909.
5 Ibid.
6 "Moshe Shoham," Technion - Israel Institute of Technology, https://meeng.techn ion.ac.il/members/moshe-shoham/h-o.
7 MosheShoham,author'sphoneinterview,May11,2016.SeealsoZar,"ProfessorMoshe Shoham."
8 Moshe Shoham, author's phone interview, May 11, 2016. See also Technion, "Moshe Shoham."
9 Shauli, "Another Bonanza?"
10 "Report from Israel: SpineAssist Is First Miniature Robotic to Receive FDA OK," *Med- ical Device Daily*, June 11, 2004.

11 Eli Zehavi, author's phone interview, May 25, 2016.

12 Moshe Shoham, author's phone interview, May 11, 2016.

13 Eli Zehavi, author's phone interview, May 25, 2016.

14 DenX merged with Australian financial group's Helm Corp. in July 2002, making it the first Israeli company to be listed on an Australian stock market. Neal Sandler, "Israeli Startup Finds Funding Down Under," *Daily Deal*, July 26, 2002.

15 "Report from Israel: SpineAssist Is First Miniature Robotic to Receive FDA OK." See also Eli Shimoni, "Mazor's Robot for Back Surgery Raises 10 Million Dollars," *Ynet* [in Hebrew], May 4, 2005, www.ynet.co.il/articles/0,7340,L-3081277,00.html.

16 "Mazor: Section 7 - Summary of Safety and Effectiveness," U.S. Food and Drug Administration, January 7, 2004.

17 Moshe Shoham, author's phone interview, May 11, 2016.

18 Judy Siegel-Itzkovich, "Robots Back Breakthrough Surgery," *Jerusalem Post*, March 6, 2011, www.jpost.com/Health-and-Science/Robots-back-breakthrough-surgeryu.

19 Charlie Patton, "Woman Gets Back Relief with Unique Surgery: Robot Has Key Role to Help Surgeon in Two-Part Procedure," *Florida Times-Union*, February 16, 2014.

20 Hagi Amit, "Meet Mazor's Medical Robot That Multiplied Its Worth by Six Times in a Year," *The Marker* [in Hebrew], June 13, 2013, www.themarker.com/markerweek/1.204602880.

21 Ibid.

22 Ibid. See also Moshe Shoham, author's phone interview, May 11, 2016.

23 "Mazor Robotics: An Interesting Companyto Puton Your Watch List," Seeking Alpha, December 19, 2014, http://seekingalpha.com/article/2768765-mazor-robotics-an-interesting-company-to-put-on-your-watch-listwo.

24 The Mazor system costs $830,000 in the United States and $700,000 in Europe - which by industry standards is considered a reasonable price in comparison to other robotic devices that assist with surgery - and utilizes the Emerald, a $1500 non-reusable disposable robotic implant, named after one of the breastplate jew- els worn by the High Priest in the Jerusalem Temple about two thousand years ago. Mazor also makes money by selling annual service agreements at approx- imately 10 percent of the fixed equipment cost beginning the second year after installation of the system. See Amit, "Meet Mazor's Medical Robot." See also Seeking Alpha, "Mazor

Robotics"; Tali Tzipori, "Mazor Robotics Worth 7 Times More in a Year; How Did the Company Do It?" *Globes* [in Hebrew], July 4, 2013, www.globes.co.il/news/article.aspx?did=1000859350; Siegel-Itzkovich, "Robots Back Breakthrough Surgery."

25 Hillel Koren, "Mazor Sees FDA Nod for SpineAssist Brain Surgery Use," *Globes* (Israel), July 28, 2010, www.globes.co.il/en/article-10005777617.

26 Siegel-Itzkovich, "Robots Back Breakthrough Surgery." 26 Zar, "Professor Moshe Shoham."

27 Mazor Robotics, "Standing Taller with Renaissance," May 3, 2013, https://www.youtube.com/watch?v=4GWjcfOd9WU9c.

第十三章——改良OK繃

1 Jana Winter, "Suspected Arizona Gunman Reportedly Planned Shooting in Advance," Fox News Channel, January 9, 2011, www.foxnews.com/politics/2011/01/09/fbi-director-robert-mueller-takes-lead-arizona-shooting-investigation.html. See also "Arizona Safeway Shootings Fast Facts," CNN, December 10, 2015, www.cnn.com/2013/06/10/us/arizona-safeway-shootings-fast-facts/-sh.

2 Daniel Hernandez, *They Call Me a Hero: A Memoir of My Youth* (New York: Simon and Schuster, 2013), 11, www.advocate.com/commentary/2013/02/05/book-excer pt-daniel-hernandez-recalls-shooting-gabby-giffordsil.

3 Ron Kampeas,"Israeli Bandage May Have Saved Giffords' Life after Shooting," *Jewish News of Northern California*, February 17, 2011, www.jweekly.com/includes/print/60886/article/israeli-bandage-may-have-saved-giffords-life-after-shooting/i.

4 Bernard Bar-Natan, author's email exchange, June 29, 2016.

5 Bernard Bar-Natan, author's phone interview, May 24, 2016.

6 Bernard Bar-Natan, author's interview, Givatayim, July 10, 2015.

7 Ibid.

8 Ibid. See also David Horovitz, "The Guy with the Bandage," *Jerusalem Post*, April 29, 2011, www.jpost.com/Opinion/Columnists/Editors-Notes-The-guy-with-the-bandageh.

9 Bernard Bar-Natan, author’s interview, Givatayim, July 10, 2015.
10 Bernard Bar-Natan, author’s phone interview, May 24, 2016.
11 Bernard Bar-Natan, author’s interview, Givatayim, July 10, 2015.
12 If the company is successful, the grant is considered a loan to be paid back over time. If the company fails, the start-up capital does not need to be returned, and the government assumes the loss. In neither case does the Israeli government own a piece of the company.
13 Bernard Bar-Natan, author’s interview, Givatayim, July 10, 2015.
14 Ahmed Heib, author’s phone interview, January 29, 2016.
15 Bernard Bar-Natan, author’s phone interview, May 24, 2016.
16 Ahmed Heib, author’s phone interview, January 29, 2016.
17 Bernard Bar-Natan, author’s phone interview, May 24, 2016.
18 Roee Madai, author’s interview, First Care Factory, Rosh Ha’Ayin, July 14, 2015.
19 Ahmed Heib, author’s phone interview, January 29, 2016.
20 Areej Kabishi, author’s phone interview, February 1, 2015.
21 Horovitz, “The Guy with the Bandage.”
22 Bernard Bar-Natan, author’s interview, Givatayim, July 10, 2015.
23 Nicky Blackburn, “Israeli Innovative Bandages Saving American Lives in Iraq,” Israel21c, January 9, 2005, www.israel21c.org/israeli-innovative-bandages-saving-american-lives-in-iraq/-e.
24 Horovitz, “The Guy with the Bandage.”
25 Ibid.
26 Bernard Bar-Natan, author’s interview, Givatayim, July 10, 2015.

第十四章——包皮變寶

1 Michel Revel, author’s interview, Jerusalem, August 14, 2016. See also Kathryn Ber- man, “Hidden Children in France during the Holocaust,” The International School for Holocaust Studies, http://www.yadvashem.org/yv/en/education/newsletter/24/hidden_children.asp; “About the OSE,” *The Children of Chabannes*, http://

childrenofchabannes.org/about-the-ose. Children included future writer and Nobel laureate Elie Wiesel and future chief rabbi of Israel Rav Israel Lau.

2 Michel Revel, author's interview, Jerusalem, August 14, 2016.

3 Siegel-Itzkovich, "Unraveling the Mysteries."

4 Ibid. See also "Multiple Sclerosis: Using Hamster Cells to Fight Multiple Sclerosis," *Merck*, January 17, 2015, www.magazine.emerck/darmstadt_germany/innovation/Michel_Revel/multiple_sclerosis.html; Michel Revel, author's interview, Ness Ziona, June 30, 2015.

5 Thomas Tan, "Dr. Michel Revel Elected to ISICR Honorary Membership," *Interna- tional Society for Interferon and Cytokine Research* 10, no. 2 (April 2003): 1-4, http:// cytokinesociety.org/wp-content/uploads/2016/11/Newsletter10.2.pdf.

6 *Merck*, "Multiple Sclerosis."

7 Rick Doust,"No'Magic Bullet' outof Interferon, but Workin Labs Showing Promise," *Globe and Mail* (Canada), February 16, 1984.

8 "Rebif and Its Connection to Israel," Multiple Sclerosis Society of Israel [in Hebrew], http://mssociety.org.il/2015021717. See also "Happy Birthday to the Medication," Weizmann Institute [in Hebrew], June 4, 2007, http://stwww.weizmann.ac.il/g-junior/weizmann-paper/47/13.html3.

9 Michel Revel, author's interview, Ness Ziona, June 30, 2015. See also Michel Revel, author's interview, Jerusalem, August 14, 2016.

10 Michel Revel, author's interview, Ness Ziona, June 30, 2015.

11 Michel Revel, author's interview, Jerusalem, August 14, 2016.

12 Multiple Sclerosis Society of Israel, "Rebif and Its Connection to Israel." See also Weizmann Institute, "Happy Birthday to the Medication."

13 Harold Schmeck Jr., "Interferon Makes Inroads against Some Infections, Including Colds," *New York Times*, June 1, 1982.

14 Revel specifically conducted his research on interferon beta.

15 Michel Revel, author's interview, Jerusalem, August 14, 2016.

16 Jessica Steinberg, "Disease Be Not Proud," *Jerusalem Post*, February 27, 2004.

17 Ibid. See also Multiple Sclerosis Society of Israel, "Rebif and Its Connection to Israel."

18 *Merck*, "Multiple Sclerosis."

19 Ibid.

20 Michel Revel, author's interview, Jerusalem, August 14, 2016.

21 Michel Revel, author's interview, Ness Ziona, June 30, 2015.

22 *Merck*, "Multiple Sclerosis."

23 Menachem Rubinstein, author's phone interview, July 4, 2016.

24 Lawrence Jacobs, Judith A. O'Malley, and Arnold Freeman, "Intrathecal Interferon in the Treatment of Multiple Sclerosis: Patient Follow-Up," *Archives of Neurology* 42, no. 9 (1985): 841-47, http://archneur.jamanetwork.com/article.aspx?articleid=5844978i.

25 Ann Pietrangelo and Valencia Higuera, "Multiple Sclerosis by the Numbers: Facts, Statistics, and You," Healthline, March 24, 2015, www.healthline.com/health/multiple-sclerosis/facts-statistics-infographicai.

26 In addition to MS, Revel's team discovered that interferon beta-1a is also effective against papillomavirus genital warts (which can lead to cervical cancer) and against recurrent herpes. Siegel-Itzkovich, "Unraveling the Mysteries."

27 Menachem Rubinstein, author's phone interview, July 4, 2016.

28 Michel Revel, author's interview, Ness Ziona, June 30, 2015.

29 Ibid. See also Carly Helfand, "Rebif," *Fierce Pharma*, www.fiercepharma.com/special- report/rebif; "Kadimastem to Receive Sponsored Research Agreement with National Multiple Sclerosis Society Fast Forward Program," *India Pharma News*, September 29, 2015.

30 Michel Revel, author's interview, Ness Ziona, June 30, 2015.

31 Dr. Bernhard Kirschbaum, author's email exchange, November 19, 2016.

32 Alex Philippidis, "Top 10 Multiple Sclerosis Drugs," *Genetic Engineering & Biotech- nology News*, February 18, 2014, http://www.genengnews.com/the-lists/top-10- multiple-sclerosis-drugs/77900039?page=19.

33 Steinberg, "Disease Be Not Proud."

34 Weizmann Institute of Science, "Treatment of Multiple Sclerosis," November 24, 2010, www.youtube.com/watch?v=WHvTh51oXBMB.

35 Dr. Tamir Ben-Hur, author's phone interview, December 12, 2016.

第十五章——崇高的使命

1 Raphael Mechoulam, author's email exchange, May 28, 2016. See also Judy Siegel- Itzkovich, "The World Is Going to Pot," *Jerusalem Post*, May 18, 2014, www.jpost.com/Health-and-Science/The-world-is-going-to-pot-352563; Assaf Uni, "Meet the Man Who Discovered Weed's Secret Ingredient," *Vocativ*, December 18, 2014, www.vocativ.com/culture/science/raphael-mechoulam-thc-marijunana/; Fundación CANNA, "The Scientist Documentary," July 23, 2015, www.youtube.com/watch?v= qwfC5ye2UBkBy.

2 "The Scientist - The Life and Work of Raphael Mechoulam," *EuropaWire*, July 31, 2015, www.projectcbd.org/article/scientist-life-and-work-raphael-mechoulamhl.

3 Anisa Rawhani, "Pioneering Pot Prof Still Studying at 85," *Kingston Whig-Standard*, June 29, 2015.

4 "Cannabis," World Health Organization, www.who.int/substance_abuse/facts/cannabis/en/. There are over one million US patients and approximately twenty thousand in Israel. "Number of Legal Medical Marijuana Patients," ProCon, March 1, 2016, http://medicalmarijuana.procon.org/view.resource.php?resourceID= 005889. See also Asaf Finkelstein, "The Grass Is Always Greener," *Jerusalem Post*, December 11, 2015.

5 Dr. Nora Volkow, author's email exchange, May 31, 2016.

6 "Conversation with Raphael Mechoulam," *Addiction* 102, no. 6 (June 2007): 887-93.

7 "Weizmann Institute of Science," Academic Ranking of World Universities, www.sh anghairanking.com/World-University-Rankings/Weizmann-Institute-of-Science.htmle.

8 David Jay Brown, "An Interview with Dr. Raphael Mechoulam," Mavericks of the Mind, http://mavericksofthemind.com/dr-raphael-mechoulamah.

9 *Addiction*, "Conversation with Raphael Mechoulam."

10 Mechoulam determined that cannabidiol is only one of about five dozen active "can- nabinoids." Cannabis has more than 480 natural compounds, sixty-six of which have now been classified as cannabinoids. Abigail Klein Leichman, "The Israeli Phar- macologist Who Kick-Started Marijuana Research," Israel21c, May 14, 2012, www.israel21c.org/the-israeli-pharmacologist-who-kick-started-marijuana-researcheu.

11 Siegel-Itzkovich, "The World Is Going to Pot."

12 Ibid.

13 Rawhani, "Pioneering Pot Prof."

14 The Biological Research Institute specializes in biology, medical chemistry, and environmental science, with much of its work a closely guarded secret.

15 *Addiction*, "Conversation with Raphael Mechoulam." See also Noga Tarnopolsky, "At 82, He's the World's Most Eminent Pot Scientist," *Eureka Times Standard*, August 27, 2013, http://www.times-standard.com/article/ZZ/20130827/NEWS/1308289628.

16 Hampton Sides, "Science Seeks to Unlock Marijuana's Secrets," *National Geographic*, June 2015, http://ngm.nationalgeographic.com/2015/06/marijuana/sides-text.

17 Raphael Mechoulam, author's email exchange, May 28, 2016.

18 Fundación CANNA, "The Scientist Documentary."

19 Raphael Mechoulam, author's email exchange, May 28, 2016.

20 Siegel-Itzkovich, "The World Is Going to Pot."

21 Fundación CANNA, "The Scientist Documentary."

22 Uni, "Meet the Man."

23 *Addiction*, "Conversation with Raphael Mechoulam."

24 Nico Escondido, "The Man Who Discovered THC," *High Times*, May 31, 2011.

25 Sam Sokol, "The Marijuana Maven," *Jerusalem Post*, April 6, 2012.

26 Adam Van Heerden, "Professor Raphael Mechoulam, the Father of Marijuana Research, Talks to NoCamels about His Studies and Breaking the Law in the Name of Science," NoCamels, *September 24, 2013*, http://nocamels.com/2013/09/profes sor-raphael-mechoulam-the-father-of-marijuana-research-talks-to-nocamels-about-his-studies-and-breaking-the-law-in-the-name-of-scienceh.

27 Anthony Wile, "Dr. Raphael Mechoulam: The Promise of Cannabis," *Daily Bell*, October 19, 2014, www.thedailybell.com/exclusive-interviews/35732/Anthony- Wile-Dr-Raphael-Mechoulam-The-Promise-of-Cannabis.

28 Dr. Nora Volkow, author's email exchange, May 31, 2016.

29 While it is challenging to pinpoint the exact origin of medical cannabis, there is evidence that suggests humans have been consuming it as far back as 4000 BCE in China. Its first documented use is found in the Ebers Papyrus, the oldest and most important medical papyrus of ancient Egypt, which dates to the sixteenth

century BCE. And cannabis is mentioned in ancient Assyrian, Greek, and Roman texts. "Long-Dead Teenager Tells Tale of Pot-Smoking in Era of 300 AD," *Van- couver Sun*, May 20, 1993. See also Alyson Martin and Nushin Rashidian, "Martin and Rashidian: Little Green Pill," *National Post* (Canada), April 3, 2014, http://nationalpost.com/opinion/martin-rashidian-little-green-pill.

30 *Vancouver Sun*, "Long-Dead Teenager Tells Tale."

31 Dr. Howlett was the primary investigator and worked alongside her graduate stu- dent William Devane to discover the system. Dr. Allyn Howlett, author's phone interview, June 2, 2016. See also Martin A. Lee, "The Discovery of the Endocan- nabinoid System," O'Shaughnessy's Online, 2010, www.beyondthc.com/wp-content/uploads/2012/07/eCBSystemLee.pdfe.

32 Dr. Allyn Howlett, author's phone interview, June 2, 2016.

33 Anandamide is released by the brain, and 2-arachidonoyl glycerol is released by the peripheral organs. Siegel-Itzkovich, "The World Is Going to Pot."

34 Tarnopolsky, "At 82."

35 Siegel-Itzkovich, "The World Is Going to Pot."

36 Klein Leichman, "The Israeli Pharmacologist."

37 Siegel-Itzkovich, "The World Is Going to Pot." Mechoulam stresses that medical marijuana and recreational use of the drug are two different issues entirely. The professor does not advocate for the approval of recreational cannabis, calling it "very dangerous." See ibid.

38 Sokol, "Marijuana Maven."

39 Lizzie Wade, "Researchers Are Finally Studying the Other Chemical in Pot," *Wired*, June 4, 2015.

40 Uni, "Meet the Man." See also Sokol, "Marijuana Maven."

41 Dr. Manuel Guzman, author's phone interview, June 1, 2016.

42 Wade, "Researchers Are Finally Studying."

43 Gallup, "In U.S., 58% Back Legal Marijuana Use," October 21, 2015, www.gallup.com/poll/186260/back-legal-marijuana.aspxj..

44 Shoshanna Solomon, "Can Cannabis Treat Asthma? Jerusalem Experts to Find Out," *Times of Israel*, October 24, 2017, https://www.timesofisrael.com/jerusalem- cannabis-guru-to-study-effect-of-weed-on-asthma/.

第十六章——平衡天地

1 Yossi Leshem and Ofir Bahat, *Flying with the Birds* (Tel Aviv: Yediot Ahronoth/ Chemed Books, 1999), 111.

2 Yossi Leshem, author's phone interview, July 31, 2016. See also Thomas Friedman, "Israel and the Birds Vie for Precious Air Space," *New York Times*, September 17, 1985, www.nytimes.com/1985/09/17/science/israel-and-the-birds-vie-for-precious-air-space.html?pagewanted=allp-.

3 Yossi Leshem, author's phone interview, July 31, 2016.

4 Ibid. See also Friedman, "Israel and the Birds Vie."

5 Ben Jacobson, "It's for the Birds," *Jerusalem Post*, January 18, 2008. Israel's neighbors, including Syria, Lebanon, Jordan, and Egypt, all face similar challenges.

6 Yossi Leshem, author's phone interview, July 31, 2016.

7 Ibid.

8 Ibid.

9 Carole Garbuny Voguland Yossi Leshem, *The Man Who Flieswith Birds* (Minneapolis: Kar Ben Press, 2009), 7.

10 Yossi Leshem, author's phone interview, July 31, 2016.

11 Ibid.

12 Ibid.

13 Israel21c, "The Man Who Taught Me to Fly," September 26, 2013, www.youtube.com/watch?v=k2WvIDgCHlAlg.

14 Yossi Leshem, author's phone interview, July 31, 2016.

15 Ibid.

16 Judy Siegel-Itzkovich, "Birds on His Brain," *Jerusalem Post*, November 6, 2005, www.jpost.com/Health-and-Sci-Tech/Science-And-Environment/Birds-on-his- braini.

17 Yossi Leshem, author's phone interview, July 31, 2016.

18 Ibid.

19 Ibid.

20 David K. Shipler, "Israel Completes Pullout, Leaving Sinai to Egypt," *New York Times*, April 26, 1982, www.

nytimes.com/1982/04/26/world/israeli-completes-pullout-leaving-sinai-to-egypt.html?pagewanted=allgy.

21 Yossi Leshem, author's phone interview, July 31, 2016.

22 Ibid.

23 Yossi Leshem, author's interview, New York, October 28, 2016.

24 Yossi Leshem, author's phone interview, July 31, 2016.

25 The Fisher Institute for Air and Space Strategic Studies, "Avihu Ben-Nun Tells about the Bird Problem" [in Hebrew], https://www.youtube.com/watch?v= p0kdBNGaSywSB.

26 Leshem and Bahat, *Flying with the Birds*, 13. See also Sharon Udasin, "Israel Bird Expert Wins 25,000 Euro German Prize," *Jerusalem Post*, November 14, 2012.

27 Leshem and Bahat, *Flying with the Birds*, 188.

28 Doug Struck, "Birder Sows Goodwill in Mideast," *Washington Post*, April 9, 1998, www.washingtonpost.com/archive/politics/1998/04/09/birder-sows-goodwill-in-mideast/a72fe666-966f-4766-86a2-0827d64cca44/a.

29 Mansour Abu Rahid, author's phone interview, December 13, 2016. 30 Leshem and Bahat, *Flying with the Birds*, 11.

第十七章——起死回生

1 Neil Asher Silberman, *A Prophet from amongst You: The Life of Yigael Yadin; Soldier, Scholar, and Mythmaker of Modern Israel* (New York: ACLS Humanities, 2013), 1-2.

2 Ibid.

3 Steven Erlanger, "After 2000 Years, a Seed from Ancient Judea Sprouts," *New York Times*, June 12, 2005, www.nytimes.com/2005/06/12/world/middleeast/after- 2000-years-a-seed-from-ancient-judea-sprouts.html?_r=1u.

4 Sarah Sallon, author's phone interview, December 9, 2015.

5 Ibid.

6 Ibid.

7 Jane Shen-Miller, Mary Beth Mudgett, J. William Schopf, Steven Clarke, and Rainer Berger, "Exceptional

Seed Longevity and Robust Growth: Ancient Sacred Lotus from China," *American Journal of Botany* 82, no. 11 (November 1995): 1367-80, www.botany.org/ajb/82-11-1995-1367.pdf3.

8 Sarah Sallon, author's phone interview, December 9, 2015.

9 Erlanger, "After 2000 Years, a Seed." Seealso Dr. Jane Goodall, author'semailexchange, February 5, 2017.

10 Erlanger, "After 2000 Years, a Seed."

11 Leviticus 23:40.

12 Erlanger, "After 2000 Years, a Seed."

13 Elaine Solowey, author's phone interview, January 21, 2016.

14 Sarah Sallon, Elaine Solowey, Yuval Cohen, Raia Korchinsky, Markus Egli, Ivan Woodhatch, Orit Simchoni, and Mordechai Kislev, "Supporting Online Material for Germination, Genetics, and Growth of an Ancient Date Seed," *Science AAAS*, June 13, 2008, https://www.sciencemag.org/content/320/5882/1464/suppl/DC1. See also Elaine Solowey, author's interview, Jerusalem, June 25, 2015.

15 Steven Erlanger, "After 2000 Years, a Seed."

16 Ofer Ilany,"2,000-Year-Old Date Seed Growsinthe Arava," *Haaretz*, February 15, 2007, www.haaretz.com/print-edition/news/2-000-year-old-date-seed-grows-in-the-arava-1.213054. See also Hana Levi Julian, "Date Tree Sprouts from 2000-Year-Old Seed Found on Masada," *Arutz Sheva*, June 13, 2008, www.israelnationalnews.com/News/News.aspx/126484#.VVDlxtJVikoVV.

17 Elaine Solowey, author's interview, Jerusalem, June 25, 2015.

18 Ibid.

19 Ilany, "2,000-Year-Old Date Seed."

20 Elaine Solowey, author's interview, Jerusalem, June 25, 2015. See also Sarah Sallon, author's phone interview, December 9, 2015. In 2012 Russian scientists reportedly managed to grow a thirty-two-thousand-year-old seed buried in Siberia that had apparently been buried by an ice-age squirrel. They did so by extracting the embryo and successfully germinating the plants in vitro. But the Judean date palm remains the oldest mature seed that has grown into a viable plant.

21 Elaine Solowey, author's interview, Jerusalem, June 25, 2015.

22 Ibid.

23 Steven Erlanger, "After 2000 Years, a Seed."

24 Elaine Solowey, author's interview, Jerusalem, June 25, 2015.
25 Polana Vidyasagar, author's phone interview, December 21, 2015.
26 Elaine Solowey, author's interview, Jerusalem, June 25, 2015.
27 Sarah Sallon, author's phone interview, December 9, 2015.
28 Ofer Ilany, "2,000-Year-Old Date Seed."
29 Matthew 2:11, King James Version.
30 Matthew Kalman, "After 1,500 Years, Frankincense Returns to the Holy Land in Time for Christmas," *Times of Israel*, December 23, 2012, http://blogs.timesofisrael.com/after-1500-years-frankincense-returns-to-the-holy-land/yt.
31 Randolph E. Schmid, "Tree from 2,000-Year-Old Seed Is Doing Well," June 12, 2008, www.freerepublic.com/focus/f-news/2030302/postss2.
32 Kalman, "After 1,500 Years, Frankincense Returns."
33 "Plant Medicines," PBS, www-tc.pbs.org/wgbh/nova/julian/media/lrk-disp-plantmedicines.pdfnn.
34 Dr. Ori Fragman-Sapir, author's phone interview, December 2, 2016.
35 Steven Erlanger, author's phone interview, December 19, 2016.
36 Schmid, "Tree from 2,000-Year-Old Seed."

第十八章——做個受尊敬的人

1 Ethics of the Fathers 1:2.
2 Brady Josephson, "Want to Be Happier? Give More. Give Better," *Huffington Post*, November 11, 2014, https://www.huffingtonpost.com/brady-josephson/want-to- be-happier-give-m_b_6175358.html5.

參考資料

Books

Cleveland, Cutler J. *Concise Encyclopedia of the History of Energy*. San Diego: Elsevier, 2009.

Garbuny Vogul, Carole, and Yossi Leshem. *The Man Who Flies with Birds*. Minneapolis: Kar Ben Press, 2009.

Hernandez, Daniel. They Call Me a Hero: A Memoir of My Youth. New York: Simon and Schuster, 2013. www.dvocate.com/commentary/2013/02/05/book-excerpt-daniel-hernandez-recalls-shooting-gabby-giffords.

Hill, Charles W.L., Melissa A. Schilling, and Gareth R. Jones. *Strategic Man- agement: An Integrated Approach*. Boston: Cengage Learning, 2016.

Inbal, Aliza Belman, and Shachar Zahavi. *The Rise and Fall of Israel's Bilateral Aid Budget, 1958-2008*. Tel Aviv: Tel Aviv University Hartog School for Government and Policy with the Pears Foundation, 2009.

Kreinin, Mordechai E. *Israel and Africa: A Study in Technical Cooperation*. New York: Frederick A. Praeger, 1964.

Leshem, Yossi, and Ofir Bahat. *Flying with the Birds*. Tel Aviv: Yediot Ahro-noth/Chemed Books, 1999.

Meir, Golda. *My Life*. New York: G.P. Putnam's Sons, 1975.

Perlin, John. *Let It Shine: The 6000 Year Story of Solar Energy*. Self-published, 2013. http://john-perlin.com/let-it-shine.html.

Perman, Stacy. *Spies, Inc.: Business Innovation from Israel's Masters of Espionage*. Upper Saddle River, NJ: Pearson, 2005.

Peters, Joel. *Israel and Africa: The Problematic Friendship*. London: British Academic Press, 1992.

Rosenthal, Donna. *The Israelis: Ordinary People in an Extraordinary Land*. New York: Free Press, 2003.

Siegel, Seth M. *Let There Be Water*. New York: St. Martin's Press, 2015. Silberman, Neil Asher. *A Prophet from amongst You: The Life of Yigael Yadin;*

Soldier, Scholar, and Mythmaker of Modern Israel. New York: ACLS Human- ities, 2013.

Tabor, Harry Zvi. *Selected Reprints of Papers by Harry Zvi Tabor, Solar Energy Pioneer*. Rehovot: Balaban Publishers and International Solar Energy Society, 1999.

Tal, Alon. *Pollution in a Promised Land: An Environmental History of Israel*.

Berkeley: University of California Press, 2002.

Articles

Addiction. "Conversation with Raphael Mechoulam." 102, no. 6 (June 2007): 887-93.

Ain, Stewart. "Iron Dome Ready for Future." *Jewish Week*, February 9, 2015. www.thejewishweek.com/features/jw-qa/iron-dome-ready-future.

Amit, Hagi. "Meet Mazor's Medical Robot That Multiplied Its Worth by Six Times in a Year." *The Marker* [in Hebrew], June 13, 2013. www.themarker.com/markerweek/1.2046028.

Ankori, Merav. "Solar Power unto the Nations." *Globes*, October 28, 2007. Arom, Eitan, and Erica Schachne. "Just an Ambucycle Ride Away." *Jerusalem Post*, January 2, 2015.

Associat222ww.wired.com/2006/03/farms-waste-much-of-worlds-water.

Atik, Nilufer. "Claire Lomas' Inspiring Story: My Life Has Been Amazing since I Was Paralyzed." *Mirror* (UK), May 10, 2013. www.mirror.co.uk/news/real-life-stories/claire-lomas-inspiring-story-life-1879107.

Avraham, Yael Freund. "A Drop of Respect: Who Really Invented Drip Irri- gation?" *Makor Rishon* [in Hebrew], June 7, 2015. www.nrg.co.il/online/1/ART2/698/679.html.

Azulai, Yuval. "Eight Facts about Iron Dome." *Globes* (Israel), October 7, 2014. www.globes.co.il/en/article-everything-you-wanted-to-know-about-iron-dome-1000953706.

Bardin, Jeff. "What It's Like to Be a Hacker in Iran." *Business Insider*, Febru- ary 23, 2016. www.businessinsider.com/what-its-like-to-be-a-hacker-in-iran-2016-2.

BBC. "Middle East Crisis: Facts and Figures." August 31, 2006. http://news.bbc.co.uk/2/hi/middle_east/5257128.stm.

Bennett, Drake. "What It's Like to Be an Arab Entrepreneur in a Divided Israel," Bloomberg, November 26, 2014. Available online (www.bloomberg.com/bw/articles/2014-11-26/what-its-like-to-run-an-arab-tech-startup-in-israel#p).

Bergman, H., T. Wichmann, and M.R. DeLong. "Reversal of Experimental Parkinsonism by Lesions of the Subthalamic Nucleus." *Science* 249 (1990): 1436-1438. https://www.ncbi.nlm.nih.gov/pubmed/2402638.

Bkhor Nir, Diana. "Flowing." *Calcalist* [in Hebrew], March 19, 2015. http:// tx.technion.ac.il/~presstech/newsletter/mehudar.pdf.

Blackburn, Nicky. "Israeli Innovative Bandages Saving American Lives in Iraq." Israel21c, January 9, 2005. www.israel21c.org/israeli-innovative-bandages-saving-american-lives-in-iraq/.

Bland, Alastair. "Hiding in the Shallows." *Comstock's*, September 15, 2015. www.comstocksmag.com/longreads/hiding-shallows.

Bray, Hiawatha. "ReWalk Exoskeleton Puts the Disabled Back on Their Feet."

Boston Globe, July 7, 2014. www.bostonglobe.com/business/2014/07/06/putting-disabled-back-their-feet/8gFcM33JyTuL92J2kReDeI/story.html. Bren, Linda. "Incredible Journey through the Digestive System." *U.S. Food and Drug Administration Consumer Magazine*, March-April 2005. http://permanent.access.gpo.gov/lps1609/www.fda.gov/fdac/features/2005/205_pillcam.html.

Brown, David Jay. "An Interview with Dr. Raphael Mechoulam." Mavericks of the Mind. http://mavericksofthemind.com/dr-raphael-mechoulam. *Business Wire*. "3.8 Billion Smart Pills." February 12, 2016. www.businesswire.com/news/home/20160212005740/en/3.8-Billion-Smart-Pills-Capsule-Endoscopy-Drug.

Cashman, Greer Fay. "Rivlin Salutes First Responders as the 'Light in the Darkness.'" *Jerusalem Post*, December 8, 2015. www.jpost.com/Israel-News/Rivlin-salutes-first-responders-as-the-light-in-the-darkness-436641.

———. "The Ties That Bind." *Jerusalem Post*, May 30, 2014.

———. "United Hatzalah Leaders Receive Prize for Peace in the Mid East." *Jerusalem Post*, June 25, 2013. www.jpost.com/National-News/United-H atzalah-leaders-receive-prize-for-peace-in-the-Mid-East-317610.

CBS. "These Cybercrime Statistics Will Make You Think Twice about your Password: Where's the CSI Cyber Team When You Need Them?" March 3, 2015. www.cbs.com/shows/csi-cyber/news/1003888/these-cybercrime-statistics-will-make-you-think-twice-about-your-password-where-s-the-c si-cyber-team-when-you-need-them-.

CNN. "Arizona Safeway Shootings Fast Facts." December 10, 2015. www.cnn.com/2013/06/10/us/arizona-safeway-shootings-fast-facts/.

Consumer Health Reports."Colonoscopy." 2012. http://consumerhealthchoices.org/wp-content/uploads/2012/10/Colonoscopy-HCBB.pdf.

CSPAN. "A Drop of Hope in a Sea of Despair." January 13, 2014. www.c-span.org/video/?c4480721/ariel-bar-aipac.

Davar. "Black Brings Light" [in Hebrew]. July 26, 1961. http://goo.gl/fwIZqc.

———. "The Opposition to Installing the *Dud Shemesh* in the Workers Housing Union's Apartments" [in Hebrew]. May 27, 1971. http://goo.gl/VPCs6I.

———. "Weizmann Prize Winners for 1956" [in Hebrew]. July 20, 1956. http://goo.gl/XzQiBq.

Doust, Rick. "No 'Magic Bullet' out of Interferon, but Work in Labs Showing Promise." *Globe and Mail* (Canada), February 16, 1984.

Economist. "Scattered Saviors." January 28, 2012. www.economist.com/node/21543488.

Eder, Miri. "Live from the Small Intestine." *Ma'ariv* [in Hebrew], June 5, 2012. www.nrg.co.il/online/archive/ART/224/085.html.

Eglash, Ruth. "A Light among the Nations." *Jerusalem Post*, May 7, 2008. Eisner, Robin. "An Ingestible 'Missile' Helps Target Disease." *Forward*, November 14, 2003. http://forward.com/articles/7098/an-ingestible-missile-helps-target-disease/.

English, Bella. "For Phil Villers, Helping Feed the World Is in the Bag." *Boston Globe*, December 17, 2013. www.bostonglobe.com/lifestyle/2013/12/17/concord-based-company-aims-help-alleviate-world-hunger/aIGEHu8DbD3nI2yViuiABP/story.html.

Erlanger, Steven. "After 2000 Years, a Seed from Ancient Judea Sprouts." *New York Times*, June 12, 2005. www.nytimes.com/2005/06/12/world/middleeast/after-2000-years-a-seed-from-ancient-judea-sprouts.html?_r=1.

Escondido, Nico. "The Man Who Discovered THC." *High Times*, May 31, 2011.

EuropaWire. "The Scientist - The Life and Work of Raphael Mechoulam." July 31, 2015. www.projectcbd.org/article/scientist-life-and-work-raphael-mechoulam.

Finkelstein, Asaf. "The Grass Is Always Greener." *Jerusalem Post*, December 11, 2015.

Flanders, Kevin. "A Focus on Innovation - PillCam Colon Offers Some Unique Perspective on the Future." *Health Care News*, February 2015. http://healthcarenews.com/a-focus-on-innovation-pillcam-colon-offers-some-unique-perspective-on-the-future/.

Forbes. "A Fortune in Firewalls." March 18, 2002, www.forbes.com/forbes/2002/0318/102.html.

———. "The Unit." February 8, 2007. www.forbes.com/2007/02/07/israel-military-unit-ventures-biz-cx_gk_0208israel.html.

Forbes Israel. "Number 73: Marius Nacht" [in Hebrew]. April 14, 2014. www.forbes.co.il/news/new.aspx?0r9VQ=IEEJ.

Friedman, Thomas. "Israel and the Birds Vie for Precious Air Space." *New York Times*, September 17, 1985. www.nytimes.com/1985/09/17/science/israel-and-the-birds-vie-for-precious-air-space.html?pagewanted=all. Gabizon, Yoram. "Given Imaging - 22 Million Insured within 10 Months." *Haaretz* [in Hebrew], July 3, 2002. www.haaretz.co.il/misc/1.806844.

Gallup. "In U.S., 58% Back Legal Marijuana Use." October 21, 2015. www.gallup.com/poll/186260/back-legal-marijuana.aspx.

Gilmer, Maureen. "Dry Land Thrives with Drip Irrigation: Systems Traced to Discovery in Arid Israel in 1960s." *Dayton Daily News*, May 7, 2015.

Golan, Hagai. "I Work for the Interest and the Challenge." *Globes* (Israel). June 6, 2013.

Goldstein, Tani. "Arab High-Tech Blooming in Galilee." *Ynet*, April 21, 2011. www.ynetnews.com/articles/0,7340,L-4057013,00.html.

Greenwald, Ted. "Ekso's Exoskeletons Let Paraplegics Walk, Will Anyone Actually Wear One?" *Fast Company*, March 19, 2012. www.fastcompany.com/1822791/eksos-exoskeletons-let-paraplegics-walk-will-anyone-ac tually-wear-one.

Gross, Judah Ari. "Masters of Disaster, IDF Field Hospital May Be Recognized as World's Best." *Times of Israel*, October 18, 2016. www.timesofisrael.com/masters-of-disaster-idf-field-hospital-may-be-recognized-as-worlds-best.

———. "UN Ranks IDF Emergency Medical Team as 'No. 1 in the World.'" *Times of Israel*, November 13, 2016. http://www.timesofisrael.com/un-ra nks-idf-emergency-medical-team-as-no-1-in-the-world/.

Haaretz. "Bill Clinton Hails Israel Relief Mission to Haiti." January 28, 2010. http://www.haaretz.com/news/bill-clinton-hails-israel-relief-mission-to-haiti-1.262274.

Habib-Valdhorn, Shiri. "Check Point Launches Malware Protection Solution." *Globes* (Israel), March 10, 2015.

Harpaz, A. "United Hatzalah: Thirty Arab Volunteers from East Jerusa- lem Join the Organization with the Encouragement of the Organiza- tion's Senior Executives." *Actuality* [in Hebrew], October 24, 2009. www.actuality.co.il/articles/art.asp?ID=3684&SID=7&CID=14&MID=14.

Hartman, Ben. "Iron Dome Doesn't Answer Threats." *Jerusalem Post*, May 9, 2010. www.jpost.com/Israel/Iron-Dome-doesnt-answer-threats.

Hayadan. "Dedication, Zionism, and a Few Pieces from Toys R Us: An Inter- view with the Team That Oversees the Iron Dome, All the Members of Which Are Graduates of the Technion, and the Secret of the Project's Success" [in Hebrew]. July 9, 2014. www.hayadan.org.il/interview-iron-dome-rp0907141.

———. "Going Live to the Small Intestine" [in Hebrew]. July 6, 2000. www.hayadan.org.il/given-imagings-breakthrough-technology0607001.

Helfand, Carly. "Rebif." *Fierce Pharma*, www.fiercepharma.com/special-report/rebif.

Hirschauge, Orr. "Israeli Tech Needs to Be More Inclusive, Says Yossi Vardi." *Wall Street Journal*, September 11, 2014. http://blogs.wsj.com/digits/2014/09/11/israeli-tech-needs-to-be-more-inclusive-says-yossi-vardi/.

Horovitz, David. "The Guy with the Bandage." *Jerusalem Post*, April 29, 2011. www.jpost.com/Opinion/Columnists/Editors-Notes-The-guy-with-the-bandage.

Howell, Donna. "Check Point Copes with Competition." *Investor's Business Daily*, May 13, 2002.

Huguenin, Roland. "Courage under Fire." *Magazine of the International Red Cross and Red Crescent Movement*, http://www.redcross.int/EN/mag/magazine2000_4/Palestina.html.

Hull Daily Mail. "'Bionic' Claire Lomas Trained for London Marathon in East Yorkshire." May 10, 2012. www.hulldailymail.co.uk/Bionic-Claire-Lomas-trained-London-Marathon-East/story-16040411-detail/story.html.

Iddan, Gavriel J., and Paul Swain. "History and Development of Capsule Endoscopy." *Gastrointestinal Endoscopy Clinics of North America* 14 (2004). www.giendo.theclinics.com/article/S1052-5157(03)00145-4/abstract.

Ilany, Ofer. "2,000-Year-Old Date Seed Grows in the Arava." *Haaretz*, Febru- ary 15, 2007. www.haaretz.com/print-edition/news/2-000-year-old-date-seed-grows-in-the-arava-1.213054.

India Pharma News. "Kadimastem to Receive Sponsored Research Agree-ment with National Multiple Sclerosis Society Fast Forward Program." September 29, 2015.

Investor's Business Daily. "Computer Niche." September 12, 2000.

Israel21c. "Camera-in-a-Pill Gives a Closer Look." November 1, 2001. www.israel21c.org/camera-in-a-pill-gives-a-closer-look/.

———. "Checking in with Check Point's Gil Shwed." June 3, 2003. www.israel21c.org/checking-in-with-check-points-gil-shwed.

Jacobs, Jill. "The History of Tikkun Olam." *Zeek*, June 2007. www.zeek.net/706tohu/index.php?page=2.

Jacobs, Lawrence, Judith A. O'Malley, and Arnold Freeman. "Intrathecal Inter- feron in the Treatment of Multiple Sclerosis: Patient Follow-Up." *Archives of Neurology* 42, no. 9 (1985): 841-47. http://archneur.jamanetwork.com/article.aspx?articleid=584497.

Jacobson, Ben. "It's for the Birds." *Jerusalem Post*, January 18, 2008.

Jewish Telegraphic Agency. "Bus Bomb Toll: Six Dead, 19 Injured." June 5, 1978. www.jta.org/1978/06/05/archive/bus-bomb-toll-six-dead-19-injured.

Josephs, Allison. "The Orthodox Man Who Saved a Life with His Yarmulke." Jew in the City, May 29, 2014. http://jewinthecity.com/2014/05/the-or thodox-man-who-saved-a-life-with-his-yarmulke.

Josephson, Brady. "Want to Be Happier? Give More. Give Better." *Huffing- ton Post*, November 11, 2014. https://www.huffingtonpost.com/brady-josephson/want-to-be-happier-give-m_b_6175358.html.

Kalman, Matthew. "After 1,500 Years, Frankincense Returns to the Holy Land in Time for Christmas." *Times of Israel*, December 23, 2012. http:// blogs.timesofisrael.com/after-1500-years-frankincense-returns-to-the-holy-land/.

Kampeas, Ron. "Israeli Bandage May Have Saved Giffords' Life after Shoot- ing." *Jewish News of Northern California*, February 17, 2011. www.jweekly.com/includes/print/60886/article/israeli-bandage-may-have-saved-giffords-life-after-shooting/.

Kaufman, Frederick. "How to Fight a Food Crisis." *Los Angeles Times*, Sep- tember 21, 2012. http://articles.latimes.com/2012/sep/21/opinion/la-oe-kaufman-food-hunger-drought-20120921.

Keighley, Paul Sánchez. "96-Year-Old Solar Energy Genius Harry Zvi Tabor Talks to NoCamels about Pioneering Solar Power." NoCamels, August 13, 2006. http://nocamels.com/2013/08/96-year-old-solar-energy-geni us-harry-zvi-tabor-talks-to-nocamels-about-pioneering-solar-power/.

Kerstein, Arin. "The Impact of Drip Irrigation: 'More Crop per Drop.'" *Bor- gen Magazine*, July 20, 2015. www.borgenmagazine.com/impact-drip-irrigation-crop-per-drop.

Klein Leichman, Abigail. "GPS for Brain Surgeons." Israel21c, January 7, 2013, www.israel21c.org/health/gps-for-brain-surgeons.

———. "A Lifetime in Solar Energy." Israel21c, May 5, 2009. http://www.israel21c.org/a-lifetime-in-solar-energy/.

———. "The Israeli Pharmacologist Who Kick-Started Marijuana Research." Israel21c, May 14, 2012. www.israel21c.org/the-israeli-pharmacologist-who-kick-started-marijuana-research.

———. "The Maverick Thinker behind Iron Dome." Israel21c, August 3, 2014. https://www.israel21c.org/the-maverick-thinker-behind-iron-dome/.

———. "Peace Prize for Jewish and Muslim Leaders of United Hatzalah." Israel21c, July 24, 2014. www.israel21c.org/peace-prize-for-jewish-and-m uslim-leaders-of-united-hatzalah/.

Koren, Hillel. "Mazor Sees FDA Nod for SpineAssist Brain Surgery Use."

Globes (Israel), July 28, 2010. www.globes.co.il/en/article-1000577761. Kotz, Deborah. "Swallowable Imaging Capsules Not Widely Used." *Boston*

Globe, August 19, 2013, www.bostonglobe.com/lifestyle/health-wellness/2013/08/18/swallowable-imaging-capsule-keeps-improving-but-still-not-routine-here-why/jVhJGvrS25u014saRdi8EK/story.html.

Krause, Reinhardt. "Check Point's Gil Shwed: He Joined Interest and Oppor- tunity to Fill a Computer Niche." *Investor's Business Daily*, September 12, 2000.

Lapidot, Aharon. "The Gray Matter behind the Iron Dome." *Israel Hayom*, February 23, 2012. www.israelhayom.com/site/newsletter_article.php?id=6509.

Lapowsky, Issie. "This Computerized Exoskeleton Could Help Millions of People Walk Again." *Wired*, July 22, 2014. www.wired.com/2014/07/rewalk.

Lazaroff, Tovah. "Int'l Red Cross Slams MDA for Operating in East Jerusa- lem, West Bank." *Jerusalem Post*, July 5, 2013. www.jpost.com/Diplomacy-and-Politics/Intl-Red-Cross-slams-MDA-for-operating-in-e-Jlem-West-Bank-318827.

Lee, Martin A. "The Discovery of the Endocannabinoid System." O'shaugh- nessy's Online, 2010. www.beyondthc.com/wp-content/uploads/2012/07/eCBSystemLee.pdf.

Levi Julian, Hana. "Date Tree Sprouts from 2000-Year-Old Seed Found on Masada." *Arutz Sheva*, June 13, 2008. www.israelnationalnews.com/News/News.aspx/126484#.VVDlxtJViko.

Levinson, Charles, and Adam Entous. "Israel's Iron Dome Defense Battled to Get off Ground." *Wall Street Journal*, November 26, 2012. https://www.wsj.com/articles/SB10001424127887324712504578136931078468210.

Libsker, Ari. "An Invention with Legs" [in Hebrew]. *Calcalist* (Israel), August 5, 2010. www.calcalist.co.il/local/articles/0,7340,L-3413629,00.html.

London, Bianca. "Paralyzed Marathon Heroine Claire Lomas: 'Things Go Wrong in Life but You Have to Fight Back." *Daily Mail* (UK), May 16, 2013. www.dailymail.co.uk/femail/article-2325463/Paralysed-Marathon-hero ine-Claire-Lomas-Things-wrong-life-fight-make-luck.html.

Ma'ariv. "Why Do Users of the *Dud Shemesh* Get Special Electric Meters?" [in Hebrew]. January 1, 1960. http://goo.gl/8HWWEJ.

Machlis, Avi. "Firm Building a 'Firewall' against Competitors." *Financial Post*, March 7, 1998.

Martin, Alyson, and Nushin Rashidian. "Martin and Rashidian: Little Green Pill." *National Post* (Canada), April 3, 2014. http://nationalpost.com/opinion/martin-rashidian-little-green-pill.

McCaffrey, Colm, Olivier Chevalerias, Clan O'Mathuna, and Karen Twomey. "Swallowable-Capsule Technology." *IEEE Pervasive Computing* 7, no. 1 (January-March 2008).

Medical Device Daily. "Report from Israel: SpineAssist Is First Miniature Robotic to Receive FDA OK." June 11, 2004.

Merck. "Multiple Sclerosis: Using Hamster Cells to Fight Multiple Sclerosis." January 17, 2015. www.magazine.emerck/darmstadt_germany/innovation/Michel_Revel/multiple_sclerosis.html.

Mishmar. "A Center of Exactness Has Been Established in the Israeli Physics Lab" [in Hebrew]. January 4, 1953. http://goo.gl/jLc83w.

Neiger, David. "Getting to the Point on Security Software." *The Age* (Austra- lia), October 21, 2003.

New Agriculturist. "Hermetic Storage a Viable Option." January 2008. www.new-ag.info/en/developments/devItem.php?a=349.

Newman, Lily Hay. "You Might Be Able to Avoid Colonoscopies Now That the PillCam Is FDA Approved." *Slate*, February 6, 2014. www.slate.com/blogs/future_tense/2014/02/06/fda_approval_for_pillcam_could_mean_swallowing_a_pill_instead_of_having.html.

Ovadia, Avishai. "The Long and Winding Road." *Globes* [in Hebrew], August 7, 2003. www.globes.co.il/news/article.aspx?did=712816.

———. "Taro and Given Imaging Set to Raise a Quarter of a Billion Dollars on the Nasdaq This Week." *Globes* [in Hebrew], September 30, 2001. www.globes.co.il/news/article.aspx?did=524787.

Pagliery, Jose. "Half of American Adults Hacked this Year." *CNN Tech*, May 28, 2014. http://money.cnn.com/2014/05/28/technology/security/hack-data-breach.

Patton, Charlie. "Woman Gets Back Relief with Unique Surgery: Robot Has Key Role to Help Surgeon in Two-Part Procedure." *Florida Times-Union*, February 16, 2014.

Philippidis, Alex. "Top 10 Multiple Sclerosis Drugs." *Genetic Engineering and Biotechnology News*, February 18, 2014. http://www.genengnews.com/the-lists/top-10-multiple-sclerosis-drugs/77900039?page=1.

Pietrangelo, Ann, and Valencia Higuera. "Multiple Sclerosis by the Numbers: Facts, Statistics, and You." *Healthline*, March 24, 2015. www.healthline.com/health/multiple-sclerosis/facts-statistics-infographic.

Pfeffer, Anshel, and Yanir Yagna. "Iron Dome Successfully Intercepts Gaza Rocket for the First Time." *Haaretz*, April 7, 2011. www.haaretz.com/israel-news/iron-dome-successfully-intercepts-gaza-rocket-for-first-time-1.354696.

Press, Viva Sarah. "WHO Ranks IDF Field Hospital as World's Best." Isra- el21c, November 14, 2016. https://www.israel21c.org/who-ranks-idf-field-hospital-as-worlds-best/.

Rawhani, Anisa. "Pioneering Pot Prof Still Studying at 85." *Kingston Whig- Standard*, June 29, 2015.

Reuters. "Iran 'Rocket Kitten' Cyber Group Hit in European Raids after Targeting Israeli Scientists." November 9, 2015.

www.jpost.com/Middle-East/Iran/Iran-Rocket-Kitten-cyber-group-hit-in-European-raids-after-targeting-Israeli-scientists-432485.

———. "Obama Seeks $205 Million for Israel Rocket Shield." May 14, 2010. http://www.reuters.com/article/us-israel-usa-irondome/obama-seeks-205-million-for-israel-rocket-shield-idUSTRE64C5JO20100513?type= politicsNews.

Robertson, Bill. "Israel's Iconic Iron Dome: General Danny Gold, Father." *Huffington Post*, December 4, 2015. www.huffingtonpost.com/billrobinson/israels-iron-dome-by-gene_b_8411436.html.

Robinson, Adam. "The History of Robotics in Manufacturing." *Cerasis*, Octo- ber 6, 2014., http://cerasis.com/2014/10/06/robotics-in-manufacturing/. Rosenberg, David. "BRM Bets Big on the Internet." *Jerusalem Post*, March 5, 2000.

Rubin, Uzi. "Hezbollah's Rocket Campaign against Northern Israel: A Pre- liminary Report." *Jerusalem Center for Public Affairs* 6, no. 10 (August 31, 2006). www.jcpa.org/brief/brief006-10.htm.

Sallon, Sarah, Elaine Solowey, Yuval Cohen, Raia Korchinsky, Markus Egli, Ivan Woodhatch, Orit Simchoni, and Mordechai Kislev. "Supporting Online Material for Germination, Genetics, and Growth of an Ancient Date Seed." *Science AAAS*, June 13, 2008. https://www.sciencemag.org/content/320/5882/1464/suppl/DC1.

San Diego Jewish World. "Behind Israel's Fast Response to Medical Emergen- cies." April 6, 2014. www.sdjewishworld.com/2014/04/06/behind-israels-fast-response-medical-emergencies.

Sandberg, Jared. "Even '60 Minutes' Couldn't Turn Computer Crime into High Drama." Associated Press, February 24, 1995. www.apnewsarchive.com/1995/Even-60-Minutes-Couldn-t-Turn-Computer-Crime-Into-High-Drama/id-fd7547b1c7a6cf738de5ad02bfaf4431.

Sandler, Neal. "Israeli Startup Finds Funding Down Under." *Daily Deal*, July 26, 2002.

Sarah, Rachel. "New Israeli Export an Easy Pill for Patients to Swallow." *Jewish News of Northern California*, November 4, 2005. www.jweekly.com/article/full/27605/new-israeli-export-an-easy-pill-for-patients-to-swallow/.

Schmeck, Harold, Jr. "Interferon Makes Inroads against Some Infections, Including Colds." *New York Times*, June 1, 1982.

Schmid, Randolph E. "Tree from 2,000-Year-Old Seed Is Doing Well." June 12, 2008. www.freerepublic.com/focus/f-news/2030302/posts.

Shamah, David. "Bumbling Iran Hackers Target Israelis, Saudis . . . Badly, Report Shows." *Times of Israel*, November 10,

2015. www.timesofisrael.com/bumbling-iran-hackers-target-israelis-saudis-badly-report-shows/

———. "Israel's Drip Irrigation Pioneer Says His Tech Feeds a Billion People." *Times of Israel*, April 21, 2015. www.timesofisrael.com/israels-drip-irrigati on-pioneer-our-tech-feeds-a-billion-people.

———. "Pillcam's Inventor Regrets Sale of 'Biblical' Tech Firm to Foreign Firm." *Times of Israel*, April 23, 2015. www.timesofisrael.com/pillcams-in ventor-regrets-sale-of-biblical-tech-to-foreign-firm/.

———. "ReWalk's Benefits Go beyond Ambulation, Company Says." *Times of Israel*, May 20, 2015. www.timesofisrael.com/ReWalks-benefits-go- beyond-ambulation-company-says.

———. "What Israeli Drips Did for the World." *Jerusalem Post*, August 20, 2013. www.timesofisrael.com/what-israeli-drips-did-for-the-world.

Shauli, Avi. "Another Bonanza? The Innovator behind the Mazor Robot, Worth Today 1.3 Billion Shekels, Tells BizPortal about His Next Inno- vation." Bizportal [in Hebrew], October 16, 2013. www.bizportal.co.il/capitalmarket/news/article/370886.

Shen-Miller, Jane, Mary Beth Mudgett, J. William Schopf, Steven Clarke, and Rainer Berger. "Exceptional Seed Longevity and Robust Growth: Ancient Sacred Lotus from China." *American Journal of Botany* 82, no. 11 (November 1995): 1367-80. www.botany.org/ajb/82-11-1995-1367.pdf.

Shimoni, Eli. "Mazor's Robot for Back Surgery Raises 10 Million Dollars." *Ynet* [in Hebrew], May 4, 2005. www.ynet.co.il/articles/0,7340,L-3081277,00.html.

Shimoni, Mor. "Inspirers: Who Are the Researchers Lighting the Torch This Year?" *Walla* [in Hebrew], March 8, 2015. http://healthy.walla.co.il/item/2836034.

Shipler, David K. "Israel Completes Pullout, Leaving Sinai to Egypt." *New York Times*, April 26, 1982. www.nytimes.com/1982/04/26/world/israeli-completes-pullout-leaving-sinai-to-egypt.html?pagewanted=all.

Shuttleworth, Ken. "Biblical Nazareth Goes High-Tech Thanks to Arab Push." *USA Today*, February 20, 2015. www.usatoday.com/story/tech/2015/02/18/nazareth-tech-sector/22459503.

Sides, Hampton. "Science Seeks to Unlock Marijuana's Secrets." *National Geographic*, June 2015. http://ngm.nationalgeographic.com/2015/06/marijuana/sides-text.

Siegel-Itzkovich, Judy. "30 E. J'Lem Arabs Become Hatzalah Emergency Medics." *Jerusalem Post*, October 16, 2009.

———. "Ambucycle Zooms into AIPAC Conference." *Jerusalem Post*, March 3, 2015. www.jpost.com/Diaspora/Ambucycle-zooms-into-AIPAC-conference-392729.

———. "Before the Ambulance Comes." *Jerusalem Post*, September 13, 2009.

———. "Birds on His Brain." *Jerusalem Post*, November 6, 2005. www.jpost.com/Health-and-Sci-Tech/Science-And-Environment/Birds-on-his-brain.

———. "Capital's Light Rail Survives First Simulated Terror Attack." *Jeru- salem Post*, July 26, 2012.

———. "Is This Where Charity Ends?" *Jerusalem Post*, October 24, 2004.

———. "Opening Their Eyes." *Jerusalem Post*, December 20, 2015. www.jpost.com/Business-and-Innovation/Health-and-Science/Opening-their-eyes-437828.

———. "Robots Back Breakthrough Surgery." *Jerusalem Post*, March 6, 2011. www.jpost.com/Health-and-Science/Robots-back-breakthrough-surgery.

———. "The World Is Going to Pot." *Jerusalem Post*, May 18, 2014. www.jpost.com/Health-and-Science/The-world-is-going-to-pot-352563.

Sironi, Vittorio A. "Origin and Evolution of Deep Brain Stimulation." *Front Integrated Neuroscience* 5, no. 42 (2011), www.ncbi.nlm.nih.gov/pmc/articles/PMC3157831.

Sobel, Bill. "Segway Inventor Dean Kamen: Science Isn't a Spectator Sport." *CMS Wire*, January 6, 2015. www.cmswire.com/cms/customer-experience/segway-inventor-dean-kamen-science-isnt-a-spectator-sport-027638.php.

Sobelman, Batsheva. "One Country That Won't Be Taking Syrian Refugees: Israel." *Los Angeles Times*, September 6, 2015. www.latimes.com/world/middleeast/la-fg-syrian-refugees-israel-20150906-story.html.

Sokol, Sam. "Fighting Together to Save Lives." *Jerusalem Post*, December 12, 2012.

———. "The Marijuana Maven." *Jerusalem Post*, April 6, 2012.

Solomon, Shoshanna. "Can Cannabis Treat Asthma? Jerusalem Experts to Find Out." *Times of Israel*, October 24, 2017. https://www.timesofisrael.com/jerusalem-cannabis-guru-to-study-effect-of-weed-on-asthma/.

Steinberg, Jessica. "Disease Be Not Proud." *Jerusalem Post*, February 27, 2004. Steiner, Rupert. "Army Fired an Enthusiasm to Wage War on Hackers." *Sunday Times* (London), July 13, 1997.

Stewart, Lain. "How Can Our Blue Planet Be Running out of Fresh Water." BBC. www.bbc.co.uk/guides/z3qdd2p.

Strange, Adario. "FDA Approved First Robotic Exoskeleton for Paralyzed Users." June 30, 2014. http://mashable.com/2014/06/30/fda-approves-robotic-exoskeleton-paralyzed-ReWalk/#FUf Ho81qRgqI.

Struck, Doug. "Birder Sows Goodwill in Mideast." *Washington Post*, April 9, 1998. www.washingtonpost.com/archive/politics/1998/04/09/birder-sows-goodwill-in-mideast/a72fe666-966f-4766-86a2-0827d64cca44/.

Sudilovsky, Judith. "Arabs Make Gains in Joining Israel's High-Growth, High-Tech Industries." Catholic News Service, January 7, 2013.

Tan, Thomas. "Dr. Michel Revel Elected to ISICR Honorary Membership." *International Society for Interferon and Cytokine Research* 10, no. 2 (April 2003): 1-4. http://cytokinesociety.org/wp-content/uploads/2016/11/Newsletter10.2.pdf.

Tarnopolsky, Noga. "At 82, He's the World's Most Eminent Pot Scientist." *Eureka Times Standard*, August 27, 2013. http://www.times-standard.com/article/ZZ/20130827/NEWS/130828962.

TEDMED. "The Fastest Ambulance? A Motorcycle." April 2013. www.ted.com/talks/eli_beer_the_fastest_ambulance_a_motorcycle?language=en. Tidhar, David. *Encyclopedia of the Founders and Builders of Israel* [in Hebrew], vol. 7 (1956), 2945. www.tidhar.tourolib.org/tidhar/view/7/2945.

Times of Israel. "Iran Said to Hack Former Israeli Army Chief-of-Staff, Access His Entire Computer." February 9, 2016. www.timesofisrael.com/iran-said-to-hack-former-israeli-army-chief-of-staff-access-his-entire-computer.

———. "Israeli Generals Said among 1,600 Global Targets of Iran Cyber- Attack." January 28, 2016. www.timesofisrael.com/israeli-generals-said-a mong-1600-global-targets-of-iran-cyber-attack.

Tower. "IDF Medical Units Treat Wounded Syrians." August 9, 2016, www.thetower.org/3759-watch-idf-medical-units-treat-wounded-syrians/.

Tzipori, Tali. "Mazor Robotics Worth 7 Times More in a Year; How Did the Company Do It?" *Globes* [in Hebrew], July 4, 2013. www.globes.co.il/news/article.aspx?did=1000859350.

Udasin, Sharon. "A Drip Revolution around the World." *Jerusalem Post*, April 22, 2015. www.jpost.com/Israel-News/A-drip-revolution-around-the-world-398660.

———. "Israel Bird Expert Wins 25,000 Euro German Prize." *Jerusalem Post*, November 14, 2012.

———. "Zvi Tabor, Solar Pioneer, Dies at 98." *Jerusalem Post*, December 17, 2015. http://www.jpost.com/Israel-News/Zvi-Tabor-solar-pioneer-dies-at-98-437563.

Ungerleider, Neal. "How Check Point Became the Fortune 500's Cyber- security Favorite." *Fast Company*, June 4, 2013. www.fastcompany.com/3012414/the-code-war/how-check-point-became-the-fortune-500s-cybersecurity-favorite.

Uni, Assaf. "Meet the Man Who Discovered Weed's Secret Ingredient." *Vocativ*, December 18, 2014. www.vocativ.com/culture/science/raphael-mechoulam-thc-marijunana/.

Van Heerden, Adam. "Professor Raphael Mechoulam, the Father of Marijuana Research, Talks to NoCamels about His Studies and Breaking the Law in the Name of Science." NoCamels, September 24, 2013. http://nocam els.com/2013/09/professor-raphael-mechoulam-the-father-of-marijua na-research-talks-to-nocamels-about-his-studies-and-breaking-the-law-in-the-name-of-science.

van Vark, Caspar. "No More Rotten Crops: Six Smart Inventions to Prevent Harvest Loss." *Guardian* (UK), October 27, 2014. www.theguardian.com/global-development-professionals-network/2014/oct/27/farming-post-harvest-loss-solutions-developing-world.

Vancouver Sun. "Long-Dead Teenager Tells Tale of Pot-Smoking in Era of 300 AD." May 20, 1993.

Wade, Lizzie. "Researchers Are Finally Studying the Other Chemical in Pot." *Wired*, June 4, 2015.

Waldoks, Ehud Zion. "Bright Ideas." *Jerusalem Post*, October 1, 2008. http:// www.jpost.com/Features/Bright-ideas.

Wallis, Jake. "Saving Their Sworn Enemy." *Daily Mail*, December 8, 2015. www.dailymail.co.uk/news/article-3315347/Watch-heart-pounding-moment-Is raeli-commandos-save-Islamic-militants-Syrian-warzone-risking-lives-s worn-enemies.html.

Walker, Joseph. "New Ways to Screen for Colon Cancer." *Wall Street Jour- nal*, June 8, 2014. www.wsj.com/articles/new-ways-to-screen-for-colon-cancer-1402063124.

Wantanbe, Lauri. "Independence Technology Discontinues the iBOT." *Mobil-ity Management*, February 1, 2009. https://mobilitymgmt.com/Articles/2009/02/01/Independence-Technology-Discontinues-the-iBOT.aspx.

Ward, Charles. "Protestant Work Ethic That Took Root in Faith Is Now Ingrained in Our Culture." *Houston Chronicle*, September 1, 2007. www.chron.com/life/houston-belief/article/Protestant-work-ethic-that-took-root-in-faith-is-1834963.php.

Weinreb, Gali. "Out of Zion Shall Go Forth Medicines." *Globes* (Israel), March 1, 2006. www.globes.co.il/en/article-1000067051.

Weise, Elizabeth. "43% of Companies Had a Data Breach This Past Year." *USA Today*, September 24, 2014. www.usatoday.com/story/tech/2014/09/24/data-breach-companies-60/16106197.

Whalen, Jeanne. "Tiny Cameras to See in the Intestines." *Wall Street Journal*, February 29, 2016. www.wsj.com/articles/tiny-cameras-to-see-in-the-intestines-1456776145.

Wickham, Chris. "'Bionic Woman' Claire Lomas Is First Woman to Take Robotic Suit Home." *Independent* (UK), September 4, 2012. www.independent.co.uk/news/science/bionic-woman-claire-lomas-is-first-woman-to-take-robotic-suit-home-8104838.html.

Wile, Anthony. "Dr. Raphael Mechoulam: The Promise of Cannabis." *Daily Bell*, October 19, 2014. www.thedailybell.com/exclusive-interviews/35732/Anthony-Wile-Dr-Raphael-Mechoulam-The-Promise-of-Cannabis.

Winter, Jana. "Suspected Arizona Gunman Reportedly Planned Shooting in Advance." Fox News Channel, January 9, 2011. www.foxnews.com/politics/2011/01/09/fbi-director-robert-mueller-takes-lead-arizona-shooting-investigation.html.

Winter, Rhonda. "Israel's Special Relationship with the Solar Water Heater." Reuters, March 18, 2011. www.reuters.com/article/idUS311612153620110318. Xinhua News Agency. "Israeli Agro Expert Offers Farmers Bug-Free Solu- tions." November 29, 2011. www.soyatech.com/news_story.php?id=26217.

Ya'akovi, Netta. "Given Imaging Is Planning Another Giant Public Offering - Mostly Selling Shares of Interested Parties." *The Marker* [in Hebrew], Jan- uary 28, 2001. www.themarker.com/wallstreet/1.95619.

Ynet. "Hi-Tech: Gil Shwed." Ynet [in Hebrew]. www.ynet.co.il/Ext/App/Ency/Items/CdaAppEncyEconomyPerson/0,8925,L-3836,00.html.

———. "A Thriving Green Economy" [in Hebrew]. December 15, 2015. http://www.ynet.co.il/articles/0,7340,L-4739893,00.html.

Zar, Atiya. "Professor Moshe Shoham, Who Heads the Technion Robotics Lab, Believes That Everyone in the Future Will Have a Personal Robot." *Arutz Sheva*, July 15, 2010. www.inn.co.il/Besheva/Article.aspx/9690.

受訪人名單

（此處記錄的受訪人職務只代表採訪時的情況）

Abu Rashid, General (Ret.) Mansour - Chairman, Amman Center for Peace and Development, Jordan. Phone, December 13, 2016.

Abramowitz, Yosef - Chief Executive Officer, Energiya Global Capital; former President, Arava Power Company, Israel. Washington, DC, March 8, 2017. Adler, Yoav - Head of Innovation and Cybertechnology, Israel Ministry of Foreign Affairs. Tel Aviv, April 12, 2016; August 5, 2016. Phone, Decem-ber 19, 2016.

Asli, Muhammad - Head East Jerusalem volunteer, United Hatzalah. Phone, May 25, 2016.

Alexander, Dahlia, MD - daughter of Harry Zvi Tabor; Faculty of Medicine, Tel Aviv University. Jerusalem, July 16, 2015; November 2017; phone, March 28, 2016.

Arnon, Prof. Ruth, PhD - Immunology, Weizmann Institute; laureate, Israel Prize. Rehovot, July 13, 2015.

Bassi, Shaul - Chief Executive Officer, BioBee. Kibbutz Sde Eliyahu, June 29, 2016.

Barak, Naty - Chief Sustainability Officer, Netafim. Kibbutz Hatzerim, July 5, 2015.

Baruch, Yehuda, MD - former Director-General, Abarbanel Mental Health Center, Israel. Phone, December 15, 2016.

Bar-Natan, Bernard - innovator, Emergency Bandage. Givatayim, July 10, 2015; phone, May 24, 2016.

Beer, Eli - Founder and President, United Hatzalah. Washington, DC, March 21, 2016; phone, May 31, 2016.

Ben Dov, Oded-innovator, Sesame Phone. Washington, DC, March 25, 2017. Ben-Hur, Prof. Tamir, PhD-Head of Neurology Department, Hadassah Medical Center. Phone, December 12, 2016.

Bergman, Prof. Hagai, MD, PhD - Department of Medical Neurobiology, Hebrew University of Jerusalem. Phone, January 1, 2016.

Berry, Orna, PhD-former Chief Scientist, Israel; Vice President, Dell EMC; General Manager, Israel Center of Excellence. Phone, December 22, 2016. Benabid, Prof. Alim-Louis, MD, PhD-innovator, deep brain stimulation; Member, French Academy of Sciences. Phone, January 12, 2016.

Bloom, Peter-Chairman, DonorsChoose.org; former Managing Director, General Atlantic Partners. Phone, May 23, 2016; New York, December 26 2016.

Brand, David-Chief Forester and Head of Forest Department, Jewish National Fund, Israel. Eshtaol, July 14, 2015.

Brand, Meir-Vice President, Europe, Middle East, Africa Emerging Markets, Google; Israel Chief Executive Officer and Middle East, Russia, and Tur- key Regional Director, Alphabet Inc. Tel Aviv, June 24, 2016.

Braun, Prof. Erez, PhD-Faculty of Physics, Technion Israel Institute of Technology. Phone, February 16, 2016.

Bronicki, Dita-Founder and former Chief Executive Officer, Ormat Indus- tries. Yavneh, July 13, 2015.

Bronicki, Lucien Yehuda, PhD-Founder and former Chief Technology Officer, Ormat Industries. Yavneh, July 13, 2015.

Carvalho, Prof. Maria Otília, PhD-Chair, Institute of Tropical Scientific Research, University of Lisbon. Phone, January 7, 2016.

Cohan, Peter- Lecturer, Babson College. Phone, September 23, 2016. Cohen, Mattanya-Director for Planning, MASHAV, Ministry of Foreign Affairs, Israel. Phone, October 25, 2016.

Dagan, Mooky-Chairman, Noah Eshkol Foundation. Holon, June 17, 2015. De Bruin, Tom-Chief Executive Officer and President, Philippines Grain-Pro. Phone, January 18, 2016.

Dela Casa, Victor-Digital Marketing and Communications Officer, Grain- Pro. Phone, December 15, 2015.

Dershowitz, Alan-Professor Emeritus, Harvard Law School; author, *The Case for Israel*. Phone, March 29, 2017.

Dinevich, Leonid, PhD-Faculty of Life Sciences, Department of Zoology, Tel Aviv University. Latrun, August 12, 2016.

Distel, Oded-Director of Israel NewTech and Eco Systems, Ministry of Economy and Industry. Jerusalem, June 16, 2015; June 11, 2017; July 25, 2017. Drucker, Yossi-Vice President and General Manager, Air Superiority Sys-tems Division, Rafael Advanced Defense Systems. Phone, April 5, 2016.

Eddine, Zaïd Salah, PhD-Technical Director, Marrakech Date Palm Project. Phone, March 28, 2016.

Eden, Shmuel (Mooly)-former General Manager, Intel Israel. Shefayim, July 2, 2015.

Einav, Henry-Patent Counsel, Merck Group, Israel. Phone, July 8, 2016.

El Heid, Ahmed-factory owner, Emergency Bandage. Phone, January 29, 2016; Tuba Zangariyye, August 13, 2016.

Elia, Liron-Founder and Chief Executive Officer, Art Medical. Tel Aviv, July 15, 2015.

Engelhard, Prof. Dan, MD-Head of Pediatric AIDS Center, Hebrew University-Hadassah Medical Center; Professor of Pediatrics, Hebrew University-Hadassah Medical Center. Phone, November 10, 2016.

Erlanger, Steven-London Bureau Chief, *New York Times*; former Jerusalem Bureau Chief, *New York Times*. Phone, December 19, 2016.

Ezra, Aviv-Director for Congressional Affairs, Israel Ministry of Foreign Affairs. Phone, July 5, 2016.

Feinstein, Ari-Founder, World-Check; Founding Principal, Annex Ventures. Phone, September 24, 2015; July 26, 2016.

Fragman-Sapir, Ori, PhD-Scientific Director, Jerusalem Botanical Gardens. Phone, December 2, 2016.

Gerson, Mark-Cofounder, Gerson-Lehrman Group. New York, October 27, 2016; December 27, 2016.

Giffords, Gabrielle-former Member of US Congress. Personal correspon- dence, July 17, 2017.

Goffer, Amit, PhD-Founder, President, and Chief Technology Officer, Rewalk Robotics; innovator, UPnRIDE. Yokneam, June 15, 2015.

Goldberg, Eric, MD-Director of Capsule Endoscopy, University of Mary- land School of Medicine. Phone, December 29, 2016.

Goodall, Jane, PhD-Founder, Jane Goodall Institute; UN Messenger of Peace. Personal correspondence, February 5, 2017.

Grinstein, Gidi-Founder and President, Reut Institute. Phone, March 20, 2017.

Gummert, Martin-Senior Scientist, International Rice Research Institute. Phone, November 17, 2015.

Guzman, Prof. Manuel, PhD-Biochemistry and Molecular Biology, Madrid Complutense University. Phone, June 1, 2016.

Halperin, Avner-Chief Executive Officer, EarlySense; co-developer of the contact-free hospital pad. Tel Aviv, July 12, 2015.

Hadomi, Ori-Chief Executive Officer, Mazor Robotics. Hatzuk Beach, July 15, 2015.

Hirschson, Ambassador Paul-Ambassador to West Africa, Israel Ministry of Foreign Affairs. Jerusalem, July 7, 2015.

Howlett, Prof. Allyn, PhD-Physiology and Pharmacology, Wake Forest School of Medicine. Phone, June 2, 2016.

Isaacson, Elie-Cofounder, Agilite. Washington, DC, March 8, 2015.

Jayaraman, Arun, PhD-Director, Rehab Technologies and Outcomes Research, Rehabilitation Institute of Chicago; Associate Professor, North-western University. Phone, October 15, 2015.

Kabishi, Areej-Head of Quality Assurance, First Care Products. Phone, February 1, 2016.

Kandel, Eugene, PhD-Chief Executive Officer, Start-Up Nation Central, Israel. Tel Aviv, April 18, 2016; Washington, DC, March 22, 2017.

Katz, Anat-Head of Trade Mission, Israeli Embassy in the United States. Washington, DC, May 21, 2015; May 30, 2017.

Katz, Yaakov-Editor-in-Chief, *Jerusalem Post* ; co-author, Weapon Wizards. Jerusalem, July 6, 2015; June 11, 2017; August 6, 2017.

Kaufmann, Yadin-Cofounder, Sadara Ventures, Middle East Venture Capital Fund. Ra'anana, July 9, 2015.

Kessler, Jonathan-Director of Strategic Initiatives, American Israel Public Affairs Committee (AIPAC). Washington, DC, January 13, 2015; May 11, 2015; May 12, 2016; Tel Aviv, August 2, 2017.

Kirschbaum, Bernhard, PhD-former Executive Vice President of Research and Development, Merck Group. Phone, June 28, 2016.

Kribus, Prof. Abraham, PhD-Faculty of Engineering, Tel Aviv University; former head of Fluid Mechanics and Heat Transfer Department, Tel Aviv University. Phone, June 27, 2016.

Kurzon van Gelder, Shulamit-Director, Planning, Information, and Evalua- tion, MASHAV, Ministry of Foreign Affairs, Israel. Phone, November 1, 2016.

Kula, Rabbi Irwin-President, National Jewish Center for Learning and Leadership (CLAL). New York, October 12, 2015; phone, January 17, 2017.

Latzer, Doron-Senior Partner, Pearl Cohen Zedek Latzer Baratz. Herzliya Pituach, July 12, 2015.

Leshem, Prof. Yossi, PhD-Founder and Director, International Center for the Study of Bird Migration at Latrun, Israel; Senior Researcher, Depart- ment of Zoology in the Faculty of Life Sciences, Tel Aviv University. Phone, July 31, 2016; September 16, 2016. New York, October 28, 2016. Jerusalem, July 13, 2017.

Levine, Chanoch-former Head, Iron Dome Program, Rafael Advanced Defense Systems. Rockville, Maryland, May 20, 2016.

Loebenstein, Prof. Gad, PhD-former Head, ARO-Volcani Center; former Chief Scientist, Israeli Ministry of Agriculture. Phone, December 7, 2016.

Malessa, Orly-filmmaker, Israel. Phone, November 11, 2016.

Madai, Roee-Chief Executive Officer, First Care Products, Israel. Rosh HaAyin, July 14, 2015.

Margolin, Ron, PhD-research fellow, Shalom Hartman Institute, Israel. Phone, July 26, 2016.

Mechoulam, Prof. Raphael, PhD-Medical Chemistry, Hebrew University of Jerusalem; Member, Israel Academy of Sciences and Humanities; past President, International Cannabinoid Research Society. Personal corre- spondence, May 28, 2016.

Maisel, Dov-Vice President of International Operations, United Hatzalah, Israel. Washington, DC, March 21, 2016. Phone, June 1, 2016. Jerusalem, July 8, 2016; August 6, 2017.

Moran, Dov, PhD-innovator, DiskOnKey (aka flash drive); Managing Partner, Grove Ventures. Nazareth, June 13, 2015; Yarkona, June 26, 2015.

Navarro, Shlomo, PhD-innovator, Grain Cocoon; former Head of ARO- Volcani Center's Department of Stored Products. Rishon LeZion, June 25, 2015; phone, December 16, 2015; December 17, 2017.

Oren, Michael, PhD-Deputy Minister for Diplomacy, Prime Minister's Office, Israel; Former Israeli Ambassador to the United States. Phone, January 8, 2017.

Oron, Yoram-Chairman and Managing Partner, Red Dot Capital, Israel; Founder and Managing Partner, Vertex Venture Capital. Phone, March 6, 2017.

Peres, Nechemia ("Chemi")-Cofounder and Managing General Partner, Pitango. Phone, November 30, 2016.

Plesser, Yeshurun-Latin America Director, BioBee. Kibbutz Sde Eliyahu, June 29, 2016.

Preis, Itai-Adjunct Lecturer, IDC Herzliya. Tel Aviv, June 16, 2015. Ramati, Yair-former Head, Israel Missile Defense Organization. Phone, March 2, 2016.

Rivkind, Avi, MD-Head of Shock Trauma Unit, Department of General Surgery, Hadassah Medical Center. Phone, December 11, 2016.

Rivlin, Reuven ("Ruvi")-President of Israel. Personal correspondence, January 1, 2017.

Revel, Michel, PhD-innovator, Rebif; Professor Emeritus, Biochemistry and Molecular Genetics, Weizmann Institute of Science; Chief Scientist, Kadimastem Ltd. Ness Ziona, June 20, 2015. Jerusalem, August 14, 2016.

Rosen, Rabbi David-former Chief Rabbi, Ireland; International Director of Interreligious Affairs, American Jewish Committee (AJC). Jerusalem, July 21, 2016; July 18, 2017.

Ross, Ambassador Dennis-Distinguished Fellow, Washington Institute for Near East Policy; former US Special Middle East

Coordinator. Washing- ton, DC, January 6, 2017.

Rubinstein, Prof. Menachem, PhD-Professor Emeritus, Department of Molecular Genetics, Weizmann Institute, Israel. Phone, July 4, 2016.

Rymer, William Zev, MD, PhD-Director of Research Planning, Rehabil- itation Institute of Chicago; Professor of Physiology and Biomedical Engineering, Northwestern University. Phone, October 14, 2015.

Sallon, Sarah, PhD-co-innovator, Judean Date Palm Resurrection; Director, Natural Medicine Research Center, Hadassah University Hospital. Phone, December 9, 2015. Jerusalem, August 1, 2016.

Sella, Eitan-Managing Director, Hybrid Accelerator, Nazareth, Israel. Wash- ington, DC, March 25, 2017.

Senor, Dan-co-author, *Start-Up Nation*. Washington, DC, March 26, 2017. Phone, August 21, 2017.

Shafrir, Amit- former Executive President and Director of Badoo; former President of AOL Premium Services. Reston, VA, January 4, 2017. Tysons Corner, VA, February 27, 2017; May 18, 2017.

Shamni, Hadas-Israeli school administrator, Israeli Ministry of Education. Reut, July 20, 2016.

Shelhav, Chava, PhD-innovator, Child'space Method. Tel Aviv, June 28, 2015, July 10, 2015.

Shevach, Regine-Managing Director, Biopharma, Research and Develop- ment, Discovery Technologies, Merck Group. Phone, July 8, 2016.

Shoham, Prof. Moshe, PhD-Innovator, Mazor Robot; Founder, Mazor Robotics; Head of Robotics Lab, Technion Israel Institute of Technology; faculty of Mechanical Engineering, Technion Israel Institute of Technol- ogy. Phone, May 11, 2016.

Shoshani, Michal-Member, Noah Eshkol Foundation. Holon, June 17, 2015. Shushan, Shlomit-former Head of Informal Education, Brenner Regional Council, Israel. Matzliach, June 13, 2015; phone, October 30, 2016.

Siegel, Seth M.-author, *Let There Be Water*. Washington, DC, March 21, 2016. New York, October 28, 2017.

Simon, Laurence, PhD-Professor of International Development, Brandeis University; Director of the Center for Global Development and Sustain- ability, Brandeis University; former Head, American Jewish World Service (AJWS). Phone, December 16, 2015.

Singer, Saul-co-author, *Start-Up Nation*. Jerusalem, June 17, 2015; April 13, 2016.

Singer, Wendy-Executive Director, Start-Up Nation Central, Israel. Jerusa- lem, June 17, 2015; Tel Aviv, April 18, 2016.
Sivan, Prof. Uri, PhD-Director, Nanotechnology Institute, Technion Israel Institute of Technology; Faculty of Physics, Technion Israel Institute of Technology. Haifa, July 8, 2015.
Solowey, Elaine, PhD-co-innovator, Judean Date Palm Resurrection; Direc- tor, Center for Sustainable Agriculture, Arava Institute for Environmental Studies. Jerusalem, June 25, 2015; phone, January 21, 2016.
Spigelman, Guy-Chief Executive Officer, PresenTense Israel. Jerusalem, July 13, 2015. Washington, DC, October 27, 2015; Tel Aviv, July 20, 2016; phone, December 8, 2016.
Spungen, Ann, EdD-Associate Director of the Veterans Affairs Rehabilita- tion Research and Development National Center of Excellence for the Medical Consequences of Spinal Cord Injury; Associate Professor of Medicine and Rehabilitation Medicine at the Icahn School of Medicine at Mount Sinai. Phone, November 10, 2015.
Steinberg, Shimon, PhD-Chief Scientist, BioBee. Kibbutz Sde Eliyahu, June 29, 2016.
Swidan, Fadi-Cofounder, Hybrid Accelerator, Nazareth, Israel. Washington, DC, March 25, 2017; Nazareth, August 2, 2017.
Tabor, Harry Zvi, PhD-innovator, Tabor Solar Water Collector (*dud shemesh*). Jerusalem, July 16, 2015.
Tabor, Vivienne-wife of Harry Zvi Tabor. Jerusalem, July 16, 2015.
Tzuk, Nir, PhD-Adjunct Professor for Entrepreneurship, Hebrew University of Jerusalem; Strategy and Corporate Development Advisor, Idealist.org. Tel Aviv, July 21, 2015; Washington, DC, July 6, 2016; Jerusalem, August 6, 2016.
Van Rijn, Prof. Jaap, PhD-innovator, Zero Discharge Recirculating System for intensive culture of freshwater and marine fish; Faculty of Agriculture, Food and Environment, Hebrew University of Jerusalem. Rechovot, June 22, 2016.
Vardi, Yossi-serial entrepreneur; Israel's unofficial ambassador of technology. Tel Aviv, July 9, 2015; Hamptons, July 3, 2017; Tel Aviv, August 6, 2017.
Volkow, Nora, MD-Director, US National Institute on Drug Abuse. Personal correspondence, May 31, 2016.
Wertheimer, Stef-Founder, ISCAR; former Member of Knesset, Israel. Phone, November 8, 2016.
Yaacovi, Yoram-General Manager, Microsoft Israel. Phone, December 28, 2016; Haifa, August 2, 2017.
Yaron, Avi-Founder, Visionsense. Nazareth, April 16, 2016.
Yonath, Prof. Ada, PhD-Nobel Prize Laureate; Director, Center for Biomo- lecular Structure, Weizmann Institute of Science.

Personal correspon- dence, July 1, 2016.

Younis, Imad-innovator, GPS for the Brain; Cofounder and President, Alpha Omega, Israel. Nazareth, June 23, 2015, August 3, 2017.

Younis, Reem-innovator, GPS for the Brain; Cofounder, Alpha Omega, Israel. Latrun, July 17, 2017. Washington, DC, September 13, 2016; February 29, 2016; Nazareth, August 3, 2017.

Vidyasagar, Prof. Polana, PhD-Chair, Date Palm Research, King Saud Uni- versity. Phone, December 21, 2015.

Zehavi, Eli-Chief Operating Officer and Vice President of Research and Development, Mazor Robotics. Phone, May 25, 2016.

Zilka, Yahal-Cofounder of Magma Venture Partners. Phone, March 29, 2017. Zuaretz, Orit, PhD-former Member of Knesset, Israel. Tel Aviv, July 9, 2015; Washington, DC, May 16, 2016.

PI0058　Viewpoint 47

改變世界的以色列創新

作　　者/〔以色列〕阿維・尤利詩（Avi Jorisch）
中　　譯/張倫明
責任編輯/鄭伊庭
圖文排版/詹羽彤
封面完稿/王嵩賀

發 行 人/宋政坤
法律顧問/毛國樑　律師
出版發行/秀威資訊科技股份有限公司
　　　　114台北市內湖區瑞光路76巷65號1樓
　　　　電話：+886-2-2796-3638　傳真：+886-2-2796-1377
　　　　http://www.showwe.com.tw
劃撥帳號/19563868　戶名：秀威資訊科技股份有限公司
　　　　讀者服務信箱：service@showwe.com.tw
展售門市/國家書店（松江門市）
　　　　104台北市中山區松江路209號1樓
　　　　電話：+886-2-2518-0207　傳真：+886-2-2518-0778
網路訂購/秀威網路書店：https://store.showwe.tw
　　　　國家網路書店：https://www.govbooks.com.tw

2021年1月　BOD一版
定價：390元

Originally published under the title: *Thou Shalt Innovate: How Israeli Ingenuity Repairs the World.*

國家圖書館出版品預行編目

改變世界的以色列創新 / 阿維.尤利詩(Avi Jorisch)著 ; 張倫明譯.-- 一版. -- 臺北市 : 秀威資訊科技, 2021.01
面； 公分. --
譯自 : Thou shalt innovate : how Israeli ingenuity repairs the world
ISBN 978-986-326-754-6(平裝)

1.資訊社會 2.發明 3.創造性思考 4.以色列

541.415　　108018320

讀者回函卡

感謝您購買本書，為提升服務品質，請填妥以下資料，將讀者回函卡直接寄回或傳真本公司，收到您的寶貴意見後，我們會收藏記錄及檢討，謝謝！如您需要了解本公司最新出版書目、購書優惠或企劃活動，歡迎您上網查詢或下載相關資料：http:// www.showwe.com.tw

您購買的書名：＿＿＿＿＿＿＿＿＿＿＿＿＿＿＿＿＿＿＿＿

出生日期：＿＿＿＿年＿＿＿＿月＿＿＿＿日

學歷：□高中（含）以下　□大專　□研究所（含）以上

職業：□製造業　□金融業　□資訊業　□軍警　□傳播業　□自由業

□服務業　□公務員　□教職　□學生　□家管　□其它＿＿

購書地點：□網路書店　□實體書店　□書展　□郵購　□贈閱　□其他

您從何得知本書的消息？

□網路書店　□實體書店　□網路搜尋　□電子報　□書訊　□雜誌

□傳播媒體　□親友推薦　□網站推薦　□部落格　□其他＿＿＿＿

您對本書的評價：（請填代號　1.非常滿意　2.滿意　3.尚可　4.再改進）

封面設計＿＿　版面編排＿＿　內容＿＿　文／譯筆＿＿　價格＿＿

讀完書後您覺得：

□很有收穫　□有收穫　□收穫不多　□沒收穫

對我們的建議：＿＿＿＿＿＿＿＿＿＿＿＿＿＿＿＿＿＿＿＿

＿＿＿＿＿＿＿＿＿＿＿＿＿＿＿＿＿＿＿＿＿＿＿＿＿＿

＿＿＿＿＿＿＿＿＿＿＿＿＿＿＿＿＿＿＿＿＿＿＿＿＿＿

＿＿＿＿＿＿＿＿＿＿＿＿＿＿＿＿＿＿＿＿＿＿＿＿＿＿

請貼
郵票

11466
台北市內湖區瑞光路 76 巷 65 號 1 樓

秀威資訊科技股份有限公司 收

BOD 數位出版事業部

（請沿線對折寄回，謝謝！）

姓　　名：________________ 年齡：________ 性別：□女　□男

郵遞區號：□□□□□

地　　址：________________________________

聯絡電話：（日）________________（夜）________________

E-mail：________________________________